U0942726

北京市哲学社会科学规划办公室
北 京 市 教 育 委 员 会
资助出版

首都大学生思想政治教育研究基地研究报告（2021）

“四史”融入新时代大学生思想政治教育研究

韩振峰　主编

编 委 会

主　编　韩振峰

编　者　韩振峰　郑士鹏　吴　琼　谷圆圆
闫长丽　王玉萍　王晓青　赵　伟
陶蕾韬　王珊珊　李营辉　张　悦
丁　帅　刘慧敏　王　震　王　楠

目录
CONTENTS

“四史”与大学生思想政治教育

“四史”与大学生爱国主义教育

“四史”与大学生党史观教育

“四史”与培育时代新人

“四史”与大学生思想政治教育

“四史”教育融入大学生思想政治教育的三重维度

闫长丽

摘　要：历史是最好的“教科书”。加强大学生“四史”教育，可有效引导大学生在“学史惜今”中坚定道路自信，在“悟史明智”中坚定理论自信，在“知史明道”中坚定制度自信，在“信史笃行”中坚定文化自信。加强大学生“四史”教育，应准确把握主题主线，聚焦中国共产党成立以来的奋斗历程、精神谱系，新中国成立以来的沧桑巨变、辉煌成就，改革开放以来的艰辛探索、重大创新，世界社会主义运动的波澜壮阔、跌宕起伏，注重发扬求实的精神，掌握矛盾的方法，坚持发展的眼光，运用联系的观点，引导大学生知古鉴今、开创未来。

关键词：大学生；“四史”教育；思想政治教育

习近平总书记在党史学习教育动员大会上强调：“要在全社会广泛开展党史、新中国史、改革开放史、社会主义发展史宣传教育。”[1]历史是最好的“教

① 《习近平在党史学习教育动员大会上强调：学党史悟思想办实事开新局　以优异成绩迎接建党一百周年》,《人民日报》2021年2月21日，第1版。

科书"，是精神的"营养剂"，也是新时代大学生的"必修课"。当前，全球步入动荡变革期，世界百年未有之大变局与中华民族伟大复兴战略全局相互激荡、叠加共振，各类不稳定性、不确定性因素明显增加。站在"两个一百年"奋斗目标交汇的历史节点之上，通过加强"四史"教育，引导大学生置身历史长河、时代大潮、全球风云，回望来时艰辛探索之路，比较他国现代发展之路，远眺未来民族复兴之路，有利于夯实大学生"四个自信"的历史根基，助力大学生健康成长、励志成才。"四史"涉及时间长、空间范围广，史论、史实资料多，需从价值、内容、实践、方法等多重维度把握，方能纲举目张、见行见效。

一　逻辑维度："四史"与大学生思想政治教育的内在契合

从认识起点出发，验证并确认"四史"与高校大学生思想政治教育以及高校思政课课程体系、教学内容和教学目标的关系，厘清为何能够"融入"的理论基础和现实依据，亦是抓住基本问题，在逻辑关系中把握其互动作用。"四史"各有特点又有内容交叉，要抓住各自的重点内容，与高校大学生思想政治教育及高校思政课分类设计教学体系。

（一）党史与领会"四个选择"

中国共产党的历史，是1921年中国共产党成立以来，党领导中国人民进行革命、建设、改革的历史。习近平对党史高度重视，强调指出："要加强党史学习和教育，努力从党走过的风云激荡的历史中、从党开创和不断推进的伟大事业中、从党全心全意为人民服务的根本宗旨和长期实践中，深化对党的信赖，坚定对党的领导的信念。"[①] 中国共产党的历史发展轨迹是中国近现代历史的重要组成部分，与"中国近现代史纲要"课教学内容紧密相连，其教学目标主要是帮助大学生深刻领会历史和人民为什么选择了马克思主义、中

---

① 习近平：《论坚持党对一切工作的领导》，北京：中央文献出版社2019年版，第63页。

国共产党、社会主义道路和改革开放，正是因为这“四个选择”让历经磨难的中国人民和中华民族，找到了实现伟大复兴的必由之路。学习党史，就是学习中国共产党不懈奋斗、不断创新发展的历史，充分认识历史必然性和科学真理性，在实践中回答“为什么中国共产党赢得了人民衷心拥护和坚定支持”这一根本性问题。马克思、恩格斯在《共产党宣言》中给出了答案：“过去的一切运动都是少数人的或者为少数人谋利益的运动。无产阶级的运动是绝大多数人的、为绝大多数人谋利益的独立的运动。”[①]列宁也曾强调：“只有以先进理论为指南的党，才能实现先进战士的作用。”[②]对中国共产党成立前后的中国历史反复比较和总结，历史和人民义无反顾地作出“四个选择”，为中华民族实现从站起来、富起来到强起来的历史飞跃提供了坚实保障。

（二）新中国史与提升“四个正确认识”

新中国史，是1949年中华人民共和国成立以来，中国共产党带领中国人民为实现国家繁荣富强、民族振兴发展和人民幸福的任务而艰辛探索、不懈奋斗的历史。习近平强调：“新民主主义革命的胜利成果决不能丢失，社会主义革命和建设的成就决不能否定，改革开放和社会主义现代化建设的方向决不能动摇。这是党和人民在当今世界安身立命、风雨前行的资格。”[③]新中国史也是马克思主义同中国实际相结合不断取得伟大胜利、对世情国情党情不断深入思考、不断提升党执政能力的历史，这一进程可引导大学生树立“四个正确认识”，与中共中央宣传部、教育部印发的《新时代学校思想政治理论课改革创新实施方案》（以下简称《实施方案》）提出的“形势与政策”课教学目标趋同。学习新中国史，就是要联系中华人民共和国成立后的国内外环境，深刻领会中国现代化建设事业取得的历史性成就，准确理解当代中国马

① 《马克思恩格斯选集》（第一卷），北京：人民出版社1995年版，第283页。

② 《列宁专题文集：论无产阶级政党》，北京：人民出版社2009年版，第71页。

③ 《习近平谈治国理政》（第二卷），北京：外文出版社2017年版，第13页。

克思主义，把握新中国历史发展的主题和主线，认清新中国发展的两个历史时期之间的关系，分清主流和支流，正确认识社会主义的前进趋势。列宁指出：“设想世界历史会一帆风顺、按部就班地向前发展，不会有时出现大幅度的跃退，那是不辩证的、不科学的，在理论上是不正确的。”[①]从社会主义发展史看，既要认识到在实践探索中出现某种曲折是符合历史规律的现象，又要学会尽可能地避免某些曲折，不断总结经验教训，掌握运用马克思主义思想方法和工作方法，使社会主义不断向前发展。

（三）改革开放史与坚定“四个自信”

改革开放史，是 1978 年召开党的十一届三中全会以来，中国共产党和中国人民在理论与实践中，推进改革开放和社会主义现代化建设的历史过程。“改革开放是我们党的一次伟大觉醒，正是这个伟大觉醒孕育了我们党从理论到实践的伟大创造。”[②]改革开放 40 多年来，从开启历史新时期到跨入新世纪新阶段，从进入新时代到迈向新征程，中国共产党人用极不平凡的成绩和翻天覆地的新面貌不断坚定“四个自信”。“毛泽东思想和中国特色社会主义理论体系概论”课程教材内容和教学目标的定位，使其成为落实坚定“四个自信”的主要课程，《实施方案》强调：“毛泽东思想和中国特色社会主义理论体系概论”课要引导学生深刻理解马克思主义为什么行、中国共产党为什么能、中国特色社会主义为什么好，进一步坚定“四个自信”。学习改革开放史，就是学习 40 多年来我们党不断加强和改善党的领导，坚持以人民为中心，勇于自我革命，推进理论创新，不断开辟马克思主义发展的新境界，丰富适应实践、时代和人民要求的宝贵经验和精神财富。恩格斯指出：“我认为，所谓‘社会主义社会’不是一种一成不变的东西，而应当和

① 《列宁专题文集：论辩证唯物主义和历史唯物主义》，北京：人民出版社2009年版，第263页。

② 《习近平新时代中国特色社会主义思想学习纲要》，北京：学习出版社，人民出版社2019年版，第80页。

任何其他社会制度一样，把它看成是经常变化和改革的社会。"[①]中国改革开放以来，在不断解放和发展生产力，推动社会广泛而深刻变革过程中，形成了中国特色社会主义。实践证明，我们取得的一切成绩和进步，迎来近代以来最好的发展时期，最根本原因就是坚定中国特色社会主义的"四个自信"。

（四）社会主义发展史与认识"三大规律"

社会主义发展史，是世界社会主义经历从空想到科学、从理论到实践、从一国到多国的发展过程。从社会主义国家视域看我国的党史、新中国史、改革开放史，可以说它们都是社会主义发展史的有机组成部分。学习社会主义发展史可在宏阔历史视野中深化对"三大规律"的把握，与《实施方案》提出的"马克思主义基本原理"课学习掌握马克思主义立场观点方法，增强对"三大规律"认识和把握，树立共产主义远大理想和中国特色社会主义共同理想的主要教学目标具有一致性。习近平指出："要把学习贯彻党的创新理论作为思想武装的重中之重，同学习马克思主义基本原理贯通起来，同学习党史、新中国史、改革开放史、社会主义发展史结合起来。"[②]学习社会主义发展史，就是学习世界社会主义500多年的发展历程，正确把握科学社会主义一般原则，在实践探索中了解社会主义发展的长期性、多样性和必然性。中国共产党人从社会主义发展史中深化了对共产党执政规律的认识，提出坚持党对一切工作的领导，不断提高党的领导和执政能力；懂得深化认识中国特色社会主义本质，须深化对社会主义建设规律和人类社会发展规律的认识，只有这样，才能为展望未来提供向导。列宁指出："马克思的全部理论，就是运用最彻底、最完整、最周密、内容最丰富的发展论去考察现代资本主义。"[③]

---

① 《马克思恩格斯文集》(第十卷)，北京：人民出版社2009年版，第588页。

② 《习近平谈治国理政》(第三卷)，北京：外文出版社2020年版，第540页。

③ 《列宁专题文集·论马克思主义》，北京：人民出版社2009年版，第255页。

因此，在新时代学习社会主义发展史，可提升对“三大规律”的认识，从而更好地坚持和发展中国特色社会主义。

二 现实维度：“四史”教育与大学生思想政治教育的时代意蕴

从时代要求出发，探讨“四史”教育与高校大学生思想政治教育的新定位、新使命，诠释为何需要“融入”的现实尺度和价值向度，亦是明确本质关系，对本质问题作重新审视与探讨，在现实意义中论证价值实践。高校大学生思想政治教育是为实现一定教学目标的社会实践活动，必然借助思想教育手段完成价值转化。

（一）强化高校思政课的育人实效

高校思政课是落实立德树人根本任务的关键课程，是高校思想政治工作创新发展的重要内容，是实现高等教育内涵式发展的核心部分。进入新时代，对高校思政课发挥育人主渠道作用提出更高的要求。如何在改进中不断加强，在创新中不断提高，增强大学生学习思政课的获得感，这是时代之问，亦是思政课教师须完成的课题。马克思指出：“批判的武器当然不能代替武器的批判，物质力量只能用物质力量来摧毁；但是理论一经掌握群众，也会变成物质力量。”[①]高校思政课教育教学根本目的与归宿就在于将理论力量和精神价值转化为无限的实践动力，从而转化为巨大的物质价值，通过培养中国特色社会主义建设者和接班人，使其能够自觉担当中华民族复兴大任。“四史”与高校思政课紧密结合，更加突出理论、现实与历史的结合，强化历史思维、历史自觉，推动形成思政教育的政治性、学理性、批判性、实践性和生动性的统一。以“四史”来认识历史规律、分析现实情况、预测发展趋势，易于被大学生接受和认同。历史研究作为一切社会科学的基础，以“究天人之际，通古今之变”为使命，可推动高校思政课教学内容转化为大学生内在的思想意识和行为方式。

---

① 《马克思恩格斯选集》（第一卷），北京：人民出版社1995年版，第9页。

（二）引领学生辨析历史虚无主义学习

“四史”，有利于引导大学生树立正确的历史观，认清历史虚无主义的本质，坚持用辩证唯物主义和历史唯物主义来分析历史，准确把握历史过程、现象、事件和人物等。当今世界正经历百年未有之大变局，意识形态领域的斗争和争夺越来越复杂和激烈，尤其是一些社会思潮在很大程度上影响甚至决定着大学生思想价值观念的形成与发展，而历史虚无主义随着网络自媒体的发展不断干扰大学生的判断力，阻碍了其自身的健康发展和成长成才。历史虚无主义背离实事求是原则和否定唯物史观，其本质是唯心史观。习近平指出：“历史虚无主义的要害，是从根本上否定马克思主义指导地位和中国走向社会主义的历史必然性，否定中国共产党的领导。”[①]学习“四史”是大学生自觉增强抵制错误思潮能力，科学辩证看待历史与现实、历史与未来关系的有效手段。

（三）优化“四史”教育载体途径

“四史”教育是一项系统化、长效化的过程，有效载体途径是“四史”教育目标实现的基础与关键。高校思政课在长期发展和实践创新中，已形成较健全、规范、科学的教育教学体系，成为高校开展“四史”教育的有效载体途径。在深入推进“四史”教育时，应与新时代思政课的思路、师资、教材、教法、机制和环境等“六个创优”改革相结合，强化顶层设计，优化载体途径。要充分发挥和利用高校思政课课堂教学载体，在内容体系上通过史论相结合、历史与现实相结合，使学生掌握历史发展规律，学会用历史思维分析问题。在利用思政课实践教学载体途径时，要通过形式多样的方式方法、丰富多彩的活动，加深学生对“四史”教育重点、难点问题的理解和掌握。在利用思政课网络教学载体途径时，学生通过对历史基本知识和基本理论的学

---

① 《历史是最好的教科书：学习习近平同志关于党的历史的重要论述》，北京：中共党史出版社2014年版，第8页。

习，观看生动鲜活的典型事例，了解历史、文化、国情的差异性对一个国家和社会发展的深远影响。正如马克思所指出的，“人们自己创造自己的历史，但是他们并不是随心所欲地创造，并不是在他们自己选定的条件下创造，而是在直接碰到的、既定的、从过去承继下来的条件下创造”，[①]掌握历史才能进一步理解历史选择中的必然性。

（四）增强“四史”教育主体力量

“四史”教育队伍作为教育工作的组织保证，其整体素质在很大程度上决定着学习教育的效果，只有队伍建设得到切实加强和提高，“四史”教育的目标才能更好地实现。高校思政课教师是高校教师队伍中用习近平新时代中国特色社会主义思想铸魂育人、强化理想信念教育和价值观引导、开展马克思主义理论和党的创新理论学习的中坚力量。习近平强调：“思政课作用不可替代，思政课教师队伍责任重大。”[②]多年来，党和国家高度重视思政课教师队伍建设，目前，高校建设了一支以专职为主、专兼职结合、数量较为充足、素质较为优良的思政课教师队伍。这支队伍掌握马克思主义理论、马克思主义中国化的理论体系、高校思想政治工作理论与工作方法等，具有较高的理论研究与实践工作能力，从所学专业背景和讲授课程看，大部分思政课教师对“四史”的掌握较为系统、全面和深入。发挥思政课教师的作用和优势，使其成为“四史”教育的主体力量，为其提供更多学习培训机会，打造高素质的高校思政课和“四史”教育教师队伍，成为高校强化“四史”教育的重要任务。

三　内容维度：“四史”教育与大学生思想政治教育的内涵一致

“四史”的内容既紧密相连，又各有侧重。党史的侧重点在于政党层面的

---

① 《马克思恩格斯文集》（第二卷），北京：人民出版社2009年版，第470～471页。

② 《习近平总书记教育重要论述讲义》，北京：高等教育出版2020年版，第28页。

奋斗史，新中国史侧重点在于国家层面的复兴史，改革开放史的侧重点在于事业层面的创新史，社会主义发展史的侧重点在于信仰层面的跃迁史。加强大学生“四史”教育，应准确把握贯穿其中的主题主线、主流本质，突出蕴含其中的核心思想、精髓要义。

（一）党史教育应聚焦中国共产党成立以来的奋斗历程、精神谱系，引导大学生深刻认识中国共产党为什么“能”

中国共产党是历史的选择、人民的选择，这是人们熟知的话语。其核心要义是，中国共产党执政地位的确立不是个人的主观愿望，亦不是偶然的历史巧合，其根本上反映的是历史的意志、人民的需要和国情的必然。民国初年，中国社会上共出现具有现代性质的新兴的公开党会多达 682 个，其中政治类党会有 312 个，政治类党会中具有突出性的政纲者有 35 个。它们所倡导的各种主义，所开出的救国药方更是多如牛毛。只是这些党会、主义和“药方”并没有改变旧中国积贫积弱的面貌，带来的反倒是政治闹剧不断、军阀混战不止、民生凋敝不堪。与之相反，中国共产党一成立，就把实现共产主义作为最高理想和最终奋斗目标，无论是在理论上、道义上，还是在群众基础上、革命前途上都占据着制高点，因而能够团结带领中国人民前仆后继、顽强奋斗，顺利推进了“三次伟大革命”，成功实现了“三次伟大飞跃”，把贫穷落后的旧中国快速发展成日益走向现代化的新中国，“历史已经并将继续证明，没有中国共产党的领导，民族复兴必然是空想”。[①] 成立百年，执政 70 余年，截至2021年6月5日，中国共产党从最初只有50多人的新生组织，已经发展成拥有超过9500万名党员、480多万个基层组织的世界最大规模政党。透过厚重的党的奋斗史，我们能看到一条鲜活生动的精神链条：红船精神、井冈山精神、长征精神、延安精神、抗战精神、西柏坡精神、抗美援朝精神、“两弹一星”精神、改革开放精神、抗洪精神、伟大抗疫精神等。这些具体的

---

① 《习近平谈治国理政》（第三卷），北京：外文出版社2020年版，第55页。

精神坐标，将中国共产党带领中国人民探索、形成和发展中国道路的历史足迹，串联成了独特而又丰富的精神谱系，大学生可以从中找到中国共产党为什么"能"的答案。在面向大学生开展党史教育的过程中，应牢牢抓住这一精神谱系的主线，传承红色基因，赓续精神血脉。比如，可以引导大学生从南湖红船、井冈山烽火中追寻这一精神谱系的初心与源头，可以引导大学生从娄山雄关、延安宝塔中感受这一精神谱系的无畏与执着，可以引导大学生从钟山风雨、"进京赶考"中体会这一精神谱系的清醒与坚定，还可以引导大学生从南国春潮、复兴高铁中领略这一精神谱系的壮丽与生机，等等。总之，带领大学生多重温党的伟大发展历程，他们心中自然会增添很多知史爱党的自信心与自豪感，自然会不断增强斗争精神与斗争本领，进而"鼓起迈进新征程、奋进新时代的精气神"。①

（二）新中国史教育应聚焦新中国成立以来的沧桑巨变、辉煌成就，引导大学生深刻认识新中国发展为什么"快"

20 世纪 40 年代，被誉为当时"头号中国通"的美国著名历史学家费正清曾提出一个引起广泛关注与争论的观点。他认为，中国不能从自身文明中生发并完成现代化，只能借助外部力量来推动实现。他提出，近代中国的诸多剧烈变革，都是在西方文明不断冲击下所作出的被动反应。

新中国成立后，中国共产党团结带领中国人民打赢了影响深远的抗美援朝战争，在饱经磨难的中华大地确立了社会主义制度，在广袤中华大地上开展了火热的社会主义建设，中国的政治、经济、文化、教育等各项事业迅速恢复，国民经济体系、工业体系、农业生产体系等逐步完善，彻底改变了旧中国一穷二白、被动挨打的局面，使新中国真正掌握了现代化的主导权。这期间，我们也经历过挫折，走过弯路。但中国共产党带领中国

① 《习近平在党史学习教育动员大会上强调：学党史悟思想办实事开新局　以优异成绩迎接建党一百周年》，《人民日报》2021 年 2 月 21 日，第 1 版。

人民痛定思痛，找到了改革开放的“金钥匙”，不断破除阻碍现代化进程中的种种障碍，中国的综合国力、人民生活水平、国际竞争力等迈上了一个又一个新台阶，中华民族大踏步赶上了现代化的潮流。经过长期对中国建设与改革的观察，费正清在20 世纪 90 年代修正了过去所坚持的观点。他认为，中国实现现代化之路有自身内在的驱动力与发展冲动，要理解中国快速发展的秘诀，必须深入中国社会内部进行考察。费正清这一观点的修正与转变，从一个侧面反映了新中国成立后，中国人民追赶现代化潮流已从被动变为了主动，迎来了中华民族伟大复兴历史进程的大跨越。在面向大学生开展新中国史教育过程中，应牢牢抓住中华民族由站起来到富起来，再到强起来这条历史主线，引导大学生深刻认识中国特色社会主义道路、理论、制度、文化等方面的显著优势，激发大学生知史爱国的热情，坚定大学生为全面建设社会主义现代化国家、实现中华民族伟大复兴接力奋斗的信念。

（三）改革开放史教育应聚焦改革开放以来的艰辛探索、重大创新，引导大学生深刻认识中国特色社会主义为什么“好”

改革开放是中国共产党带领中国人民在重大历史关头的一次伟大觉醒和关键抉择。改革开放 40多年来，中国国内生产总值由 1978 年的不足 4000亿元，快速攀升到 2020 年的突破 100 万亿元，对世界经济增长贡献率连续多年超过 30%。经济总量从改革开放初期的 10 名开外，连续赶超意大利、德国、日本等世界主要经济体，跃升至全球第二位。此外，改革开放 40 多年来，中国民主政治、先进文化、民生改善、生态文明、国防军队、祖国统一、大国外交、党的建设等均取得了史诗般的进步，各方面的面貌均发生了翻天覆地的变化。这些成就的取得靠的是什么呢？靠的是始终把发展作为第一要务，靠的是始终把改革作为第一动力，靠的是始终把开放作为基本国策，靠的是始终坚持和发展中国特色社会主义的战略定力！ 当然，前进的道路并非一帆风顺。改革开放 40多年来，中国也经受了各种风险考验。国际上，经受住了东欧剧变、亚洲金融风暴、国际金融危机等风浪，经受住了美国等西方国家霸凌主义、单边主义政策的冲击。在国内，成功化解了思想上的混乱、政治上的风波、经济上的起伏，有效应对了重大自然灾害、重大突发事件、重大疫情冲击。特别是在新冠肺炎疫情防控斗争中，中国在全球率先恢复了经济正增长。被称为“金砖之父”的英国经济学家吉姆·奥尼尔认为，中国为受疫情冲击的世界经济的复苏提供了机遇，未来将继续是全球经济增长的重要引擎。总之，改革开放史是一部党领导中国人民的艰难创新史、艰苦创业史，每一位大学生既是见证者、受益者，又是参与者、实践者。开展改革开放史教育，应抓住当代大学生“生逢其时又重任在肩”这一主线，引导大学生从小岗破坚冰、深圳逐浪潮、雄安再起航等改革开放的浩荡历史中汲取经验智慧、砥砺信心勇气，在知史惜今中自觉肩负起青春责任、时代使命。

（四）社会主义发展史教育应聚焦世界社会主义运动的波澜壮阔、跌宕起伏，引导大学生深刻认识马克思主义为什么“行”

自 1516 年英国人文主义者托马斯·莫尔的《乌托邦》出版，世界社会主义已经走过了500 多年波澜壮阔、跌宕起伏的发展历程。在这一历史进程中，世界社会主义实现了从“直接共产主义的理论”[①]空想，到科学社会主义理论体系创立的飞跃；实现了从俄国跨越“资本主义制度的卡夫丁峡谷”实践社会主义、确立“苏联模式”，到鼓舞推动世界更多被压迫阶级和民族投身争取解放斗争、建立社会主义制度的飞跃；实现了从新中国学习借鉴“俄国人的路”探索开展社会主义建设，到改革开放以来坚持“走自己的路”开创和发展中国特色社会主义的飞跃。特别是中国共产党将科学社会主义的理论逻辑与中国社会发展的历史逻辑有机结合起来，在实践中不断探索推进马克思主义中国化、时代化，用 70 多年时间完成了西方国家几百年的发展历程，使得“科学社会主

---

① 《马克思恩格斯文集》（第三卷），北京：人民出版社2009年版，第575页。

义在21世纪的中国焕发出强大生机活力”。[①]当然，这期间世界社会主义运动也遭受过严重挫折，甚至被西方认为“历史终结”。但就像世界上没有完全相同的两片树叶，“苏联模式”绝非建设和发展社会主义的“模板”，社会主义建设和发展“并没有定于一尊、一成不变的套路”。[②]“苏联模式”的最终失败，恰恰是由于放弃了科学社会主义的基本原则，背离了马克思主义的一般原理。恩格斯强调:“马克思的整个世界观不是教义，而是方法。”[③]历史学家翦伯赞也指出:“怎样研究中国历史，这个问题很大，但扼要地说来，就是立场、观点和思想方法的问题。”[④]因此，在大学生中间开展社会主义发展史教育，应紧扣“坚持和运用马克思主义的立场、观点、方法”这一主线，引导大学生学深悟透“看家本领”，活学活用“精神武器”，不断深化对自然界、人类社会、思维发展、人的自由全面发展等问题客观规律的认识，在史论结合中增进对历史发展总趋势的把握，增强对社会主义光明前景的自信。当前，“特别是要结合党的十八大以来党和国家事业取得历史性成就、发生历史性变革的进程”，[⑤]引导大学生用发展着的马克思主义观察现实、解读时代、引领实践，在水到渠成中领会新时代党的创新理论的丰富内涵、时代价值和世界意义。

四　实践维度:“四史”教育融入大学生思想政治教育的路径指向

从构成要素出发，探讨“四史”教育融入高校大学生思想政治教育的体系结构，回答如何实现“融入”的关键环节和主要条件，亦是进行系统分析，

---

① 《习近平谈治国理政》(第三卷)，北京：外文出版社2020年版，第70页。

② 《习近平谈治国理政》(第三卷)，北京：外文出版社2020年版，第76页。

③ 《马克思恩格斯选集》(第四卷)，北京：人民出版社2012年版，第664页。

④ 尤学工:《20世纪中国历史教育研究》，北京：中国社会科学出版社2014年版，第246页。

⑤ 《习近平在党史学习教育动员大会上强调：学党史悟思想办实事开新局 以优异成绩迎接建党一百周年》,《人民日报》2021年2月21日，第1版。

力求构建新的层次化体系。“融入”过程中不仅各要素共同存在，还须接受主体、内容结构、方法体系和相关运行机制等方面的衔接与匹配。

（一）把握接受主体特征和需求

在大学生中开展“四史”教育，关键在于“四史”能否真正被“受教”主体接受和认同，并真正转化为“受教”主体的知行统一。从思想政治教育接受学的理论体系研究出发，大学生作为接受主体，加强对其接受规律和接受需求的研究，不仅是高校开展“四史”教育研究的题中之义，也是新时代高校推进思政课教学改革创新工作的现实需要。大学生对“四史”教育和思政课的接受不是一蹴而就的，而是由认知、内化、外化逐步生成的过程，大学生在已有史学基础和价值观念的基础上，基于自身的内在需要，对“四史”所蕴含的价值理念和知识信息进行选取和吸收，并逐渐形成自身的价值准则和行为选择，在这一复杂的运行系统中，大学生作为接受主体发挥着主导作用，同时，体现了排他性、价值性、自觉性和渐进性特征。着重分析大学生的价值需要、认知结构、思想观念等，才能准确把握大学生学习“四史”和大学生思想政治教育过程中的规律性变化和运行状态，找到“四史”教育的实际要求与大学生具体需要的结合点。

（二）呈现基本内容和结构框架

历史发展是阶段性与连续性的统一，“四史”之间密切联系，既有共性，又体现不同特征。在坚持整体性原则基础上，只有从“四史”各自特点和主要内容出发，结合思政课各门课程内容，寻找契合点，才能实现理论、现实、历史三者的结合。厘清内容结构，构建合理的内容体系是“四史”教育内容整合的结果呈现，亦是最关键的环节。从多角度研究来看，中国共产党的领导是贯穿“四史”的主线，认清道路问题，坚定中国特色社会主义自信是学习“四史”的核心。实践中，须以“四史”的四方面内容为“纲”，以高校思政课各门课程具体内容为“目”，形成相互联系、层次分明、有机统一的内容结构体系。目前，高校思政课讲授内容主要为马克思主义基本原理、马克思主义中国化、中国特色社会主义理论体系和党的最新理论成果等，按照总揽性与条理性原则，在"四史"的框架下，让每个具体内容都有方向归属并紧密衔接，是解决内容体系问题的重要遵循。

（三）转换方法策略和实践范式

"四史"教育融入高校大学生思想政治教育的方法转换，是在把握高校大学生思想政治教育教学方法历史轨迹和经验规律基础上，遵循马克思主义"历史和逻辑相统一"的方法论原则，依据新时代"四史"教育要求对方法与范式的新构想与设计，体现继承性与发展性。"四史"蕴含丰富的历史智慧和营养，通过不断挖掘历史资源，充分利用红色资源，增强教育吸引力与感染力。转换过程中须抓住其核心要素和关键节点，传统方法的现代转换、单一方法的综合转换最为重要。转换中要增强人文色彩，注重实践教育和启发式教育，在现代技术转换和运用上，提升数字化建设和立体化开发能力。实践参与法是寓教于"行"的方法，通过亲身感受、现场互动，获得思政课理论与"四史"发展建设实际相结合的体验和经验。范例分析法是以典型为"例"的方法，通过分析讨论"四史"进程中具有典型性代表性的历史事件、历史人物，进一步认识和理解高校思政课中的基本原理和思想观点。

（四）构建教育者队伍培养体系

在"四史"教育融入高校大学生思想政治教育的视域下，教育者队伍主体就是高校思政课教师，按照教育部要求，建设一支专兼职相结合的思政课教师队伍同时要统筹好"八支队伍"上思政课讲台，所以，他们将担负高校开展"四史"教育实施者、推进者和实现者的重任。"四史"教育队伍在原有政治、思想、文化和能力等素质要求基础上，须树立科学的历史观，能够正确分析和评价历史问题、辨别历史是非和社会发展方向。习近平强调："历史是最好的教科书"，[①] "我们看世界，不能被乱花迷眼，也不能被浮云遮眼，而

① 《习近平谈治国理政》（第一卷），北京：外文出版社2018年版，第405页。

要端起历史规律的望远镜去细心观望”。[①]实践中可尝试通过培养制度、学习交流机制、考核评价体系的构建来探寻“四史”教育者的培养基本途径和方式，着重从管理机构、组织程序、交流形式、任务目标、评价标准等方面进行科学设计与统筹，使“四史”教育者思想的引领性、时代性和价值性形成有机统一。教育者自我提升与更新素质是一个曲折复杂、逐渐深化和动态发展的过程，只有以历史自信、历史自觉推进教育者意识的觉醒，以历史胸怀、历史责任激发自身积极性与创造性，才能赢得“四史”教育主动权。

实践的需要推动认识的产生和发展，在新时代，推进“四史”教育融入高校大学生思想政治教育，并对“融入”理论体系与实践模式展开研讨，既是高校探索思政课改革创新的需要，也是汲取“四史”智慧与力量，引领大学生正确认识“两个大局”，珍惜时代、担负时代使命的需要，也必将为“四史”教育和高校思政课教育教学提供更多的新思路和新思考。

“四史”时空跨度大，所涉内容多，在大学生中间开展“四史”教育，应注重各种方法、载体、渠道的协同性，在连点成线、聚线成面中提升教育的针对性、实效性。一方面，应整合“三全育人”力量，注重发挥思想政治理论课主渠道、日常思想政治教育主阵地作用，通过课堂讨论、故事讲述、知识竞答、研学实践等，引导大学生从理论与实践相结合的角度把握重大历史转折背后的深层动因，从宏观与微观相统一的角度弄清中国共产党为中国人民谋幸福、为中华民族谋复兴进程的历史规律，进而抓牢“四史”学习的主题主线。另一方面，应顺应大学生思想活动规律、知识接受规律、成长成才规律，注重发挥网络新媒体平台的作用，开发图文融合、声情并茂的网络新产品，充分运用人工智能（AI）、虚拟现实（VR）等网络新技术，组织线上情境体验、成果展示、互动接力等，让“四史”教育在大学生中间活起来、火起来，激发大学生知史爱党、知史爱国的热情，从而以更加自信昂扬的青

① 《习近平谈治国理政》（第二卷），北京：外文出版社2017年版，第442页。

春风貌投身民族复兴的宏伟实践。加强大学生“四史”教育应坚持马克思主义历史观和方法论，从历史史实出发，引导大学生摒弃片面、孤立、静止的历史虚无主义态度，运用全面、联系、发展的眼光科学审视党史、新中国史、改革开放史、社会主义发展史，让大学生在“博学之、审问之、慎思之、明辨之、笃行之”中知古鉴今、开创未来。

参考文献

1.《习近平在党史学习教育动员大会上强调：学党史悟思想办实事开新局以优异成绩迎接建党一百周年》,《人民日报》2021年2月21日。

2.习近平：《论坚持党对一切工作的领导》，北京：中央文献出版社2019年版。

3.《马克思恩格斯选集》(第一卷)，北京：人民出版社1995年版。

4.《列宁专题文集：论无产阶级政党》，北京：人民出版社2009年版。

5.《习近平谈治国理政》(第二卷)，北京：外文出版社2017年版。

6.《列宁专题文集：论辩证唯物主义和历史唯物主义》，北京：人民出版社2009年版。

7.《习近平新时代中国特色社会主义思想学习纲要》，北京：学习出版社，人民出版社2019年版。

8.《马克思恩格斯文集》(第十卷)，北京：人民出版社2009年版。

9.《习近平谈治国理政》(第三卷)，北京：外文出版社2020年版。

10.《列宁专题文集：论马克思主义》，北京：人民出版社2009年版。

11.《历史是最好的教科书：学习习近平同志关于党的历史的重要论述》，北京：中共党史出版社2014年版。

12.《马克思恩格斯文集（第二卷）》，北京：人民出版社2009年版。

13.《习近平总书记教育重要论述讲义》，北京：高等教育出版社2020年版。

14.《马克思恩格斯文集》（第三卷），北京：人民出版社2009年版。

15. 马克思恩格斯列宁斯大林著作编译局：《马克思恩格斯选集》（第四卷），北京：人民出版社2012年版。

16. 尤学工：《20世纪中国历史教育研究》，北京：中国社会科学出版社2014年版。

17.《习近平谈治国理政》（第一卷），北京：外文出版社2018年版。

“四史”教育融入“大思政课”的内在逻辑、价值意蕴与实践要求

李营辉　张　悦

摘　要：“四史”（党史、新中国史、改革开放史、社会主义发展史）教育与高校“大思政课”具有内在契合性。历史教育与大思政课相融合是高校思政课的建设传统，“四史”教育与“大思政课”的教学目标和内容具有内在耦合性，二者相融合回应着实现“三进”的现实诉求。将“四史”融入“大思政课”，有利于引导大学生克服历史虚无主义，有利于坚定大学生的理想信念，有利于帮助大学生领悟“三大规律”、筑牢“四个自信”。其主要路径包括发挥教师的主导作用，发挥学生作为接受者的主体作用，发挥课程内容体系的支撑作用，发挥教学方法优化的保障作用。

关键词：“四史”教育；思政课；大学生

党史、新中国史、改革开放史、社会主义发展史是中国人民和中华民族近代以来浓墨重彩的壮丽篇章，是新时代全国各族人民砥砺前行的现实基础。习近平总书记多次强调，“四史”是最好的“教科书”“营养剂”“清醒剂”，提出要将党的创新理论的学习同“四史”的学习结合起来。2020年4月，教

育部等八个部门提出，要将“四史”教育作为大学生思想政治教育的重要途径，将“四史”教育作为“加强政治引领”的重要内容，引导大学生不断增强“四个自信”。同年12月，中宣部和教育部共同印发的《新时代学校思想政治理论课改革创新实施方案》再次规定，要将“四史”纳入思政课体系，高校要开设相关选择性必修课程。加强“四史”教育，是贯彻新时代立德树人根本任务的重要措施，也是提升高校思政课育人时效的内在要求。结合高校思政课的育人规律，将“四史”教育与高校“大思政课”有机融合，对于帮助大学生树立正确的历史观，充分发挥思政课铸魂育人的作用意义重大。

一 “四史”教育资源与大思政课融合的内在逻辑

“四史”是中国共产党领导人民的创业奋斗史、政治选择史、理论探索史、党的建设史，其实质是基于史学基础的马克思主义理论教育，“四史”教育与高校大思政课具有高度的契合性。

（一）历史教育与“大思政课”相融合是高校思政课的建设传统

将历史教育同马克思主义理论教育相结合是我们党思想政治教育的传统。毛泽东十分重视党史的学习教育对于党制定、执行路线的重要性，他曾就此问题强调指出，如果不把我们党的历史以及历史上党走过的路搞清楚，那么，就不能把事情办得更好。在新中国成立初期，华北高等教育委员会就规定把“辩证唯物论和历史唯物论”“新民主主义论”“政治经济学”列为文学院、法学院以及教育（师范）学院的必修课程，其中，“新民主主义论”作为核心课程，重点讲授中国新民主主义革命史。1952年，根据教育部发出的《关于全国高等学校马克思列宁主义、毛泽东思想课程的指示》的相关要求，在全国专科以上高校统一使用规定教材——《联共（布）党史简明教程》。1953年6月，高等教育部通知各高校一律开设“中国革命史”课程，取代“新民主主义论”。1961年，中央教材编选计划会议进一步对本科课程进行调整，规定所有的本科开设“中共党史”课程。1964年以后，进一步明确了“中共党史”

课程成为各高校的共同政治理论课。

改革开放以后，1978年教育部办公厅制定的《关于加强高等学校马列主义理论教育的意见》中继续将“中共党史”课程作为高校马列主义教育的必修课，并同时面向文科生开设“国际共产主义运动史”或“科学社会主义”，历史教育类的课程仍然占有相当的比例。随后，在1985年制定的“85方案”中，“中共党史”课程被“中国革命史”取而代之，思政课历史教育的功能得以进一步强化。2005年，中宣部和教育部进一步规范、整合高校思政课，并形成了“05方案”，新的课程体系中增设了“中国近现代史纲要”课程，高校思政课历史教育类的课程得到恢复和拓展。综上所述，尽管在新中国成立以来高校思政课程名称不断变化，课程体系也一再调整，但是，历史教育类的课程始终在思想政治教育中发挥了十分重要的功能。坚持将历史教育与思政课相结合是高校思政课的建设传统。

（二）“四史”教育与思政课相融合具有教学内容与目标的内在耦合性

“四史”教育与思政课具有教学内容相贯通、目标相一致的内在耦合性。首先，从教学目标来看，总结历史上的成功经验、把握蕴藏在历史进程之中的规律，“增强开拓前进的勇气和力量”[①]是“四史”教育的目的。高校思政课是高校铸魂育人、立德树人的重要课程，教育学生增强理想信念，强化使命担当，引导学生听党话、矢志不渝地跟党走，“培养社会主义合格建设者和可靠接班人”是高校思政课的教育目的。因而，“四史”教育与思政课铸魂育人的教学目标趋于一致，为党育人、为国育才，为中华民族的伟大复兴夯实人才基础是二者的互通之处。

其次，从教学内容来看，二者也具有相通性。学习党史的目标，就是要从百年的风云激荡中，从党的伟大事业的开创和不断开拓中，从不断地全心

① 中共中央文献研究室编《十八大以来重要文献选编》（下），北京：中央文献出版社2018年版，第345页。

全意地践行党的宗旨中，不断深化对我们党的信赖，“坚定对党的领导的信念”。[①]引导帮助大学生领悟历史和人民选择马克思主义、党的领导的必然性，选择社会主义道路、改革开放的历史必然性，是“中国近现代史纲要”课程的教学目标所在。二者契合之处在于，中国共产党成立以来不懈奋斗的历程就是中国近现代史的重要组成部分。

新中国史的学习教育目的，就是要在党带领人民实现“站起来”“富起来”到迎来“强起来”的历程中不断深化对世情、党情、国情的认识。这与“形势与政策”课程通过联系新中国成立前后的环境，领会取得的历史性成就，把握好历史发展的主线，以达到正确认识社会发展的前进趋势的目的相趋同。学习改革开放史，就是要学习40多年来党领导人民勇于开辟新路、勇于自我革命，在适应时代的要求、迎合实践的需要和满足人民的期待中形成的伟大经验和精神财富。这与“毛泽东思想与中国特色社会主义理论体系概论”课程的教学目标相契合。“毛泽东思想与中国特色社会主义理论体系概论”课程的教学目标为：通过引导学生认识和深刻领悟马克思主义为何在众多的社会思潮中脱颖而出，能成为指导中国人民取得实践胜利的科学理论；中国共产党为何能取代国民党，成为我国的执政党；中国特色社会主义为何能源源不断地释放出生机和活力。学习社会主义发展史，就是要深刻理解社会主义理论的发展历程，把握科学社会主义在实践中发展的必然性、长期性，以深化对党执政规律的认识。这与“马克思主义基本原理”课程运用马克思主义的立场、观点、方法提升对世界社会主义事业发展信心的目标要求具有一致性。

（三）“四史”教育与思政课相融合是实现“三进”的现实需要

“四史”教育与思政课相融合是推动习近平新时代中国特色社会主义思想“三进”的现实需要。高校思政课承担着社会意识形态传播、输送的功能，是

---

① 习近平：《论坚持党对一切工作的领导》，北京：中央文献出版社2019年版，第63页。

引导大学生掌握党的创新理论、学习贯彻习近平新时代中国特色社会主义思想的重要渠道和载体。新中国成立以来，随着我们党的理论创新成果的与时俱进，党的每一个创新指导思想和理论成果都不断充实着高校思政课的教材内容，促进了高校思政课的创新发展。因此，以马克思主义中国化的最新成果、党的最新理论创新成果不断充实思政课堂，是高校思政课的一项常态化工作，也是中国共产党意识形态工作的重要组成部分。

2019年，中共中央办公厅、国务院办公厅印发的《关于深化新时代学校思想政治理论课改革创新的若干意见》提出，要坚持同步推进思政课建设的党的理论创新，“全面推动习近平新时代中国特色社会主义思想进教材、进课堂、进学生头脑”[①]。“三进”是高校思政课教学的中心任务。“三进”的关键在于“进头脑”，记得滚瓜烂熟并非目的，精髓在于把握党的理论创新的实质，这就要求在学原文时，多思、多想、悟真、悟实、悟透。毛泽东向来主张要结合历史和中国的实际来学习马列主义理论。习近平在“不忘初心、牢记使命”主题教育总结大会上同样要求，推进“三进”工作，要贯通结合马克思主义基本原理和新时代的伟大实践，要同“四史”学习相结合。习近平新时代中国特色社会主义思想是在十八大以来我们国家和社会取得深层次、全方位变革的背景下，在社会主要矛盾发生转化、党和国家事业取得全方位成就的背景下形成的，是对我们党成立百年来革命、建设、改革的伟大总结，是对新中国成立70多年来成就和经验的总结，是对改革开放40多年来坚持和发展中国特色社会主义的总结，是对新时代诸多新情况、新问题的回应和解答，是当代21世纪的马克思主义。因此，推动习近平新时代中国特色社会主义思想“三进”，既要联系新时代伟大实践的实际，也要紧密联系“四史”教育，只有这样，才能切实领悟这一思想的真谛。

① 《关于深化新时代学校思想政治理论课改革创新的若干意见》，《人民日报》2019年8月15日。

二 “四史”教育融入大思政课的价值意蕴

历史是最好的“营养剂”。“四史”教育的目的在于明理、增信、崇德。对青年学生开展“四史”教育具有以下三个方面的价值意义。

（一）引导大学生克服历史虚无主义的必由之路

“四史”蕴含着历史发展的规律，是“各种知识、经验和智慧的总汇”，[①]有利于引导大学生辨析清楚历史虚无主义的本质。当今世界正处于百年未有之大变局中，意识形态领域的斗争越发激烈，尤其是随着全面深化改革的不断深入，我国经济社会利益格局正面临着深刻变革和调整。以新自由主义、历史虚无主义为代表的社会思潮伴随着网络、自媒体的发展，打着“还原历史”“挖掘真相”的旗号断章取义，肆意捕风捉影，歪曲历史。大学生正处于人生成长的“拔节孕穗期”，容易受这些错误观点潜移默化的影响，模糊、扭曲对党的历史的正确认识，弱化对中国特色社会主义的认同。

因此，将“四史”教育融入高校大思政课，就是要通过学史明理、明道，探明、弄清、理透我们党为什么能，“中国特色社会主义为什么好，从根本上说，是因为马克思主义行”。[②]在思政课的教学过程中以实事求是的态度，用真实的史料还原历史，通过对“四史”中重大事件、重要人物、辉煌成就和宝贵经验的教育，增强大学生抵御错误思潮的能力，挤压历史虚无主义的生存空间，帮助大学生形成正确的世界观和方法论，树立崇高的理想，自觉把握历史的发展规律，树立看清历史、现实与未来的辩证的历史观，以达到荡涤历史迷雾的目的，筑牢意识形态安全防线的思想基础。

① 习近平：《领导干部要读点历史》，《中共党史研究》2011年第10期。

② 《习近平在中共中央政治局第三十一次集体学习时强调　用好红色资源赓续红色血脉　努力创造无愧于历史和人民的新业绩》，《人民日报》2021年6月27日，第1版。

（二）坚定大学生理想信念的必然要求

理想引导大学生的奋斗方向，信念则是助推大学生成才的不竭动力。习近平在2020年6月给复旦大学师生的回信中指出，希望青年党员认真学习马克思主义理论，结合"四史"的学习，"在学思践悟中坚定理想信念"，[①]强调了学习"四史"对坚定理想信念的重要指导意义。个人总是处于一定的自然和社会生活环境之中，个人理想必须服从社会共同理想。大学生是中国梦圆梦的共同参与者，是圆中国梦的中坚力量，其理想信念、精神状态是国家核心竞争力的重要组成部分。

历史和实践证明，坚定的理想信念是激发革命、建设、改革的热情，是党和国家的事业取得胜利的精神动力。"四史"蕴含着铸魂育人的丰富营养，多少共产党人为了共产主义理想、为了解救处于水深火热之中的人民，不惜慷慨牺牲，英勇就义，靠的就是对马克思主义的信仰，"为的就是一个理想"，[②]多重温党领导人民走过的波澜壮阔的历史，"心中就会增添很多正能量"。[③]"四史"凝结着对社会发展规律的真知灼见，积淀着共产主义信仰的"精神之钙"，蕴含着"三大规律"发展的历史逻辑。通过"四史"教育，可以使大学生感受近代以来波澜壮阔的社会主义发展史以及中国共产党的奋斗历程，可以以史为鉴，特别是在近代以来的历史发展过程中涌现出来的众多极具感召力的革命前辈、英雄楷模，他们在极为艰难困苦的环境之中展现出来的革命斗志、英雄气概，是留给大学生最宝贵的精神食粮。"四史"教育，可以使大学生感悟中国共产党人的崇高精神境界、艰苦奋斗百折不挠的崇高

---

① 《习近平给复旦大学青年师生党员回信勉励广大党员 在学思践悟中坚定理想信念 在奋发有为中践行初心使命》,《人民日报》2020年7月1日，第1版。

② 中共中央文献研究室编《十八大以来重要文献选编》(上)，北京：中央文献出版社2014年版，第116页。

③ 《习近平在调研指导河北省党的群众路线教育实践活动时强调 充分调动干部和群众积极性 保证教育实践活动善做善成》,《人民日报》2013年7月13日，第1版。

品质、坚定的爱国主义情怀和全心全意为人民服务的工作作风，厚植爱党、爱国、爱人民的情怀，强化他们对党和制度的情感认同，自觉将“四史”中蕴含的情感、信仰和追求转化为成长成才、国家兴旺发达的精神养料和强大动力。

（三）领悟“三大规律”，筑牢“四个自信”的必要途径

学习“四史”，领悟“三大规律”，有助于筑牢大学生的“四个自信”。习近平强调，要推动中国特色社会主义不断向前发展，要从百年奋斗史中感悟真理的力量，“不断深化对共产党执政规律、社会主义建设规律、人类社会发展规律的认识”。[①]首先，共产党的执政规律是关系到政党生死存亡的根本性规律。从国际共产主义运动史上看，巴黎公社的创立实现了人类首次无产阶级政权的伟大尝试，但是仅仅存在了几个月就因血腥镇压而失败。苏联共产党持续执政了70多年，却在一夜之间土崩瓦解，这与经济萎靡、民生不振、脱离群众不无关系。新中国成立70多年来，历代党中央领导集体坚持中国特色社会主义道路，坚持党的根本宗旨不动摇，不断深化对执政规律的认识。学习“四史”，深刻总结各国共产党执政的经验和教训，是深化党的建设伟大工程的应有之义。

其次，社会主义建设规律是社会主义政权确立以后走什么路的方向性问题。什么是社会主义，如何建设社会主义是一个崭新的课题。改革开放40多年来，中国特色社会主义显示出科学社会主义的强大的生命力。习近平强调指出，中国特色社会主义“既坚持了科学社会主义基本原则，又根据时代条件赋予其鲜明的中国特色”。[②]中国共产党之所以能饱经风霜而愈挫愈勇，根本原因就在于吸取国内外建设社会主义的经验教训。

---

① 《习近平在中共中央政治局第三十一次集体学习时强调　用好红色资源赓续红色血脉　努力创造无愧于历史和人民的新业绩》,《人民日报》2021年6月27日，第1版。

② 中共中央文献研究室编《十八大以来重要文献选编》（上），北京：中央文献出版社2014年版，第109页。

最后，认清人类社会发展规律可以更好地把握未来历史的发展趋势。唯物史观揭示了在社会基本矛盾的推动下，人类社会由简单到复杂、由低级到高级的发展规律。但与此同时，社会主义作为人类社会发展历程中的一个社会形态，资本主义被取代将是一个漫长的发展过程。所以，通过“四史”的学习，让大学生认识到光明的前途与曲折的道路之间的辩证统一关系，通过把握历史的发展脉络深刻领悟历史的发展规律，筑牢“四个自信”之基，这既是圆中华民族伟大复兴之梦的精神动力，同时也是落实立德树人根本任务、为党育人、为国育才的题中应有之义，更是为民族复兴培养有责任担当的接班人的必然要求。

三 “四史”教育融入“大思政课”的现实路径

将“四史”教育融入“大思政课”是一个复杂的系统工程，需要多管齐下，统筹调配，综合施策。既要充分发挥教师的作用，又要发挥学生作为接受主体的能动性，同时，优质的课程体系支撑必不可少。此外，优化教学方法是实现二者相融合的根本保障，只有这样，才能使“四史”教育在学思践悟中落实。

（一）教师是实现“四史”教育与“大思政课”相融合的主导

教师是实现“四史”教育与“大思政课”融合的关键要素。教师是思政课的推进者、传授者、实施者，其业务能力、情感态度、教学素养是实现二者相融合的决定性因素。这就要求“发挥教师的积极性、主动性、创造性”，[①] 因此，加强和改进教师培训队伍是关键。要求“四史”教育队伍在原有思想、政治、能力、文化素养的基础上，首先自身要树立科学的历史观，能够辨析、评价、辨别历史问题与当今社会问题的发展方向，既“不能被乱花迷眼，也不能被浮云遮眼，而要端起历史规律的望远镜去细心观望”。[②]

① 习近平:《思政课是落实立德树人根本任务的关键课程》,《求是》2020年第17期，第8页。

② 《习近平谈治国理政》(第二卷)，北京：外文出版社2017年版，第442页。

一方面要增强“四史”教育的意识，充分认识自身在立德树人的教育引领、政治引领、思想引领等领域的价值，在思想政治理论课程中自觉融入“四史”教育；另一方面，教师要从自身承担的立德树人的使命出发，不断丰富知识储备，推动科研成果向“四史”教育内容转化，使“四史”教育与思政课的教学紧密结合，不断提升“四史”教育的效能。与此同时，还要搭建思政课教师的学习平台，不断完善奖励机制，运用马克思主义的方法论，深入“四史”相关问题的研究，提升教师的科研能力，提高其对“四史”内容的驾驭能力，丰富其教学内容的含金量。

（二）学生是“四史”学习教育的主体

青年学生是开展“四史”教育的接受主体，“四史”教育融入“大思政课”，关键在于教师的推进和实施，但是离不开学生主体作用的发挥。要想使“四史”教育入脑、入心，真正被学生心领神会，做到知行合一，必须从大学生的接受规律和接受需求出发，加强对其接受度的研究，这既是高校开展“四史”教育活动的题中应有之义，也是高校开展思政课创新教育的必然要求。

加强学生主导作用的发挥，一是要深入研究大学生的认知规律。大学生对于“四史”及思政课的内容的接受不是一蹴而就的，而是由认知到内化，再到外化，然后逐渐生成的过程。在习得过程中，首先要根据已有价值观念和历史基础，基于自己的内在需要，选择性地吸收和接纳“四史”所蕴含的知识体系和价值结构，然后逐渐形成、内化为自己的价值判断。因此，掌握大学生的认知需要和兴趣所在，对其知识结构和价值观念精准分析，才能抓住“四史”教育与思政课的融合规律，增强教育时效。二是要在教学过程中加强问题意识。基于现实，将具体上升为抽象，再由抽象回归具体，引导学生形成“四史”学习的科学方法，使学生知史、明德、知责、立志，将历史与现实相贯通，恒久地指引实践的方向。

（三）课程内容体系是支撑

教学内容是实现“四史”教育与“大思政课”相结合的核心要素。教材体系与教材内容的碎片化是当前"四史"教育融入大思政课的主要难点所在。因此，鉴于目前的客观实际，一方面，要加紧整合四门思政课的内容，找出共性，寻求契合点，同时突出各门课的不同特征；另一方面，要加紧研究思政课教材的修订与完善，优化教材内容，为教学提供科学依据。

一是要形成"四史"教育与其他各门思政课程的整体内容框架。从内在联系来看，中国共产党的领导是"四史"教育的总基调；实现站起来、富起来到迎来强起来的伟大飞跃是贯穿"四史"的主线；坚持和发展中国特色社会主义，坚持"四个自信"是"四史"教育的最终落脚点。在教学实践中，必须以"四史"教育内容为纲，现有思政课各项内容为目，形成层次分明、有机统一的内容结构。在"四史"的框架下，各门思政课有机衔接，这是解决当下教学内容碎片化的有益遵循。二是要推动优化整合"四史"教材。将"四史"内容转化为学生喜闻乐见、易于接受的内容体系，将精髓贯穿其中。同时，各高校也可因地制宜，为"四史"教育搭建平台，促进网络共享资源的有效整合，将本土案例和教材作为案例补充，实现教材内容由抽象向具体的转化，为大学生提供更加直观的"四史"教育内容。

（四）教学方法优化是保障

教学方法是实现教学内容为主体所接受，达到教育目的的中介和桥梁。教学方法的优劣在很大程度上决定了教学的成败。在当今时代，"大思政课"的受众大多为"00后"，年龄普遍偏小，根据"00后"的特点探索易于其接受的教学形式可使"四史"教育融入"大思政课"的效果事半功倍。

一方面，在课堂上灵活采取多种形式，例如，针对"四史"的优秀人物和重大事件展开课堂主题讨论，启发学生在自主思辨中确立正确的历史思维；同时在教学中，可依据教学内容将"四史"的鲜活历史故事穿插在授课之中，以真实情境的历史故事感化学生，做到润物细无声。另一方面，要在实践教学中大力拓展"四史"的实践教学模式。例如，开展"四史"历史故事的表演实践，定期开展红色主题的社会实践，定期参观伟人故居、革命英雄纪念碑等实地性的探访和学习，等等，让大学生在实地探访中领悟革命先辈的大无畏精神，传承红色基因，弘扬优良的民族精神。

参考文献

1. 中共中央文献研究室编《十八大以来重要文献选编》（下），北京：中央文献出版社2018年版。

2. 中共中央文献研究室编《十八大以来重要文献选编》（上），北京：中央文献出版社2014年版。

3.《习近平谈治国理政》（第二卷），北京：外文出版社2017年版。

4. 习近平:《论坚持党对一切工作的领导》，北京：中央文献出版社2019年版。

5. 习近平：《领导干部要读点历史》，《中共党史研究》2011年第10期。

6. 习近平：《思政课是落实立德树人根本任务的关键课程》，《求是》2020年第17期。

7.《习近平在中共中央政治局第三十一次集体学习时强调　用好红色资源　赓续红色血脉　努力创造无愧于历史和人民的新业绩》，《人民日报》2021年6月27日，第1版。

8.《习近平给复旦大学青年师生党员回信勉励广大党员　在学思践悟中坚定理想信念　在奋发有为中践行初心使命》，《人民日报》2020年7月1日，第1版。

9.《习近平在调研指导河北省党的群众路线教育实践活动时强调　充分调动干部和群众积极性　保证教育实践活动善做善成》，《人民日报》2013年7月13日，第1版。

10.《关于深化新时代学校思想政治理论课改革创新的若干意见》，《人民日报》2019年8月15日。

11. 冯霞、刘进龙：《“四史”教育融入高校思想政治理论课的三维审视》，《思想理论教育导刊》2021年第2期。

12. 周苏娅：《“四史”教育融入高校思想政治理论课的三重维度》，《思想教育研究》2021年第4期。

13.虞志坚:《“四史”教育融入高校思想政治理论课教学的三重逻辑》,《江淮论坛》2020年第6期。

14.乔惠波:《“四史”教育融入高校思想政治理论课的思考》,《高校马克思主义理论研究》2021年第1期。

15.宋俭、廖玉洁:《将“四史”教育融入高校思想政治理论课教学体系的思考》,《思想理论教育》2020年第7期。

16.王玉:《高校思想政治理论课“四史”教学的整体性及其实践路径》,《思想教育研究》2021年第1期。

17.王炳林、刘奎:《关于学习党史、新中国史、改革开放史、社会主义发展史的思考》,《思想理论教育导刊》2020年第8期。

18.王树荫、耿鹏丽:《新时代学习党史、新中国史、改革开放史、社会主义发展史的若干思考》,《思想理论教育》2020年第5期。

19.赵卯生:《新时代持续推进“四史”教育的科学路径》,《人民论坛》2021年第5期。

20.周明明:《习近平关于“四史”学习教育重要论述的理与路》,《马克思主义理论学科研究》2021年第3期。

新时期学习“四史”的价值目标

丁　帅

摘　要：新时期加强对“四史”的学习，具有重要的价值旨归，更是坚定“四个自信”、应对百年未有之大变局的重要举措。尤其是在中国共产党的百年华诞与我国脱贫攻坚取得全面胜利的交会点上，更加要注重对“四史”的学习。百年党史记录了中国红色政权的来之不易，70多年的新中国史坚定了中华儿女爱国主义的立场，40多年的改革开放史记载了中华民族走向富强的发展历程，500年的社会主义发展史为中国特色社会主义的继往开来提供养分。学“四史”，追初心；学“四史”，定情怀；学“四史”，增自信。中国特色社会主义进入新时代，我们要了解“从哪来”，更要明晰“到哪去”。

关键词：“四史”学习；爱国教育；四个自信

在“不忘初心、牢记使命”这一主题教育总结大会上，习近平总书记强调，“要学习党史、新中国史、改革开放史、社会主义发展史”，[①]在总体上形成“四史”整体效应。党史，是记载中国共产党从无到有的成长史，从弱到

① 习近平：《在“不忘初心、牢记使命”主题教育总结大会上的讲话》，北京：人民出版社2020年版，第15页。

强的实践斗争史。新中国史，是记录新中国从站起来到富起来再到强起来的蜕变史，是中华民族的成长史。改革开放史，是中华儿女实现温饱、走向小康的飞跃史。社会主义发展史，是中国选择社会主义道路，是中国特色社会主义的创立、发展及完善的历史。学习“四史”，我们一起溯源初心，牢记使命。

一　学习“四史”：溯源初心，牢记使命

2019年10月，党的十九届四中全会将改革开放史同党史、新中国史一起列为学习内容。2019年11月，习近平总书记明确指出“学习党史、新中国史、改革开放史，让初心薪火相传”。2020年1月，习近平总书记又将社会主义发展史纳入新的学习范围，并强调要将对“四史”的学习同对党的创新理论的学习结合起来。[①]明镜所以照形，古事所以知今。因此，学习“四史”我们不仅要学，还必须学好。

（一）学党史，深知中国红色政权的来之不易

1921年7月，一个以马克思列宁主义为行动指南的新式无产阶级组织——中国共产党诞生，中国共产党自建立之初就将社会主义和共产主义定为党的奋斗目标，把为人民谋幸福、为中华民族谋复兴作为初心和使命。从中国共产党成立至今，由党领导并组织发动的工人运动不仅显示了中国工人阶级坚定的革命性和强大的战斗力，还扩大了共产党在全国的政治影响力。在大革命中，从兴起到失败，党从中总结经验教训，开始在实践中探索马克思主义中国化路径，提出无产阶级领导的新民主主义革命这一基本思想，并逐步理解开展土地革命、掌握革命武装的重要性。南昌起义开启了中国革命新纪元，八七会议确定了土地革命和武装反抗国民党反动派这一总方针，秋收起义是中国革命发展史上具有决定意义的新起点，广州起义更是一次英勇

① 习近平：《在“不忘初心、牢记使命”主题教育总结大会上的讲话》，《人民日报》2020年1月9日，第2版。

的反击。井冈山革命根据地的建立点燃了工农武装割据的星星之火，井冈山精神所彰显的坚定信念、实事求是、艰苦奋斗、依靠群众，是中国共产党一路走来始终秉持的共产党精神。遵义会议坚持真理、修正错误，开启了中国共产党独立自主解决中国革命实际问题的新阶段。红军长征胜利充分展示了中国共产党的性质和宗旨，长征精神为中国革命的不断胜利提供了强大精神动力。中国人民的抗日战争是近代以来中国人民反抗外敌入侵持续时间最长、规模最大、牺牲最多、第一次取得完全胜利的民族解放斗争，中国共产党在抗战中发挥了中流砥柱的作用，伟大的抗战精神更是中国人民珍贵的精神财富。在中国共产党的努力奋斗与正确引领下，迎来了新中国的成立。改革开放以来，中国步入富起来、强起来的自强和复兴之路。

党史是见证中国共产党从无到有，带领中国人民浴血奋战的奋斗史，是带领中国人民迎来从站起来到富起来再到强起来的革新史。中国共产党在成立初期还是一个不足60人的新生组织，截至2021年6月，已经成为拥有超过9500万名党员的最大政党，中国共产党从嘉兴南湖的摇曳之舟发展到了当下承载14亿中华儿女中国梦的巍峨巨轮。百年奋斗，党给中国人民带来光明和希望，目睹中国蜕变，见证中国转变。在党史中，我们可以感知到中国人民谋求民族独立、人民解放和国家富强、人民幸福的主心骨；可以找到中国革命的精神之源、精神之基以及精神之本；可以找到中华民族的精神之魂，中国共产党为什么“能”的答案。“敢教日月换新天”，中国共产党不仅深刻改变了中国，也影响了世界。

（二）学新中国史，深知中国特色社会主义的来之不易

1949年10月1日，人民期盼已久的新中国成立了，全国各族人民热情高涨，中华大地万象更新。在中国共产党的带领下，中国人民进行大规模的社会主义建设，初步形成了完整的国家工业体系和国民经济体系，科学事业和文化事业取得快速发展。然而，在这一发展进程中，我们走过弯路，也遭遇过挫折。为了尽快改变中国贫穷落后面貌，中国共产党力图在探索社会主义进程中

打开新发展局面。1978年，党的十一届三中全会拉开了实行改革开放这一历史性决策和开创中国特色社会主义的大幕，在此期间邓小平同志果断提出"改革是中国的第二次革命"，[①]中国就此开启了轰轰烈烈的改革之路。其后，中国特色社会主义走过了"三个代表"重要思想和以人为本的科学发展观。进入新时代，党提出"两个一百年"的奋斗目标，现如今，中国取得脱贫攻坚的全面胜利并稳步走向小康社会实现了第一个百年奋斗目标，接下来，党领导中国人民朝着实现社会主义现代化强国奋进。

新中国史，记录了新中国成立以来走社会主义道路的发展历程。70多年的新中国史是中国在中国共产党领导下一步一步走向繁荣昌盛的印迹。

（三）学习改革开放史，深知中华民族走向富强的重大意义

1978年，党的十一届三中全会作出改革开放的重大决策，由此开启了中国改革开放的伟大历程。改革开放政策的实质是为人民谋福祉、为民族谋复兴。中国是一个农业大国，中国的事情能不能办好，改革开放能不能得到顺利且有效的推进，农业以及农村的发展状况具有决定性的意义。改革开放政策首先在安徽凤阳小岗村拉开序幕，18位农民在合同上按下手印，实行包干到组、包产到户，随后，川、赣、云、粤等地区也跟上小岗村的脚步，揭开农村经济改革的序幕。在借鉴农村经济改革经验的基础上，以扩大企业自主权为主要内容的城市经济体制改革在全国范围内开始推广，新的经济发展形式相继出现。随着改革的推进，对外开放和创办经济特区逐步展开，并成为改革开放的重大突破和伟大创举。深圳、珠海这些昔日落后的边陲小镇在改革开放的推动下发展成生机勃勃的崭新城市。除了经济特区的先后建立是我国国民经济呈现欣欣向荣之势外，教育和科学技术的体制改革同样不可或缺。1983年，"教育要面向现代化，面向世界，面向未来"的口号为我国教育体制的改革和发展指明了方向。1985年，科

① 《邓小平文选》（第三卷），北京：人民出版社1993年版，第113页。

学技术体制改革这一决定出台后，实施“八六三”计划，中国的高技术研究迈入了新发展阶段。继邓小平南方谈话后，中国改革开放迈出了新的步伐——建立社会主义市场经济体制。紧抓对内深化改革，扩大对外开放也不容小觑。党的十五大召开后，我国扩大开放沿海城市和内陆边境城市、沿江城市以及省会城市，到1997年形成多层次、多渠道、全方位的开放新格局。此后，中国加入世贸组织，实行科教兴国、可持续发展、西部大开发、“引进来”和“走出去”战略，奥运会的举办，以及中国在第四次科技革命中掌握主动权，等等，都是改革开放这一进程发展至今所结的硕果。

40多年来，中国经济发展突飞猛进，国家综合国力明显增强，国际地位显著提升。改革开放给中国带来了广阔的发展空间，给中国强起来的发展格局提供了坚实的经济基础。大学生学习改革开放史，就是不断深化对中华民族富起来、强起来重大意义的认知，了解社会主义制度在这几十年中的不断发展与完善。因此，学习改革开放史，我们要学习其中的智慧和力量，学习其中的坚韧和勇气，以期在新时代能创造出更伟大的奇迹。

（四）学社会主义发展史，深知中国特色社会主义在世界社会主义运动中的重大作用

空想社会主义是伴随着资本主义生产关系的出现而产生的思想体系。从16世纪托马斯·莫尔的《乌托邦》算起，社会主义的发展已历经500多年。在这漫长的徘徊、寻求和探索过程中，社会主义历经了三个发展阶段。第一个阶段为16世纪空想社会主义学说的发端至19世纪中叶科学社会主义的诞生。这其中又包含几个主要发展时期，首先是空想社会主义的诞生时期，16世纪初期，在资本主义生产关系的基础上，产生了新的阶级关系与阶级矛盾，为揭露资本主义原始积累给劳动人民带来的深重灾难，并批判资本主义生产方式的种种弊端，一种带有空想成分的社会主义学说诞生，该学说的主旨在于试图以一种非暴力的形式建立一个没有阶级差别、没有凌驾于社会之上、与社会成员作对的国家政权。其次，在空想社会主义几个不同发展时期中，最为关键的就是19世纪初的英法空想社会主义，这一时期的空想社会主义较为彻底地克服了16世纪空想社会主义的禁欲主义和平均主义的缺陷，明确具体地提出了实现社会主义的道路和方法，制定了社会主义与共产主义的生产和分配原则。空想社会主义的发展过程就是一个逐步减少空想成分并逐步增加现实因素的过程，其思想体系中不仅包含对资本主义弊端的深刻批判，而且包含对未来社会的科学主张，在启发工人阶级觉悟的同时，更是为科学社会主义的诞生提供了许多有价值的思想素材。第二个阶段为19世纪中叶至20世纪70年代中国特色社会主义道路的提出，这100多年的发展历程包含三个标志性事件。其一，19世纪中叶以《共产党宣言》的发表为标志，社会主义进入科学的发展阶段。其二，俄国十月革命的胜利标志着科学社会主义的第一次成功践行。其三，新中国的成立预示了中国在摆脱“三座大山”，走上独立的民族发展道路的同时，也代表着科学社会主义与中国国情的初步融合。第三个阶段为改革开放至今。从提出走具有中国特色的社会主义道路，到具体的践行，中国的改革之路、探索之路已走过40多年的历程，其伟大成果在让世界为之惊叹的同时，也验证了中国道路的正确性与科学性。对社会主义发展史的学习与掌握，不仅能够深化我们对社会发展规律的认识，更为重要的是，能够使我们领会中国特色社会主义在世界社会主义运动中的意义。

二　学习“四史”：知史爱国，以史育人

读史使人明智，以史育人，学史爱国。“四史”不仅具有教育功能，还能开阔青年眼界。回顾中华民族近代以来的探索之路、奋斗方向以及发展历程，不仅能使我们更加认同中国特色社会主义道路，而且能使我们坚定共产主义理想信念毫不动摇。

（一）学习“四史”，坚定中华儿女爱国主义的立场和态度

作为一种价值观，爱国主义始终是一种立场和信念。尽管“四史”的内容各有侧重，但其贯穿着中国共产党从一而终地对中国革命事业进行领

导这一主线，记录并体现着中国共产党的领导力和执行力。对比新旧中国，中国选择社会主义、走社会主义道路的出发点更显而易见。面对新冠肺炎疫情，对比国内外的抗疫举措，更容易理解中国特色社会主义制度的优越性。改革开放的历史帮助我们进一步理解马克思主义理论，改革开放的巨大成就使我们感知在中国共产党的正确领导下所彰显的中国人民智慧和奋进。比较中外社会主义事业的发展，中国共产党在世界社会主义运动中的地位得以凸显，彰显中国特色社会主义事业在中外社会主义事业发展中的别具一格。

学习“四史”的过程也是总结民族经验教训、增强中华儿女爱国情怀的过程。作为提升中华儿女爱国心态并增强其爱国情怀和信仰的一种契机，“四史”教育完整传递了爱国心和爱国情。在爱国者的爱国心和爱国情中，理想和信念发挥着重要作用，促使爱国情转化为爱国行。爱国行需要榜样的引导和引领，学习“四史”，能让我们了解到在中国近代史上是哪些优秀的中华儿女在为祖国而战，了解到他们为了有一个光明的中国而做出了怎样的牺牲。家国情怀和责任担当不是一句空话，是一代代青年爱国行的落实与体现，是个人价值同时代进步和国家发展相融合的体现。

（二）以“四史”为有效载体，加强爱国主义教育

以爱国主义为核心的民族精神是历代中华儿女为实现中华民族伟大复兴而坚守的初心。新时代，面对奋斗目标的历史交汇期，学习“四史”是我们弘扬爱国主义精神的重要路径之一。

学习党史，使爱国、爱党相统一。自五四运动以来，中国先后出现过三次历史性的大事件，分别是：中国共产党的建立、新中国的成立以及改革开放的伟大决策。中国共产党的建立使国人的思想“活了过来”；新中国的成立使中国人民站了起来；改革开放的伟大决策使中国人民的腰包鼓了起来。可以说，这三次历史性事件相继发生，层层递进，是近代以来实现中华民族伟大复兴的三大里程碑。

学习新中国史，将爱国主义转化为自觉行动。在中华民族5000多年的发展历史中从不缺少爱国主义精神的存在，中国人民的身体中更是流淌着爱国、救国的血液。新中国成立以来，无论是抗美援朝时期工商各界以及劳苦大众的踊跃募捐，还是在各种自然灾害面前中国人民的团结一心，共渡难关，爱国主义精神都贯穿了新中国史的整个发展过程。世界政治格局因新中国的成立而改变，国际格局因新中国的存在而洗牌。因此，学习新中国史，学好新中国史，将其与中华民族5000多年的文明史相联系，感悟爱国主义是5000多年历史长河的主旋律，是中国发展进程中的重要推动力。

学习改革开放史，为爱国主义注入生机和活力。改革开放使中国实现了前所未有之富强，40多年的改革开放进程中，中国共产党带领中国人民走出了一条崭新的发展道路，一条具有中国特色的创新与发展之路，形成了具有中国特色的社会主义文化体系、政治体系、经济体系和社会体系。作为"四史"中的辉煌篇章，学习改革开放史，结合党史，感悟改革开放所带来的以及我们现在所体会的伟大创造；结合新中国史，感悟中国特色社会主义事业的伟大飞跃；结合社会主义发展史，感悟科学社会主义与中国具体实际发展的高度契合。学习改革开放史，深入了解在中国共产党的引领下，改革开放为社会主义现代化所做出的伟大贡献，为爱国主义注入活力。

学习社会主义发展史，将爱国之力转化为报国之行。学习社会主义从空想到科学、从理论到实践、从一国到多国并在21世纪不断实践发展的历程，感悟只有把科学社会主义的一般原则同本国实际相结合才能创造性回答并解决国家发展进程中所遇到的问题，感悟中国特色社会主义发展史进程中的新气象、新活力，有助于我们完整正确地理解和把握科学社会主义的理论体系，有助于提升对各种错误思潮的辨别能力，有助于我们科学认识和掌握社会主义的发展规律，有助于我们坚定科学社会主义道路的正确性与美好前景，并将爱国之力转化为报国之行。

三 学习“四史”：增强“四个自信”

历史是一个国家、一个民族的产生、形成和发展的真实记录，掌握历史才能更好把握未来。学好“四史”，不仅可以更为清晰地掌握历史发展脉络，明晰国家的发展走向，而且是增强爱国情怀的重要之路和坚定“四个自信”的重要之举。

（一）党史是“四个自信”得以形成的力量之源

起始于鸦片战争的中国近代史是一部屈辱史。资本主义国家的入侵给中国人民带来了深重的灾难。一大批先进知识分子以及仁人志士为一改国耻先后进行了持久的探索以及大规模的运动。然而，这些救国救亡运动未能改变中国当时半殖民地半封建社会的面貌。直到新中国的成立，才彻底改变了中国的落后局面，走上了独立发展之路。

俄国十月革命的胜利开辟了人类历史的新纪元，它所取得的胜利不仅唤醒了西方的无产阶级，而且也唤醒了被压迫许久的中华民族，使正在苦难中的中国人看到了新的出路和光明前景。也是在这样的情境下，中国出现了第一批初步具有共产主义思想的知识分子。1920年4月，经共产国际批准，俄共（布）远东局派遣同志来华，与陈独秀、李大钊同志商讨建党事宜，并做好进一步的筹备工作。1921年，中国共产党正式成立并提出，以无产阶级革命推翻资产阶级统治，采用无产阶级专政，以达到阶级斗争的目的。1922年7月，党的二大在上海召开，在制定最高纲领的同时，将打倒军阀、统一全国作为当时的阶段目标。新中国成立后，在党的带领下，实现了新民主主义向社会主义的过渡，从而实现了既广泛又深刻的社会变革。1978年，党的十一届三中全会将国家的工作中心转移到经济建设上来，在中国共产党的领导下，改革开放这一重要决策带领中国人民走向新道路、新征程。100多年的中国共产党史表明，在中国共产党的带领下，中华民族实现了从站起来到富起来再到强起来的伟大飞跃，这也是我们始终坚定道路自信的原因所在。

（二）新中国史是“四个自信”得以形成的制度之基

1949年新中国成立之后，中国共产党领导中国人民在社会主义道路的探索中艰苦奋斗、勇往直前，以人民群众为中心，依靠人民群众，实现了新民主主义向社会主义的转变，确立了社会主义基本制度以及我国社会主义进入初级阶段的基本国情。实行改革开放这一重大决策，打破了原先封闭僵化的经济发展模式，并走出了一条具有中国特色的社会主义道路。40多年的改革开放，40多年的改革与探索，我们确立了中国特色社会主义制度，该制度为中国的进步和发展提供了重要的制度保障。中国特色社会主义制度涵盖经济、政治、文化以及社会等各个方面，彼此相连又各自独立，具有鲜明的理论和时代特色。

70多年的新中国史，70多年的社会主义建设史，足以了解中国特色社会主义制度的来之不易，能更加明确把握中国特色社会主义建设方向的重要性。

（三）改革开放史是“四个自信”得以形成的中坚力量

改革开放史是自1978年以来，在中国共产党的领导下，全国各族人民进行改革开放和社会主义现代化建设征程以及中国特色社会主义形成、发展和完善的历史。之所以将改革开放史称为形成“四个自信”的中坚力量，是因为历经40多年的伟大实践，国家经济快速发展，人民生活显著提升，综合国力明显增强，国家文化软实力、国际地位得以提升，在2018年的新年贺词中，习近平总书记提及“改革开放是实现中华民族伟大复兴中国梦的必由之路”。40多年的巨大成就和发展，充分印证了改革开放是正确之举、明智之举。正如习近平总书记所言，改革开放极大改变了中国的面貌、中华民族的面貌、中国人民的面貌、中国共产党的面貌。①改革开放既是中国对世界的认识，也是世界对中国的认识，更是我们对自己的重识。

改革开放以来的种种中国奇迹，都在充分地向世界证明“中国特色社会

① 习近平：《论坚持全面深化改革》，中央文献出版社，2018，第511页。

主义为什么好”，以及“中国特色社会主义为什么行”。在改革的道路上，理想信念是必不可少的东西，无论到了何种困难境地，理想信念都不可动摇，唯有如此，心中才会有明确的方向。也唯有如此，改革才能一往无前。

（四）社会主义发展史是“四个自信”得以形成的重要基础

“以史为鉴，可知兴替。”社会主义思想从提出至今已有500多年的发展历程。500多年的风风雨雨，500多年的奋勇前行，社会主义历史在艰辛的探索中曲折发展。这一发展过程中，有成功的经验，如新中国的成立；也有失败的教训，如因理论未能与实际国情有效结合而深陷困境以致解体的苏联。邓小平认为：“只要中国社会主义不倒，社会主义在世界将始终站得住。”[①]中国是世界社会主义发展历程中的重要参与者。在中国共产党的领导下，新民主主义革命成为世界社会主义的重要组成部分；中华人民共和国的成立使其成为世界社会主义阵营中的中坚力量；改革开放推动中国特色社会主义道路得以开辟并发展。因此，在世界社会主义的发展历程中，中国社会主义迂回曲折的发展历程促进社会主义的创新发展。

对社会主义发展史的学习，能够深化我们对人类社会发展规律的认知，能够加强我们坚定理想信念，从而增强“四个自信”。习近平总书记指出：“马克思主义指引中国成功走上了全面建设社会主义现代化强国的康庄大道”[②]，“中国共产党、中华人民共和国、中华民族最有理由自信的”。[③]

四　结论

习近平总书记所作出的关于“四史”学习的重要论述，是马克思主义中国化的最新要求。只有认真学习百年党史，才能体会中国红色政权的来之不

---

① 《邓小平文选》（第三卷），北京：人民出版社1993年版，第346页。

② 习近平：《在纪念马克思诞辰200周年大会上的讲话》，《人民日报》2018年5月5日。

③ 《习近平谈治国理政》（第二卷），北京：外文出版社2017年版，第36页。

易；只有深入学习70多年新中国史，才能坚信中国特色社会主义道路的正确性；只有潜心学习40多年的改革开放史，才能体会中华民族走向富起来的重大意义；也只有科学地学习社会主义发展史，才能了解其进程中融合党史、新中国史以及改革开放史所彰显的中国共产党的伟大成就。今天，我们学习"四史"，回顾历史，不是为了享受中国特色社会主义发展至今的伟大成果，也不是为了规避当前所遇到的难以解决的问题，而是要知道我们从哪里来，更是要汲取精华，总结经验，从而知道我们该往何处去。

参考文献

1. 罗昭义：《科学社会主义发展史》，长沙：湖南师范大学出版社1997年版。

2. 王爱云：《理论与方法视野下的新中国史探微》，北京：当代中国出版社2020年版。

3. 中共中央党史研究室第三研究部：《中国改革开放史》，沈阳：辽宁人民出版社2002年版。

4. 郑克卿、常志等：《中国特色社会主义理论体系发展史》，北京：中国社会科学出版社2010年版。

5. 王炳林、刘奎：《关于学习党史、新中国史、改革开放史、社会主义发展史的思考》，《思想理论教育导刊》2020年第8期。

6. 冯俊：《学习和研究"四史"的理论指引——深入学习习近平总书记关于"四史"的重要论述》，《红旗文稿》2021年第3期。

7. 周明明：《习近平关于"四史"学习教育重要论述的理与路》，《马克思主义理论学科研究》2021年第3期。

8. 田克勤、郑自立：《在历史与理论的贯通中增强思想和行动自觉——深入理解习近平总书记关于学好"四史"的论述》，《思想理论教育》2020年第7期。

9.程美东、刘辰硕:《从三个维度理解加强“四史”教育的重大意义》,《思想教育研究》2020年第12期。

10.盛春:《“四史”教育和劳动教育相结合是培养本色接班人的基本要求》,《毛泽东邓小平理论研究》2020年第11期。

以案例库建设创新大学生“四史”教育途径

陶蕾韬

摘　要：以史鉴今，资政育人，重视从党的历史中汲取智慧和力量是中国共产党的优良传统。这既是加强党的思想理论建设的重要任务，也是增强高校思想政治工作能力和做好高校立德树人工作的有效途径。从这个角度讲，加强高校的党史、新中国史、改革开放史和社会主义发展史教育既重要，又迫切。案例教学是一种教学手段，它在进行价值观培育的过程中，有着独特的教学优势。“四史”教育的案例库建设是培育大学生的社会主义核心价值观及爱国爱党思想的有效手段，是推进“四史”教育进课堂、进教材、进头脑的重要方法，也是提高高校思想政治理论课教学中理论与实践相结合的重要途径。

关键词：“四史”教育；案例库建设；思想政治教育

在全社会开展“四史”宣传教育，是为了凝聚更广大力量，通过不断增进人民群众的政治认同、思想认同、理论认同、情感认同，进而坚定不移听党话、跟党走。对于新时代的大学生来说，“四史”教育更是加强其社会主义核心价值观，增进其对党和国家的情感与信念的重要途径。在高等学校开展

“四史”教育，对教学体系提出了更高的要求。从“四史”课程的性质看，其显著的思想政治教育功能，主要体现在能够帮助学生确立正确的人生观、价值观、道德观、历史观。同时，其教学内容与现实生活中大学生关注的大量热点问题、经典案例紧密联系，因此，在“四史”教育课程中研究和使用案例教学，既非常必要，也切实可行。要在具体的教学过程中完成社会主义核心价值观融入高校思想政治理论课这一重要目标，就需要通过深入挖掘“四史”课程丰富的思想政治教育元素，以结合鲜活的案例开展教学的形式去实现。因此，为了真正实现三全育人的教育目标，培养新时代合格的大学生，我们需要大力探索并创新大学生“四史”教育的案例库教学途径。

一 “四史”教育中案例库建设的特点

在中国特色社会主义进入新时代的历史方位下，加强高校“四史”教育，必须以党的教育方针为基础，以立德树人为中心任务，建立起多元化、多层次的教学方式，帮助学生树立崇高理想，培养更多德智体美劳全面发展的社会主义建设者和接班人。“四史”教育案例库建设必须秉承这一宗旨，在案例教学中注意发挥“四史”教育的德育功能，突出马克思主义理论和社会主义核心价值观的引领作用，努力在大学生思政课堂教学中创新出属于“四史”教育的新途径。

（一）案例教学是新时代大学生思政课教学的重要形式

当前，中国特色社会主义事业深入推进，我国高等教育进入以提高人才培养质量为核心、加快建设高等教育强国的关键时期，时代和实践发展对高校思想政治理论课的实效性提出了更高的要求。党和政府一直高度重视高校思想政治理论课教学改革与研究，相继出台了一系列有关优化和提升高校思政课教学改革的政策。国家相继印发了《关于高等学校研究生思想政治理论课设置调整的意见》《普通高校思想政治理论课建设体系创新计划》《2017年高校思想政治理论课教学质量年专项工作总体方案》《关于全面深化新时代教师队伍建设改革的意见》《新时代高校思想政治理论课教学工作基本要求》《关于深化新时代学校思想政治理论课改革创新的若干意见》《关于加快构建高校思想政治工作体系的意见》等系列指导性文件。不断完善的顶层设计，将推进思想政治理论课教学方法改革与创新作为共性要求和工作重点，这表明我们已经深刻认识到教学方法是影响思想政治理论课教育教学质量的关键要素。

案例教学是目前非常有效的一种教学手段，尤其是在进行价值观培育的过程中，它有着独特的教学优势。同时，案例教学法在应用于思想政治课教学过程中也在不断完善并形成了自己的特点。目前，高校思想政治理论课中案例教学的应用研究和讨论，主要集中于案例法与传统教学法在思想政治课教学中的区别、案例教学法概念及其在教学中的运用等领域。不同的学者提出了不同的观点，主要包括以下几种。其一，王虹、胡瑞文、谢树平、李宏亮认为思想政治课案例教学法主要由课前准备、对案例的分析讨论和总结评价三个部分构成。其二，一些学者从政治课教学案例的导入着手将思想政治课案例教学法的运用过程分为启发导入、呈现案例、分析讨论、归纳小结、迁移应用五个环节。其三，还有一些学者较为具体地将政治课案例教学法的运用过程分为准备阶段、安排与布置阶段、学生自学阶段、课堂教学阶段、总结评价阶段五个部分。从收集到的资料来看，学者对于案例教学法的应用还没有达成一致意见，但是大部分学者认为案例教学法主要由上课前的准备、对案例的讨论、形成一致意见以及课后总结这几个环节构成。由于鲜活独特的教育方式、良好的教学效果，案例教学法成为高校思政课重要的教学方式。

（二）“四史”教育是新时代大学生思政课教学的重要内容

习近平总书记强调：“历史是最好的教科书。学习党史、国史，是坚持和发展中国特色社会主义、把党和国家各项事业继续推向前进的必修课。这门功课不仅必修，而且必须修好。”[①]“四史”教育是党史、国史、改革开放史和

---

① 习近平：《在党史学习教育动员大会上的讲话》，北京：人民出版社2021年版，第3页。

社会主义发展史教育的统称，“四史”内容各有侧重，但整体讲的就是中国共产党为人民谋幸福、为民族谋复兴、为世界谋大同的实践史。中国共产党的领导是“四史”的主线。历史是一面镜子，通过总结历史经验，揭示历史规律，把握历史趋势，能够充分发挥历史教育在资政育人中的重要作用。中国共产党一直重视历史教育，学习历史、研究历史、借鉴历史是党的优良传统。中国共产党成立100多年来，新中国成立70多年来，改革开放40余年来，中国革命、建设和改革走过了波澜壮阔的历史进程，实现了由站起来到富起来再到强起来的历史性转变，也把世界社会主义的发展推进到崭新的历史阶段，为大学生思想政治教育提供了充分的文化资源。

大学生既是未来社会主义事业的建设者和接班人，又处于成长发展的“拔节孕穗期”，需要给予精心的引导和栽培。加强对大学生的“四史”教育，是高校思想政治教育的重要组成部分，肩负着培养担当民族复兴大任的时代新人的历史使命。对大学生进行深入的“四史”教育，显然是新时代加强高校思想政治教育的现实需要。2020年1月8日，习近平总书记在“不忘初心、牢记使命”主题教育总结大会上的重要讲话中强调：“要把学习贯彻党的创新理论作为思想武装的重中之重，同学习马克思主义基本原理贯通起来，同学习党史、新中国史、改革开放史、社会主义发展史结合起来，同新时代我们进行伟大斗争、建设伟大工程、推进伟大事业、实现伟大梦想的丰富实践联系起来，在学懂弄通做实上下苦功夫，在解放思想中统一思想，在深化认识中提高认识，切实增强贯彻落实的思想自觉和行动自觉。”①

（三）“四史”教育案例库建设的基本要求

1.必须突出党的领导

“四史”教育的实质是通过教学过程，让大学生了解中国共产党的领导是“四史”教育的主线，案例库建设首先就是要遵循把党的领导放在首位的基本

① 《习近平重要讲话单行本》（2020年合订本），北京：人民出版社2021年版，第12～13页。

原则。党史关注的是中国共产党的发展历程；新中国史关注的是中华人民共和国的历史变迁；改革开放史是新中国历史的重要阶段；社会主义发展史关注的是世界社会主义，特别是科学社会主义诞生以来的历史进程。但从内在逻辑看，“四史”之间有着密切的联系。正是中国共产党的诞生和领导，历经磨难的中华民族才成立了新中国。正是在中国共产党的领导下，选择了社会主义道路，确立了社会主义制度，做出了改革开放伟大决策，才开创了中国特色社会主义，推动中国特色社会主义进入新时代。中国共产党能够诞生并带领全国人民取得历史性成就，是与20世纪以来马克思主义在中国广泛传播，并不断实现中国化、时代化、大众化有着直接关系的。也正是新中国成立以来，特别是改革开放以来中国特色社会主义实现的重大突破，推动了世界社会主义发展到新的历史阶段。

从这一逻辑讲，党史来源于世界社会主义发展史，新中国史与改革开放史是世界社会主义发展史的重要组成部分。“四史”教育实际上是从世界社会主义的维度和中国自身发展的维度，审视学习中国共产党成立以来，党带领人民群众追求国家独立、民族解放、人民幸福的历史。这一历史进程的领导者是中国共产党，主题是探索、开创与推进中国特色社会主义，指导思想是马克思主义及其中国化理论成果。所以，学习“四史”是坚持和发展中国特色社会主义的必修课，“中国特色社会主义”是贯通“四史”教育的主题。因此，一方面，我们需要梳理“四史”教育的理论体系，建立高校思想政治理论课中“四史”教育的新阵地；另一方面，我们也需要对“四史”教育案例库进行建设。将具有中国特色的“四史”教育案例教学，变成运用马克思主义的真理力量和逻辑力量，举旗亮剑、激浊扬清，澄清思想观点的错误与模糊的有力思想武器；成为及时进行价值导向疏导，有效回应学生的关切，解答学生困惑的有力思想武器；成为增强学生思想鉴别力、理论判断力、共识凝聚力和话语支配力的有力思想武器。因此，理论和实践这两个维度应共同构成“四史”教育教学的目标体系，让大家进一步深刻铭记中国共产党百年奋斗的光辉历程，进一步深刻认识中国共产党为国家和民族做出的伟大贡献，进一步深刻感悟中国共产党始终不渝为人民的初心使命，在“四史”教育中真正做到学史明理、学史增信、学史崇德、学史力行，唱响爱党爱国爱社会主义的时代主旋律。

2. 必须突出社会主义核心价值观

习近平总书记多次指出，要将“四史”教育与加强爱国主义、集体主义、社会主义教育，社会主义核心价值观教育，中华优秀传统文化和革命文化、社会主义先进文化教育，国家意识、法治意识、社会责任意识教育，民族团结进步教育，国家安全教育，科学精神教育等相结合。大学“四史”教育通过对“四史”案例库的建设，提升社会主义核心价值观融入高校思想政治理论课教学的“有效性”，展开对高校思想政治教育规律的积极探索。具体包括：在教学模式上，注重平等双向的课堂交互；在授课内容上，因材施教，丰富内容，增加时政热点事件、话题和人物，将中外对比、历史纵横对比引入教学全过程；在工具使用上，利用多媒体教学设备，融合文字、图片、音像等，把教学延伸到课堂之外，做到课堂内外相结合，共同育人。

价值导向的正向性是“四史”教育必须秉持的重要原则。这种“正向价值”即案例库的建设必须紧密结合新的时代条件和实践要求，内植中国特色社会主义进入新时代的时代基因，只有坚持“中国属性”，只有坚持社会主义核心价值观，案例教学才会富有生命力。概言之，“四史”教育案例教学除了要遵循一般案例教学的共性要求外，还要充分关照“四史”的特殊性要求，尤其是案例库建设的价值导向性。“四史”教育的性质、任务、特点，决定了在本课程案例教学实施过程中，案例的问题分析和解答具有明确的价值导向性，要引导大学生做出正确的价值判断和选择。

3. 必须突出国家发展的需要

“四史”也深刻体现着中国的发展历史。习近平总书记强调：“要讲好中国特色社会主义的故事，讲好中国梦的故事，讲好中国人的故事，讲好中华优秀文化的故事，讲好中国和平发展的故事。”①

“四史”教育要着眼于国家发展、民族进步、人民解放诸多方面。因此，“四史”案例库建设重点要关注体现国家发展新风貌、新气象、新实践的内容；“四史”案例库的建设，就是国家发展的浓缩和记录。“四史”课程中的案例教学，应当以培养大学生的国家发展理念为核心。恰当的案例能够提高大学生对自身从事科研活动的认识，真正形塑当代大学生对国家发展的责任意识。在思想导向上，要能够使大学生的科研活动建立在马克思主义世界观和方法论的基础之上，在这一前提下有效地推动大学生科研创新活动，从而激发学生的兴趣，提升其对所学知识的理解和运用知识解决实际问题的能力，而不是仅仅让学生将其视为一门“被迫应付”的马克思主义思想政治理论课程。

4. 必须突出鲜明的时代特点

“四史”教育的案例库建设和时代密不可分，新时代的“四史”教育有新的要求、新的目标。“四史”教育的案例兼具科学性和价值性，同时也具有一定的话题性，可以帮助学生在对案例的辨析中，看清科技发展与人类社会的关系，认识到时代赋予的历史责任和实践意义，既有利于提高学生参与课程的主动性与积极性，提高思想政治理论课的实效性，也有利于高校达成落实立德树人根本任务、培养堪当民族复兴大任之时代新人的育人目标。

“四史”教育的教学与其他思想政治理论课程一样，是一种思想品德影响和价值构建的过程，目前研究不足，尤其是案例库建设不足的现状亟待改善。“四史”教育的性质与要求决定了案例教学的着眼点，不是为了获得那些抽象的理论和知识，也不是为了获得问题解决方案，而是要强化教学的思想性和教育性，提升大学生思想道德素养与精神境界，引导大学生成为德才兼备、

① 《习近平总书记系列重要讲话读本》，北京：学习出版社、人民出版社2016年版，第211页。

全面发展的人。新时代的发展更是对“四史”教育案例库的建设提出了更高的要求，“四史”教育案例库要牢牢把握习近平新时代中国特色社会主义思想这一主线和灵魂，深刻领会其精神实质和丰富内涵，把这一重要思想贯彻高校“四史”教育的教学过程中。为了实现这一系列目标，必须以全新的视野加快构建“四史”教育的中国特色案例教育教学体系、学术体系和话语体系的步伐。

二　案例库建设之于“四史”教育的价值

案例库建设是“四史”教育场景化、真实化、鲜活化的直接驱动力，让“四史”教育深入大学生的内心世界，培育其坚定的社会主义信念，有说服力的、生动的案例在“四史”教育中起到了画龙点睛的作用。首先，案例教学法可以为学生创设一种情境，使学生获得一种情感体验；其次，案例教学法可以培养学生的问题意识；再次，案例教学法可以培养学生的分析能力、探究能力；又次，有利于新的教学技能的形成；最后，案例教学法可以培养学生的反思精神。案例教学在进行价值观培育的过程中有着以下明显优势。

（一）革新大学生思政课课程育人的教学模式

与传统的讲授型教学相比，案例教学法的优势表现在：一是通过主动式学习培养学生的独立思考能力；二是双向交流促进教学相长，思政课教师可以在交流中不断调整教学方式；三是注重知识记忆的同时也注重实践能力的培养。“四史”案例教学的开发和实施对高校思想政治理论课教师的教学能力提出了更高的要求，因此可以促进教师将提升自身政治素养和政治敏感度放在重要位置；同时，作为高校思想政治理论课教师，还需要及时掌握国内外最新研究成果和科技动态，真懂真会，才能引导学生对中国特色社会主义道路、科技强国等概念形成正确的认识、分析和评价。在“四史”教育的过程中，希望能够进一步就案例教学对教师授课方式、考核方式、教学质量评价、学生管理等方面的影响进行探索，以期形成既鼓励教师积极性，又可通过案例教学提高课堂教学质量，提高学生培养水平的多赢的教学管理模式，弥补国内目前关于学生思想政治理论课案例教学方式的空白。

在“四史”教育的案例库建设中，我们要注意以下三点。一是贯彻习近平总书记关于如何上好高校思想政治理论课的重要讲话精神，重点研究通过案例教学如何实现社会主义核心价值观融入自然辩证法概论课、融入高校思想政治理论课教学。高校思想政治理论课案例教学应该按照新时代、新思想对思想政治理论课的新要求进行新的总体设计，紧密结合新的时代条件和实践要求。二是围绕培养社会主义建设者和接班人的课程属性特点，重点聚焦新思想、新教材、新案例的统一，研究“四史”教育案例开发、设计和实施的实用模板。三是建设、充实“四史”课程案例库，进而建设具有独特“中国属性”的案例教学新模式，以全新的视野加快构建中国特色案例教学的教学体系、学术体系和话语体系，并提出进一步丰富案例库的实践途径。

（二）强化大学生的社会主义核心价值观价值判断能力

高校思想政治理论是系统地进行马克思主义理论教育的重要手段，是用习近平新时代中国特色社会主义思想铸魂育人的课程，因而具有很强的理论性、思想性、真理性。这一特性要求教师将科学的思想传授给学生，以先进的理论武装学生头脑，以提升其认知能力。马克思曾指出：“理论一经掌握群众，也会变成物质力量。理论只要说服人，就能掌握群众；而理论只要彻底，就能说服人。所谓彻底，就是抓住事物的根本。”[①]但就目前教学实践而言，在理论提升和教育引导方面相对不足，教学内容的理论性、逻辑性、系统性不够突出，缺乏足够的知识与理论支撑，缺少学理性“透彻”的力量，可能会使教学“饱腹却消化不良”，对学生的思想问题治标不治本，缺乏说服力。

积极探索社会主义核心价值观融入“四史”教育的创新研究，构建具有

① 《马克思恩格斯选集》（第一卷），北京：人民出版社1972年版，第9页。

独特“中国属性”的、科学的案例教学新模式，是当前新时代赋予高校“四史”教育的重要使命。习近平总书记从五四运动以来百年的历史来看改革开放的伟大意义，指出：“建立中国共产党、成立中华人民共和国、推进改革开放和中国特色社会主义事业，是五四运动以来我国发生的三大历史性事件，是近代以来实现中华民族伟大复兴的三大里程碑”。[①]新时代国内外背景发生的重大变化是我们思考新时代“四史”教育案例教学的一个前置性问题。新时代高校“四史”案例教学必须以马克思主义为指导，必须坚持以习近平新时代中国特色社会主义思想为指导，按照历史发展逻辑和党的发展历史的相关理论和观点，构建中国马克思主义科学技术观的理论体系，进而构建以社会主义核心价值观为主线的“四史”教育案例教学新模式。

“四史”教育通过具体案例教学的实施，收集有关建议，改进、汇编教学案例，展示案例课程建设过程中学生的学习成果，形成以案例库建设推动国家发展融入高校思想政治理论课的探索经验，提升高校思想政治理论课堂的学习效果，为高校思想政治理论教学改革服务。通过课堂教学实践、反馈及效果评估，调整知识结构，提出能力要求，实现素质养成。

（三）培育大学生坚定的社会主义信念

“四史”教育的核心是中国共产党的领导，导向是广大人民群众深刻认识党为国家和民族做出的伟大贡献，深刻感悟党始终不渝为人民的初心宗旨，学习党推进马克思主义中国化形成的重大理论成果，传承党在长期奋斗中铸就的伟大精神。高校是立德树人、为党育人、为国育才最主要的阵地，也是意识形态工作极其重要的阵地，培育大学生坚定的社会主义信念，是“四史”教育的主要任务和方向。2020年9月22日，习近平总书记在教育文化卫生体育领域专家代表座谈会上的重要讲话中强调：“要深化党的创新理论学习教育，推动理想信念教育常态化制度化，加强党史、新中国史、改革开放史、社会

① 习近平：《在庆祝改革开放40周年大会上的讲话》，北京：人民出版社2018年版，第4页。

主义发展史教育，加强爱国主义、集体主义、社会主义教育，引导人们坚定道路自信、理论自信、制度自信、文化自信，促进全体人民在思想上精神上紧紧团结在一起。”①

加强“四史”教育，要超越简单的历史学习，升华到基于历史的政治教育，这既是加强党对高校全面领导，坚定社会主义办学方向的重要任务，又是增强高校思想政治工作能力和实现高质量立德树人的有效途径。心有所信，方能行远。面向未来，走好新时代的长征路，我们更需要坚定理想信念、矢志拼搏奋斗。②“四史”教育案例库建设，应结合学习党史、新中国史、改革开放史、社会主义发展史，在学思践悟中坚定理想信念，在奋发有为中践行初心使命，努力为实现第二个百年奋斗目标、实现中华民族伟大复兴的中国梦贡献智慧和力量。“四史”教育案例库建设需要推动这个根本任务，在大格局中找准切入点和突破口，紧紧抓住教学效果，加强“四史”教育课程，掀起“四史”学习热潮，为推动“四史”进入课堂发挥关键作用，为立德树人提供动力源泉。

（四）增加“四史”课程的吸引力，提高大学生实践能力

案例的开发需紧扣教学内容、把准时代脉搏、走进生活实际、直扣学生心弦。“四史”课程的案例既需要体现科学性、价值性和时代性，同时还要具有一定的争议性，这样才能在争论中引导学生用正确的价值观来看待科技发展和社会问题，帮助学生形成正确的价值观念。因此，恰当地选择案例、高水平地编写案例以及科学严谨地撰写流程都非常重要，“四史”教育的案例库建设，需要精挑细选，从政治性、知识性、趣味性、严谨性的角度去筛选相关案例，并且系统化、校准化、信息化地增加“四史”课程的吸引力。

---

① 习近平：《在教育文化卫生体育领域专家代表座谈会上的讲话》，北京：人民出版社2020年版，第6页。

② 《习近平给复旦大学〈共产党宣言〉展示馆党员志愿服务队全体队员的回信》，中华人民共和国中央人民政府网，2020年6月30日。

“四史”教育案例库的建设是一个系统工程，在当前高度重视高校思想政治教育的时代背景下，思想政治教学案例库建设不能急于求成，需要谨慎选择和解读，这需要聚焦集体智慧来打造。另外，也可以通过大学生的共同参与，一起丰富“四史”教育案例库，从而增加大学生的辨别能力和实践能力，通过实践，大学生会潜移默化地受到“四史”优秀案例的感染，从而达到立德树人的目的。当然，其可行性和实效性还需要在调研中不断地摸索。

三　案例库建设在“四史”教育中的实践创新

“四史”教育的案例库建设创新，是“四史”教育取得实效的可靠保障，唯有创新，才能真正把“四史”教育落地；唯有创新，才能传承“四史”教育的精神。“四史”教育的案例库创新涵盖了“四史”教育的整个教学过程，从感性的外围知识到深入的学术探究，从严肃的课堂教学到火热的课外实践，“四史”的案例库都如影随形，伴随着大学生的世界观和价值观“成长”，达到“三全育人”的教学目标。

（一）以案例带动教学过程、以案例开展知识探究活动，是“四史”案例库建设思路的积极创新

案例教学法在“四史”教育中的广泛应用是建设“四史”教育案例库的前提条件。学界对于高校思政课案例教学法的研究成果较多。“四史”教育运用案例教学有利于提高学生的综合素质，提升教师的教学能力，增强思想政治理论课的实效性。“四史”教育课案例教学的操作模式是一个具有内在逻辑的理论体系，包括教学内容的提炼、教学案例的选编、思考讨论题的设计、教学案例的呈现、课堂讨论的组织、点评和总结、案例分析报告的撰写、课后教学反思等逐次递进、环环相扣的一系列教学环节。高校“四史”教育案例选择应遵循典型性、针对性、严密性、科学性、适度性、启发性、导学性、析理性和激励性评价等原则。“四史”教育教学案例的创新设计应遵循代表性、互动性和多样性原则，与教学重点相结合，与社会热点相结合，与

校园文化和地方文化相结合。“四史”教育案例教学实施三大策略，即案例内容的选取策略、案例运用的时间策略、案例使用的方式策略，可实现以案例带动教学过程、以案例开展知识探究活动，达到“四史”教育的教学目标。

（二）充分论证案例类型扩充的学理依据，是“四史”教育话语革新的重要内容

高校“四史”教育的目的是让大学生学习总结历史经验、笃定信仰信念、传承红色基因，这对于使社会主义事业的骨干保持先进性和纯洁性而言具有重要意义。所以，高校“四史”教育具有严肃性和严谨性，“四史”教育案例库建设更是需要严谨认真的学理依据，认真梳理“四史”中的典型性案例，广泛讨论，充分论证，从法理、情理、学理的角度筛选合适的典型性案例，达到“四史”教育的内在要求。“四史”是一个整体，它们之间接续传承、融会贯通。正因为如此，我们要把学习党史、新中国史、改革开放史、社会主义发展史结合起来。需要指出的是，“四史”既是指四门具体的历史，而在某种更为广阔的意义上，又是指代历史教育，甚至不限于具体的“四史”本身。比如，在大历史的阶段中，更长的还有中国5000多年的文明史；还有鸦片战争开始的中国近代史；还有自《共产党宣言》开始的马克思主义发展史。这些历史以及各种专门史，都可以纳入广义的历史教育。

从学理上看，社会主义发展史起始最早，社会主义从空想到科学的发展，产生了马克思主义。马克思主义与中国工人运动相结合，诞生了中国共产党。中国共产党领导人民艰苦奋斗，建立了新中国。在新中国发展的基础上，进行了改革开放。从社会主义发展史角度，党史、新中国史、改革开放史都是社会主义发展史的不同阶段的展开，“四史”归宗于社会主义发展史。从党史角度，社会主义发展史是党史的源头，新中国史、改革开放史是党史的成果，“四史”是一部延展的大党史。从新中国史、改革开放史角度，社会主义发展史、党史落脚到当下，集中体现在社会主义的建设和改革之中。坚持用学理

的标准选择优秀的案例，可以使“四史”教育案例教学有章可循、有理可证、有据可查。

（三）研发反映党史、新中国史、改革开放史、社会主义发展史中的优秀案例，是在“四史”教育中运用新时代理论视域对老问题、老案例进行新解读的必然要求

党的十九大报告指出，经过长期努力，中国特色社会主义进入了新时代，这是我国发展新的历史方位。确定中国特色社会主义进入新时代，是党的十九大报告的“逻辑起点”。500多年的社会主义发展史，100多年的中国共产党历史，70多年的新中国史，40多年的改革开放史，都是历史上的重要阶段，但如何帮助新时代的大学生在新时代的条件下去重新认识这些历史，以例学史，是达到真正懂史的有效方式。

1.结合案例以直观、立体的方式重新感受历史，增强学习“四史”的积极性

从历史中汲取智慧和力量，是我们党的优良传统。经过多年，尤其是改革开放40多年的发展，我国经济实力、科技实力、国防实力、综合国力进入世界前列，推动我国国际地位实现前所未有的提升；党的面貌、国家的面貌、人民的面貌、军队的面貌、中华民族的面貌发生了前所未有的变化。这两个“前所未有”，构成了中国特色社会主义进入新时代的基础。近代以来久经磨难的中华民族迎来了从站起来、富起来到强起来的伟大飞跃，迎来了实现中华民族伟大复兴的光明前景。“四史”教育教学中使用的丰富案例，应充分展示在这一过程中，马克思主义是如何始终站在时代前沿，引领时代发展的；中国共产党是如何在不同历史条件下推进马克思主义中国化、时代化、大众化，创立并不断发展马克思主义的。通过教学案例的展示和引导，增强广大学生自觉进行“四史”学习的积极性。

2.结合案例以直观、立体的方式重新感受历史，拓展学习“四史”的深度和广度

想要让新时代大学生深刻认识当代中国马克思主义在世界社会主义发展

史上的重要地位、在建党100多年历史上的重要地位、在中华人民共和国成立70多年历史上的重要地位、在改革开放40多年历史上的重要地位，就必须在“四史”教育中结合案例培育学生以辩证的眼光看待“四史”，“四史”教育挖掘和拓展了大学生学习的深度和广度。

四部历史各有辉煌。社会主义发展史中有关中国之外的世界社会主义理论和实践的内容，空想社会主义的产生和发展，马克思、恩格斯创立科学社会主义理论体系，以及当今国外社会主义的内容，既是重要的，也是独有的。而中国共产党史更为详细，更聚焦于中国。其中，关于中国共产党的建立，关于土地革命、抗日战争、解放战争，关于毛泽东思想，关于适合中国国情的革命道路，等等，无疑在中国共产党历史中具有特殊的地位和分量。新中国史的“国史”视角，也与“党史”的视角有所区别。关于中华人民共和国的成立、关于社会主义制度的建立、关于社会主义的艰辛探索，在新中国史中具有特殊的地位和价值。改革开放史显然对改革开放以来的历史阐述更为详细。关于党的十一届三中全会、改革开放、社会主义市场经济、中国特色社会主义进入新时代等，这些与现实交融的鲜活历史是改革开放史的核心内容。

“四史”中的每一部历史都有其独特的价值，而“四史”之间又有着整体的逻辑性。如何在“四史”教育中引导大学生认识到整体与部分之间的辩证关系，关键就在于要从案例入手，只有用马克思主义辩证的眼光将党史、新中国史、改革开放史、社会主义发展史结合起来，才能提升和拓展学习“四史”的深度和广度，才能真正了解“四史”中历史发展的逻辑必然性。

（四）不断拓展高校思想政治课教师的知识视野，是优化“四史”教育案例库建设的必要环节

“四史”教育由于其重要的历史地位，所以在高校“四史”教育的过程中，需要有更高政治觉悟、更好专业知识、更开阔世界观的老师担任“四史”教育教师，在案例库的建设上，更是需要这些教师谨慎认真、精益求精，把“四史”案例库建设作为“四史”教育的基础和阵地。《求是》杂志2020年第

17期发表了习近平总书记于2019年3月18日在学校思想政治理论课教师座谈会上的重要讲话——《思政课是落实立德树人根本任务的关键课程》。讲话提出的"政治要强，情怀要深，思维要新，视野要广，自律要严，人格要正"的"六要"要求，为思政课教师指明了努力方向。其中"视野要广"尤为重要，应该深入学习领会、贯彻落实。

"四史"教育要求的"视野要广"，是从整体上把握马克思主义理论科学性的内在要求。高校思想政治理论课教师要担负起新时代赋予的崇高使命和重大责任，讲好"四史"教育这一关键课程，育好时代新人，需要扎下深厚的知识根基，具有宽广的知识视野。新时代，"四史"教育的教师要坚持不懈地加强学习，以深刻的思想见解、正确的政治导向、深厚的理论功底、丰富的课程学识，讲好"四史"课程，增强说服力，使"四史"课入耳入脑入心，给学生以人生的指引、智慧的启迪和真理的感召。"四史"教育案例库建设中，教师至少应具有以下五个方面的知识素养：一是要有扎实的马克思主义基本原理功底以及对"四史"非常熟悉；二是要具有基本历史知识和历史学素养；三是要有对马克思主义中国化理论成果的深入把握；四是要对中国特色社会主义建设事业的总体布局和政治、经济、文化、社会生态等主要领域的运行规律有较为准确的理解和把握；五是要对我国社会主义建设各领域发生的最新动态、重要事件、热点问题等能够及时了解。

（五）提高案例库的系统化、信息化，是新时代"四史"教育与时俱进的重要体现

"四史"教育是一个新课，但是涉及面极广，尤其是"四史"的案例不胜枚举，"四史"教育案例库建设不仅需要极大的耐心，也需要现代化的梳理整合工具，最终形成系统化、信息化、标准化的案例库体系。"四史"教育案例库在供给内容与供给形式上需要改进，需要创新课堂教学方法，将教材重点内容结合课后思考练习题，把所学的内容编制成具体的项目内容，让学生在课前和课后进行必要的学习和研究，使其能够做到将理论与实践结合起来，更好地理解教学内容。为了将“四史”教育案例库融入思想政治理论课程实践教学中，将优秀案例资源融入“四史”教育教学中，实现“四史”教育资源课程化，应该建立“四史”教育网络资源课程，通过新媒体方式访问网络在线修学服务平台，让师生利用碎片时间，随时随地开展课程学习，可以极大地提高思想政治教育的实效性。校内实践教学内容，主要是从提高利用供给资源的有效性出发，将过去由团委、学生处、学生社团等掌握的活动资源进行有效整合，形成一个比较完整的“四史”专题实践活动链。

同时，“四史”教育案例库建设需要理论与实际紧密结合。撰写案例分析时，要就事论理。对案例中描述的事实、提出的问题，要运用新闻学、传播学、伦理学或者法学等基本原理，做到“三理三点”，即要有明确的观点、论点，分析过程中体现的矛盾点，做到学理、伦理和法理三者统一。案例分析的立意要新。不要一味重复前人观点，要有所创新。分析务必实事求是，要有求实精神，不夸大，不缩小。不要热衷于照搬照抄，要将原理自然地融会于分析之中。论述需要突出重点。力求抓住要害，深入细致地进行分析。论述时要画龙点睛，把问题点明，把道理说清，揭示主题。观点要有充分依据。分析者要列出充分的论据来支持自己提出的观点和建议，选材严格，挖掘深刻意义。“四史”的案例库所采用的案例需要具有典型性、生动性，不宜远离学生所处时代，应紧跟时代步伐，选取社会时事热点问题，要求案例的数据新、事件新。

（六）建立配套的多元综合教学体系，是提升“四史”教育学习效果的科学保障

“四史”教育既包括历史，也包括当前新时代的经济社会发展诸多范畴，通过大学生思政课堂完全展示出来非常有难度，尤其是在案例教学的背景下，建立配套的多元综合教学体系，学情跟踪、数据汇总、教学效果评估和学习成果反馈四位一体，是提升“四史”教育学习效果的科学保障，同时通过现实课堂、案例教学、实践教学、网络课堂诸多教育环节的共同配合来高质量

完成“四史”教育的任务。我国在“四史”教学的课堂教授方式上，存在着以讲授为主的填鸭式教学情况，教师陈述的多，学生被动接受的多，主动思考的少，主动发言的更少。有些年轻教师正在做出改革，转向案例教学，但是很多案例的使用仅仅是“举例说明”，而且大多案例较为陈旧，虽然其比课本教条的教学方式具有优势，但仍然不是鲜活的实践教学，不足以培养学生的实践意识和实践能力，对社会所需要的观念、知识、能力培养也不够。

“四史”教育案例库建设要充分贯穿学情跟踪、数据汇总、教学效果评估和学习成果反馈四个重要的教学过程，坚持以社会主义核心价值观为主线进行“四史”教育、教学。在“四史”教育、教学过程中，只有将课堂讲授与实践指引真正地结合起来，高校思想政治理论课教师才能真正承担起大学生政治上、思想上、行动上的指导者和引路人的使命。只有“四史”教育的案例库建设和“四史”教育的诸多环节高度融合、互相支撑，形成统一的、多元的、体系化的教学模型和体系，才能真正实现“四史”的教学目的。

四 “四史”教育案例库建设是大学生思政课与时代发展相结合的鲜活烙印

理论创新每前进一步，理论武装就要跟进一步。[①]目前，我们要把学习贯彻党的创新理论作为思想武装的重中之重，同学习马克思主义基本原理贯通起来，同学习党史、新中国史、改革开放史、社会主义发展史结合起来，同新时代我们进行伟大斗争、建设伟大工程、推进伟大事业、实现伟大梦想的丰富实践联系起来，在学懂弄通做实上下苦功夫，在解放思想中统一思想，在深化认识中提高认识，切实增强贯彻落实的思想自觉和行动自觉。“四史”教育案例库就是高校思政课教学和时代发展相结合的产物，在伟大光荣正确

① 习近平：《在“不忘初心、牢记使命”主题教育总结大会上的讲话》，北京：人民出版社2019年版，第2页。

的中国共产党成立100周年之际，"四史"教育应该成为国家发展和民族复兴的助推器，让每一个大学生都知道党和国家的发展史，深刻体会身上的责任，坚定永远跟党走的革命信念，"四史"教育责任重大，使命光荣。"四史"教育案例库建设，能够提高学生对具体案例分析的能力，有利于培养学生独立思考的能力，有利于学生实现理论向实践的转化，做到学以致用，从而实现对实践应用型人才的培养。加强"四史"案例库教学，旨在强化大学生的实践能力和研究能力，形成"四史"教育应用案例库教学的培养模式，培养新时代有中国特色的社会主义事业的建设者和接班人。

参考文献

1.习近平:《思政课是落实立德树人根本任务的关键课程》,《求是》2020年第17期。

2.《习近平在中共中央政治局第二十次集体学习时强调：坚持运用辩证唯物主义世界观方法论提高解决我国改革发展基本问题本领》,《人民日报》2015年1月25日。

3.《习近平主持召开学校思想政治理论课教师座谈会强调：用新时代中国特色社会主义思想铸魂育人贯彻党的教育方针落实立德树人根本任务》,《人民日报》2019年3月19日。

4.《习近平在全国高校思想政治工作会议上强调：把思想政治工作贯穿教育教学全过程开创我国高等教育事业发展新局面》,《人民日报》2016年12月9日。

5.《中共中央宣传部　教育部关于高等学校研究生思想政治理论课课程设置调整的意见》，http://www.moe.gov.cn/srcsite/A13/moe_772/201008/t20100806_108814.html，2020年8月16日。

6.《中共中央宣传部　教育部关于印发〈普通高校思想政治理论课建设体系创新计划〉的通知》，教育部网站，http：//www.moe.gov.cn/srcsite/A13/

moe_772/201508/t20150811_199379.html，2015年7月30日。

7.《教育部关于印发〈普通高等学校思想政治理论课教师队伍培养规划（2019—2023年）〉的通知》，教育部网站，http：//www.moe.gov.cn/srcsite/A13/moe_772/201904/t20190428_379873.html，2019年4月18日。

8.陈爱香、姚利民：《高校思想政治理论课青年教师教学发展现状与原因分析》，《大学教育科学》2019年第2期。

9.董梅昊、佘双好：《新中国70年来思想政治理论课教学研究回顾与展望》，《思想理论教育导刊》2019年第10期。

10.胡昌恩：《论思想政治教育的功能、价值及其关系》，《探索》2006年第3期。

11.冯晓玲：《高校思想政治理论课案例教学研究：必要性、特殊性与关键环节》，《山东高等教育》2018年第5期。

12.张苗苗：《论思想政治理论课案例教学的原则与限度》，《思想理论教育导刊》2021年第4期。

13.刘晓亮：《2019年度高校思想政治理论课建设调查分析》，《思想教育研究》2020年第11期。

14.刘建军：《论高校思想政治理论课教育教学的"八个统一"》，《教学与研究》，2019年第7期。

15.曾狄、黄齐：《论高校思想政治理论课的基本性质》，《思想政治教育研究》2015年第2期。

16.佘双好：《论思想政治理论课程教学法的特殊性》，《思想政治课研究》2017年第1期。

17.张新平、冯晓敏：《重思案例教学的知识观、师生观与教学观》，《高等教育研究》2015年第11期。

18.张家军、靳玉乐：《论案例教学的本质与特点》，《中国教育学刊》2004年第1期。

19.白显良:《隐性思想政治教育基本理论研究》,北京:人民出版社2013年版。

20.崔建霞、刘新刚、杨才林等:《新时代高校思想政治理论课案例教学指南》,北京:人民出版社2018年版。

“四史”与大学生爱国主义教育

运用党史对大学生进行爱国主义教育的价值与路径

吴　琼　谷圆圆

摘　要：中国共产党的历史蕴藏着丰厚的教育资源，是在新时代对大学生进行爱国主义教育的重要载体。运用党史对大学生进行爱国主义教育，有助于大学生树立正确的历史观，培育大学生爱国爱党与爱社会主义相统一的思想意识，并不断增强大学生为实现中华民族伟大复兴而奋勇前进的使命感。为此，要加强课堂教学，筑牢爱国主义教育的理论根基；丰富教育实践，提高爱国主义情感认同；创新教育载体，增进爱国主义教育效能；优化校园育人氛围，创设爱国主义教育环境。

关键词：党史教育；大学生；爱国主义教育

青年大学生是国家的栋梁，是民族的未来，大学生的爱国主义信念不仅关系着自身的成长成才，也关系着国家的前途命运。习近平总书记在党史学习教育动员大会上强调："要抓好青少年学习教育，着力讲好党的故事、革命的故事、英雄的故事，厚植爱党、爱国、爱社会主义的情感，让红色基因、革命薪火代代传承。”[①]党史教育活动在为新时代加强大学生爱国主义教育提供新的契机的同时，也成为开展大学生爱国主义教育的重要载体。中国共产党在百年发展历程中，创造了许多优秀的文化和理论成果，凝结形成了伟大的革命精神和优良品质。充分发挥中共党史的育人功能，挖掘其中的宝贵教育资源，对于落实和加强大学生思想政治工作，夯实大学生党史理论基础，筑牢大学生的爱国主义信念具有深远意义。

一　党史教育活动是对大学生进行爱国主义教育的重要载体

中国共产党在为实现中华民族从站起来、富起来到强起来而奋发拼搏的历史进程中，始终高举爱国主义旗帜。党的百年发展史是对大学生进行爱国主义教育最为生动的教材，也是其重要载体。党史教育可以不断增强大学生爱国主义教育的理论深度、历史厚度和感染力度，通过讲好党史故事、传播党的声音、厚植爱国情怀，培育大学生爱国之情、砥砺强国之志、实践报国之行。

（一）以党史教育增强大学生爱国主义教育的理论深度

中国共产党自成立以来，无论是新民主主义革命的胜利、社会主义建设的不断推进，还是实行改革开放获得的丰硕成果，都是马克思主义理论同我国不同时代的世情、国情与党情相结合的产物。因此，中国共产党的历史也是一部马克思主义理论不断实现中国本土化的历史，它记录了中国共产党在帝国主义侵略、国家积贫积弱等艰难境况中探索民族与国家出路的历史。在马克思主义中国化的发展历程中，所实现的三次历史性飞跃，即毛泽东思想的创立、中国特色社会主义理论体系的形成、习近平新时代中国特色社会主义思想的创立，不仅是马克思主义基本原理与中国具体实际、中华优秀传统文化相结合的产物，也是党的指导思想的理论升华，为开展大学生爱国主义教育提供了极为深

① 习近平：《在党史学习教育动员大会上的讲话》，《求是》2021年第7期。

厚的理论滋养。当今时代，人们思想活动的差异性与独立性彰显，思想文化领域的竞争日趋复杂，意识形态阵地的争夺也越发激烈。而大学生的思想观念与政治观点尚未形成科学的系统，其知识体系不够完善、情感心理仍不成熟，容易受到民粹主义、历史虚无主义等错误思潮的影响，产生思想迷茫、理念偏颇和行为失范。运用党史开展大学生爱国主义教育，应将党史中的理论知识作为爱国主义教育的根脉，以党史发展的内在规律提炼科学的理论支撑，加强对大学生的思想引导和理论辨析，使大学生在辩证唯物主义和历史唯物主义等科学世界观的基础上真正把握爱国主义的内涵，进而将爱国主义信念内化于心、外化于行。还要让大学生从中国共产党的百年奋斗史中，把握我们党发展历程的客观规律性，真正领悟到中国共产党的领导是历史与人民的必然选择，是时代发展不可阻挡的必然趋势；深刻理解中国共产党为什么“能”、马克思主义为什么“行”、中国特色社会主义为什么“好”，从而发自内心地热爱祖国、热爱人民，自觉拥护中国共产党的领导。

（二）以党史教育增强大学生爱国主义教育的历史厚度

恩格斯指出：“历史就是我们的一切，我们比任何一个哲学学派，甚至比黑格尔，都更重视历史。”[①] 中国共产党走过的百年征程，就是全国各族人民在中国共产党的带领下矢志不渝地追求美好幸福生活的奋斗历史。党史学习教育能够强化大学生的民族自尊心，使大学生从党史中感悟中华民族从积贫积弱走向繁荣发展的伟大历程，体会到民族复兴之不易，国家发展之艰难。以党史教育为契机进行大学生爱国主义教育，能够有效增强大学生对中华民族的归属感、认同感和荣誉感，提升民族凝聚力。当前，历史虚无主义泛滥，频繁出现自媒体对历史人物、历史事件进行歪曲丑化的现象，对大学生爱国主义教育造成了新的冲击，也带来更为艰巨的挑战。生长在网络时代的大学生习惯于从网上获取信息资源，但由于其缺乏科学的分析与判断能力，容易

① 《马克思恩格斯全集》（第一卷），北京：人民出版社1956年版，第650页。

受到错误思潮的影响，尤其是党史知识薄弱的大学生更容易受到历史虚无主义的思想冲击，淡化他们对党和国家的情感认同，从而形成错误的价值观念和价值判断。习近平指出：“历史虚无主义的要害，是从根本上否定马克思主义指导地位和中国走向社会主义的历史必然性，否定中国共产党的领导。”[①] 为此，要充分利用党史中蕴含着的爱国主义教育资源，将党史教育融入日常教学，有效提升大学生的认知能力与辩证分析能力，坚决抵制错误思想倾向的消极影响，反对历史问题上存在的错误观点。运用党史开展大学生爱国主义教育，旨在让大学生客观认识党的历史发展的主要脉络与内在本质；以正确的态度和科学的方法评价历史事件和重要人物；正确认识中国共产党带领全国各族人民在各个历史阶段奋勇前行不断夺取的伟大胜利，从而使大学生做到“饮水思源”，进一步提高知史爱党、知史爱国的自觉性。

（三）以党史教育增强大学生爱国主义教育的感染力度

习近平指出：“中国革命历史是最好的营养剂，重温这部伟大历史能够受到党的初心使命、性质宗旨、理想信念的生动教育。”[②] 从一艘在风雨中飘摇的红船到如今中国特色社会主义的“巨轮”，在中国共产党的坚强领导下实现了中华民族的历史巨变，创造了让世界惊叹的伟大奇迹。历史铸就的现实、党的发展取得的辉煌，是对当代大学生进行爱国主义教育的优质素材和宝贵资源。回顾历史，爱国主义始终贯穿中国共产党的历史使命和时代任务，可以说中国共产党的历史就是以爱国主义为主题的生动实践，是一部始终高举爱国主义旗帜的奋斗历史。共产党人在爱国为民的道路上，奋不顾身地担负起“为中国人民谋幸福，为中华民族谋复兴”的初心与使命。革命战争年代，舍生取义的董存瑞、坚贞不屈的杨靖宇、“生的伟大，死的光荣”的刘胡

① 中共中央党史研究室编《历史是最好的教科书——学习习近平同志关于党的历史的重要论述》，北京：中共党史出版社2014年版。

② 习近平：《在党史学习教育动员大会上的讲话》，《求是》2021年第7期。

兰等人用自己的实际行动和生命诠释了爱国主义精神的真谛；新中国成立后，共产党人将国家强盛的理想追求同爱国主义紧密结合，凝结形成了"大庆精神""特区精神""载人航天精神""抗震救灾精神"等精神品格，谱写了中华民族高扬爱国主义的绚丽诗篇；新时代以来，涌现出黄大年、黄文秀、王继才等爱国榜样，他们在爱国主义精神的引领下，积极投身于社会主义现代化建设的伟大实践当中。中国共产党是伟大爱国主义精神最坚定的弘扬者和实践者。共产党人长期以来的爱国主义实践，不仅能够增强大学生爱国主义教育的感染力度，也有助于推动大学生将爱国情怀内化为情感认同，从而转化为自觉行动。蕴含在党史中的伟大爱国主义精神，是由中国共产党人在实践中创造形成的，因而具有强大的感染力和号召力，具备与时俱进、历久弥新的优秀品质，是推动大学生爱国主义教育的精神动力和重要内容。在党的历史中涌现出的无数爱国志士的生动示范和榜样，凝结出的艰苦奋斗、不屈不挠、顽强拼搏等精神，有助于激发大学生斗志，将党史教育内容真正转化为对祖国的热爱，在实现中华民族伟大复兴的历史征程中承担起时代使命，做忠诚的爱国者。

二　运用党史对大学生进行爱国主义教育的时代价值

爱国主义是自古以来根植于全体中华儿女内心深处的精神基因，在不同历史时期呈现不同的时代内涵。在新时代，对大学生进行爱国主义教育要围绕建设社会主义现代化强国这一时代主题展开。习近平指出："要在厚植爱国主义情怀上下功夫，让爱国主义精神在学生心中牢牢扎根，教育引导学生热爱和拥护中国共产党，立志听党话、跟党走，立志扎根人民、奉献国家。"[①]当前我们正处在实现中华民族伟大复兴的关键历史阶段，运用党史推进大学生爱国主义

① 习近平：《坚持中国特色社会主义教育发展道路　培养德智体美劳全面发展的社会主义建设者和接班人》，《人民日报》2018年9月11日，第1版。

教育是国家和民族发展进步的需要，也是做好爱国主义精神传递的时代要求。加强大学生的党史教育，并以此厚植当代大学生的爱国情怀，有助于大学生树立科学的历史观，培育大学生爱国爱党与爱社会主义相统一的思想意识，进一步增强大学生为实现中华民族伟大复兴而奋勇前行的使命感。

（一）有助于大学生树立科学正确的历史观

“党的历史是最生动、最有说服力的教科书。”[①]历史观是否正确，关乎人们对党和国家的认同与否，关系着国家兴亡与民族盛衰。历史虚无主义等错误思潮给大学生的爱国主义信念带来了恶劣的影响，因此，必须通过加强党史学习教育提高大学生的辨别力与判断力，夯实大学生的历史文化认同感，树立正确的历史观。大学生作为社会主义事业的建设者和接班人，要通过增加党史知识来筑牢爱国主义信念的根基，准确地认识和把握爱国主义的内涵，进而积极参与到中国特色社会主义建设事业中去。加强党史教育，讲好党史故事，有助于引导大学生源源不断地从党的百年历史中汲取知识和力量，以高度的历史自觉和浓厚的爱国之情，义无反顾地肩负起时代重任，凝聚起爱国、奉献与自强不息的精神力量，做到知史爱党、知史爱国。对任何一个大学生来说，爱国不仅是本分，更是历史赋予的责任，党的历史中蕴藏着思想、智慧和力量，只有在熟知并认同党史的基础上，才能增进对国家和民族的归属感，将爱国主义思想、信仰、情感相结合，涵养“永远跟党走”的自觉与自信。党史中还贯穿着新中国发展进步的历史脉络，因此大学生在学习党史的同时，也能够深化对国家发展史的认识，把握历史、立足现在、放眼未来，在把握历史发展内在规律的基础之上，认清当前中国发展的时代背景和宏伟目标，提升对中国特色社会主义道路、理论、制度、文化的认同感。

（二）培育大学生爱国爱党与爱社会主义相统一的思想意识

习近平指出：“当代中国，爱国主义的本质就是坚持爱国和爱党、爱社

---

① 习近平：《在党史学习教育动员大会上的讲话》，《求是》2021年第7期。

会主义高度统一。”[①]爱国、爱党与爱社会主义的统一，是近代以来中国共产党带领中国人民进行革命、建设和改革的必然历史结果，是中国特色社会主义建设持续向前推进的必然逻辑结果。中国共产党带领中国人民顽强拼搏，成功推翻了“三座大山”，建立起人民当家做主的新中国，并在此基础上确立社会主义制度，推进改革开放，推动中国特色社会主义事业蓬勃发展，创造了中华民族伟大复兴的光明前景。党史学习教育，能够使大学生认识到“没有共产党就没有新中国”“只有社会主义才能救中国”“只有中国特色社会主义才能发展中国”的道理。中国共产党作为伟大事业的开拓者与领导者，其性质、宗旨和目标无一不体现着爱国主义的价值特性，其奋斗历程彰显着爱国主义精神的最高典范。在中国共产党的坚强领导下，社会主义制度得以确立并逐步完善，我国由此实现了跨越式发展。因此，爱国爱党与爱社会主义是统一的。不断强化党史教育，让学生进一步认识到新中国的成立是党带领全国各族人民进行伟大革命而取得的胜利果实，中国特色社会主义道路的开创是我们党和人民在马克思主义理论的正确指导下，经过长期实践创造形成的科学成果。以党的历史为载体，开展爱国主义教育，使大学生在把握历史逻辑与规律的基础上，理解当前我国爱国主义是以中国特色社会主义为主题，紧紧围绕实现中国梦的宏伟目标而展开的，从而深化大学生对党、国家与社会主义三者关系的认识。强化在党的领导下，把弘扬爱国主义与坚持中国特色社会主义相统一，进而树立爱国爱党与爱社会主义相统一的思想意识。

（三）增强大学生为实现中华民族伟大复兴而奋勇前行的使命感

当代大学生作为中国特色社会主义事业的建设者和接班人，其思想道德水平、理想信念以及价值取向将关系到我们党开创的光辉事业能否后继有人、永续发展。“青年一代有理想、有本领、有担当，国家就有前途，民族就有希

---

① 习近平：《在纪念五四运动100周年大会上的讲话》，《人民日报》2019年5月1日，第1版。

望”,[①]运用党史开展大学生爱国主义教育，不仅要使学生充分了解党的发展历程，更要让学生深刻认识到爱国主义作为民族精神的核心内容，具有极为重要的意义。中国共产党的百年发展历程，是中国近现代以来最为磅礴壮阔的伟大实践，其蕴含着中国共产党和中国人民在长期探索中形成的伟大创造精神、伟大奋斗精神、伟大团结精神和伟大梦想精神。这些精神为进一步坚定大学生的理想信念提供了坚强的精神支柱。坚持从历史中借鉴学习、从民族文化中继承发扬爱国主义精神，是当代大学生成长为有理想、有本领、有担当的时代新人的必要途径。党史教育通过借助鲜活的历史事件和人物，能够丰富大学生爱国主义教育的内容，传递共产党人的使命和精神，激发大学生为国家和民族做贡献的责任感与荣誉感，提升他们为实现国家富强、民族振兴、人民幸福而奋斗的使命感。当前，我们将在全面建成小康社会的基础上，开启全面建设社会主义现代化国家的新征程，当代大学生是实现社会主义现代化强国目标的参与者和见证者。新时代强化大学生爱国主义教育，就是要让大学生从前辈的艰苦奋斗中汲取力量，从历史的经验教训中启迪思想，并转化为其奋勇前进的精神动力和思想力量，使他们在继承前人所取得的成就的基础上，锐意进取、顽强拼搏，在新的征途上开拓出新的历史篇章，再创辉煌。

三　运用党史对大学生进行爱国主义教育的路径选择

《新时代爱国主义教育实施纲要》指出：“培养社会主义建设者和接班人，首先要培养学生的爱国情怀。要把青少年作为爱国主义教育的重中之重，将爱国主义精神贯穿于学校教育全过程，推动爱国主义教育进课堂、进教材、

① 习近平：《决胜全面建成小康社会 夺取新时代中国特色社会主义伟大胜利——在中国共产党第十九次代表大会上的报告》，北京：人民出版社2017年版。

进头脑。”[①]以史为镜，能知兴替。开展党史学习，可以通过加强课堂教学，筑牢爱国主义教育理论根基；丰富教育实践，提高大学生爱国主义情感认同；创新教育载体，增进爱国主义教育效能；优化校园育人氛围，创设爱国主义教育环境。

（一）加强课堂教学，筑牢爱国主义教育理论根基

必须利用好课堂教学这一主渠道，巩固大学生爱国主义教育阵地，充分发挥课程育人的功能，为党育才，为实现中华民族伟大复兴培育接班人。一是要注重在思想政治理论课中突出党史主题教育，设置相关专题探讨，并结合重大历史事件和重要时间节点，开展案例式、互动式、探讨式、体验式教学，引导大学生深切感悟时代与历史选择中国共产党的必然性，坚定对党的领导的信心。二是要注重爱国主义教育内容的系统性，充分发挥高校思想政治理论课的影响力与感召力。将党史内容贯穿思想政治理论课的全过程，加大党史教学内容的比重，充分挖掘党史中的爱国主义思想内涵和时代价值，筑牢爱国主义理论基础。与此同时，在党史教育中融入道德素质教育、革命精神教育、理想信念教育，以此充实大学生爱国主义教育的内容。三是注重丰富课堂教育形式，培养大学生对爱国主义精神的认同和践行。依据大学生的心理特点和知识背景，由单纯的理论灌输转向学生的共同参与，帮助大学生正确认识我们党领导广大人民艰苦奋斗的光荣历史，并从中汲取爱国主义精神力量。在课堂教学中，将党史内容以喜闻乐见的方式讲授给学生，将党史知识和党史故事与学科专业知识融会贯通；用各个行业知名人士、专家学者的感人事迹，激发学生的爱国主义情感。

（二）丰富教育实践，强化大学生爱国主义情感认同

开展社会实践是将党史融入大学生爱国主义教育的重要途径。课堂内党史的理论学习十分重要，课堂外的实践活动也具有极大的价值引领与导向作

---

① 《新时代爱国主义教育实施纲要》,《人民日报》2019年11月13日，第6版。

用，推动课堂教学和社会实践的结合，发挥社会实践重要教育作用，有利于大学生将党史中的理论知识升华为爱国主义情感认同。一是可以以重大节日为契机，开展党史教育实践活动。利用五四青年节、建党节、建军节、国庆节等节日激发学生爱党爱国情感；在重要历史人物诞辰等时间节点举办各种瞻仰、祭扫、参观和考察活动，缅怀伟人的英雄事迹，以生动鲜活的故事鼓励学生树立积极进取、热爱祖国的人生态度与价值观念，强化对党的认同与拥护。二是拓宽爱国主义教育活动的实践渠道。"革命博物馆、纪念馆、党史馆、烈士陵园等是党和国家红色基因库。"①组织大学生到革命根据地感受革命胜利的来之不易，到党史博物馆、纪念馆体会党在领导人民探索社会主义道路、建设社会主义事业过程中所经历的坎坷与辉煌。三是充分发挥学校自身资源的教育引导作用，组织大学生翻看校史与档案，寻找前辈的奋斗足迹，学习本校革命先辈的先进事迹，弘扬其爱国主义精神，激发大学生爱校爱国爱党的热烈情感。

（三）创新教育载体，增强爱国主义教育效能

运用党史对大学生开展爱国主义教育，必须运用适应时代发展潮流的爱国主义教育形式，创新并丰富教育方式方法，采用适应大学生群体特征的传播载体来有效传递爱国主义价值观，增强爱国主义教育效能。一是要善于利用大众传媒的教育引导功能。将爱国主义及其精神内涵渗透于电视、广播、报纸等传统媒介当中。此外，充分运用微信、微博、短视频等新兴媒介，借助其传播迅速、受众广泛的特点，提高大学生爱国主义教育的吸引力、时效性与针对性。将党史资料与党史故事数字化、智能化，通过生动鲜活的形式实现党史知识共享；通过线上图片展播、网络视频等载体，开展内容生动的主题活动，引导激励大学生成为爱国主义精神的继承者、传播者和实践者。

---

① 习近平：《用好红色资源，传承好红色基因 把红色江山世世代代传下去》，《求是》2021年第10期。

二是可以在政府网站、校园网等平台开设党史教育专栏，讲好中国革命史、中国革命故事，宣传革命英烈人物、时代楷模，讲述建党以来我国取得的举世瞩目的成就。在广场、校园内设置党史文化宣传栏，生动展示中国共产党历史的苦难与辉煌，展示我国社会主义现代化建设取得的伟大成就，展示党员干部坚韧不拔的精神风貌，有效增进党史教育的感染力，让大学生获得情感熏陶和思想启迪，从而更加坚定爱国主义信仰。

（四）优化校园育人氛围，创设爱国主义教育环境

学校要积极营造育人氛围，创设良好的爱国主义教育环境，让大学生在潜移默化中接受爱国主义教育思想的洗礼和熏陶。一是要整合党史教育资源，营造和优化校园育人氛围。坚持以重大历史事件、班级团日活动等主题教育为载体开展大学生爱国主义教育，定期组织各种形式的党史知识竞赛与党史教育专题讲座，营造爱国爱党的浓厚氛围，厚植大学生“天下兴亡，匹夫有责”的家国情怀。二是要发挥大学生社团的引领示范作用。大学生既要成为铭记初心使命的“知者”，更要成为奉行爱国主义精神的“行者”。学校要引导大学生组建以开展党史教育，践行爱国主义为主题的马克思主义社团组织，开展党史宣讲活动，带头讲好党史故事，传播好党的声音，通过开展阅读党史著作、观看革命电影、传唱红色歌曲、组织党史主题演讲等活动，培养大学生的爱国情、报国志。三是利用横幅标语进行党史知识宣传，在校报校刊等突出版面以及重要位置开辟专栏，推出党史学习教育专题，营造党史学习的浓厚氛围。四是在日常党史学习活动中，邀请身边的老党员、老军人、老干部讲述自己的亲身经历，以他们的人生阅历和生活事迹作为党史教育的鲜活教材，有助于增强党史学习教育的亲和力和感染力。

参考文献

1. 习近平:《在党史学习教育动员大会上的讲话》,《求是》2021年第7期。

2.《马克思恩格斯全集》(第三卷)，北京：人民出版社2002年版。

3. 中共中央党史研究室编《历史是最好的教科书——学习习近平同志关于党的历史的重要论述》。

4. 习近平:《坚持中国特色社会主义教育发展道路　培养德智体美劳全面发展的社会主义建设者和接班人》,《人民日报》2018年9月11日。

5. 习近平:《在纪念五四运动100周年大会上的讲话》,《人民日报》2019年5月1日。

6. 习近平:《决胜全面建成小康社会 夺取新时代中国特色社会主义伟大胜利——在中国共产党第十九次代表大会上的报告》, 北京:人民出版社2017年版。

7.《新时代爱国主义教育实施纲要》,《人民日报》2019年11月13日。

8. 习近平:《用好红色资源，传承好红色基因 把红色江山世世代代传下去》,《求是》2021年第10期。

以党史为载体加强新时代青年爱国主义教育的着力点*

郑士鹏

摘　要：历史是对一个国家、一个民族、一个政党形成、发展及盛衰兴亡的真实记录。中国共产党的百年历史是一部生动而发人深省的教科书，蕴含着丰富的爱国主义教育资源，是加强新时代青年爱国主义教育的重要载体。以党史为载体加强新时代青年爱国主义教育，需要把握党史教育的政治性，促进新时代青年爱国和爱党、爱社会主义相统一；把握党史教育的整体性，培育新时代青年爱国主义精神；把握党史教育的人民性，厚植新时代青年爱国主义情怀；把握党史教育的时代性，增强新时代青年爱国主义自觉。

关键词：党史；青年；爱国主义教育

"抚今思昔，方知时局之变；鉴往知来，更觉天地之新。"百年党史是一部不断推进马克思主义中国化的历史，是一部持续加强理论创新和实践创新

---

* 本文系北京交通大学2021年度基本科研业务经费人文社科专项重点培育项目"新时代青年爱国主义教育面临的挑战与对策研究"（项目批准号：2021JBWB001）的研究成果。

的历史，具有涵育人、启发人、培养人的作用，是加强新时代青年爱国主义教育的重要载体。新时代青年作为中国未来的希望，生逢盛世，肩负重任，加强其党史教育，厚植和涵育爱国情怀，是培育时代新人，实现中华民族伟大复兴的必然要求。习近平在庆祝中国共产党成立100周年大会上的讲话中对新时代青年寄予了新的希望，指出：“新时代的中国青年要以实现中华民族伟大复兴为己任，增强做中国人的志气、骨气、底气。”[①]“志气、骨气、底气”铿锵有力地诠释了深刻的爱国主义情怀，明确了青年的时代角色，为青年确定自身的时代方位提供了清晰的思路。《新时代爱国主义教育实施纲要》中指出：“历史是最好的教科书，也是最好的清醒剂。”[②]这种清醒，是来自对历史的深刻认识和正确解读，是来自底蕴深厚、积淀深沉的爱国主义情怀。建党百年，历史厚重，党史是一部高歌行进的奋斗史诗，是一条绽放着理论之光的真理探寻之路，蕴含着丰富的、鲜活的、经得起岁月推敲的爱国主义教育资源。以党史为载体对新时代青年进行多视角、系统化、高层次的爱国主义教育，可促使新时代青年增强历史定力，培养锻炼历史思维，在历史与理论的贯通中增强担负历史使命的思想和自觉，真正将强烈的爱国之情倾注在报国、效国的实际行动中。

一　把握党史教育的政治性，促进新时代青年爱国和爱党、爱社会主义相统一

中国共产党的历史是党的百年辉煌历史，涵盖了中国共产党在发展中积淀而成的不懈奋斗史、理论创新史以及自身建设史，关系着党、国家与民族的前途命运。党的历史充分彰显了中国共产党之所以能领导中国革命和经济

① 习近平：《在庆祝中国共产党成立100周年大会上的讲话》，北京：人民出版社2021年版，第21页。

② 《新时代爱国主义教育实施纲要》，北京：人民出版社2019年版，第7页。

社会发展的根本所在，充分发挥出了中国共产党独特的政治优势。党史的资政育人功能决定了党史教育具有鲜明的政治性，党史教育的政治性历来为中国共产党人所看重。把党的历史“搞清楚”是把事情“办得更好”的基本前提，为此，毛泽东指出：“研究哪些是过去的成功和胜利，哪些是失败，前车之覆，后车之鉴。”①这表明历史需要精细化地、透彻地去研究和学习。中国共产党在领导革命、建设与改革的进程中，始终重视并坚持总结历史经验，通过对历史的系统回顾和深入学习，不断将理论与实践结合起来，实现了历史与理论的贯通，形成了党史教育的优良传统。党史教育贯穿党的百年发展历史，深深融入党领导的革命、建设和改革不同时期，为党把握中国具体实际，认识人类社会和历史发展规律，不断战胜各种困难险阻提供了基本遵循。党的十八大以来，习近平总书记把党史资政育人的作用提升到新的高度上来，更加凸显了党史教育的政治性。习近平总书记指出：“历史是最好的教科书。”“学习党史、国史，是我们坚持和发展中国特色社会主义、把党和国家各项事业继续推向前进的必修课。这门功课不仅必修，而且必须修好。”②进而把党史教育作为一项重要任务提高到党和国家各项事业发展的新高度，推动了党史学习教育各项活动的生动开展，全国上下掀起了党史学习的热潮，党史学习成为爱国主义教育的重要载体和实现方式。对新时代青年来说，党史教育的政治性指的是促进新时代青年树立正确的党史观，加深青年对党的历史的系统性认识，增强青年应对历史虚无主义干扰的能力，继而使青年坚定政治立场，做到爱国和爱党、爱社会主义相统一。

当前，历史虚无主义等不良社会思潮对新时代青年树立正确的党史观，增强其对党史的认同，做到爱国和爱党、爱社会主义相统一产生了较大的消极影响。历史虚无主义论调的“噪声”和“杂音”一度充斥网络，混杂在巨

---

① 《毛泽东文集》（第二卷），北京：人民出版社1993年版，第399页。

② 习近平：《论中国共产党历史》，北京：中央文献出版社2021年版，第15～16页。

大的网络评论中不断传播，冲击着人们最朴素的爱国主义情怀。在这种形势下，加强对新时代青年的党史教育，有利于新时代青年树立起科学的唯物史观，以纵向性、发展性的历史思维学习党史，深入了解中国共产党为什么能及中国共产党从哪里来、到哪里去，深入了解中国共产党为改变中华民族和中国人民命运所做出的艰辛奋斗和曲折历程，进而使新时代青年形成对爱国和爱党、爱社会主义在逻辑关系上的正确认识。加强党史教育，同时也是帮助新时代青年解决思想困惑的有效方式，在复杂多元的社会思潮激荡和意识形态渗透中，党史教育将使新时代青年形成对国家与民族命运肯定性的认知判断与内在认同，使新时代青年在思想上、行动上毫无保留地去爱国、报国。

以党史为载体加强新时代青年爱国主义教育，首先要把党史教育的政治性放在第一位，准确把握党的历史发展的主题主线、主流本质，正确认识党史上的一系列重大事件、重要会议以及重要人物，并对党的历史做出客观公正的评价，引导新时代青年旗帜鲜明地反对历史虚无主义，做到爱国和爱党、爱社会主义相统一。一是引导新时代青年树立正确的党史观。党史观是人们对党的历史的根本看法与观点，决定着人们对党史的评价。怎样认识党史、评价党史，并不仅仅是一个理论问题，更是一个严肃的政治问题。党史教育并非简单的历史教育，而是一种以党的历史为依据和基础的政治教育与党史观教育。树立青年正确的党史观，关键在于将习近平总书记关于党史的重要论述及其所承载的政治立场、价值取向、观点方法传递给青年，使青年做到学史明理、学史增信、学史崇德、学史力行。为此，要运用党在百年发展历程中领导中国人民取得的伟大成就和自身奋斗史引导新时代青年树立正确的党史观，让新时代青年了解中国何以能“开天辟地”，并在深悟党的发展历程中深刻认识党的建设和执政规律，深刻了解党从成立到发展壮大的过程。要通过正确的党史观教育，使新时代青年旗帜鲜明和意志坚决地反对历史虚无主义等不良社会思潮和意识形态渗透，促使新时代青年自觉把爱党与爱国统一起来。二是帮助新时代青年树立起崇高的信仰信念。这种信仰，是对马克思主义的真诚笃信，是对社会主义和共产主义必将收获成功的深信不疑。党的百年历史，从理论和实践双重层面淋漓尽致地展现了马克思主义为什么行，并用扎扎实实的发展成果，生动地说明了党领导中国人民推进民族复兴的巨大伟力。基于此，要充分挖掘党史中蕴含的更高级、更神圣的信仰和信念内容，在党史中取材，在教育中传递，使新时代青年既能够掌握科学的理论，又能够在理论中筑牢信仰信念，并将这种信仰信念融入生命。三是树立青年爱党爱国爱民的价值取向。中国共产党的百年党史是一部自身发展和壮大的动人历史，记录了党领导中国人民追求民族复兴的艰难探索过程，是一部党与人民心连心、同呼吸、共命运的历史。以党史为载体加强新时代青年的爱国主义教育，必须要正确把握党史中承载着的党的初心使命、崇高理想与价值追求，从党的光辉历程和伟大业绩中提炼教育资源，从价值维度为青年正确解读党全心全意为人民服务的根本宗旨，进一步铸牢青年的信仰之基、补足精神之钙、把稳思想之舵。四是增强新时代青年的政治认同。对党史的政治性把握，最终要体现在对爱国和爱党、爱社会主义的政治认同上。在当前文化多样化、价值多元化、思潮复杂化的环境中，要提升新时代青年的政治判断力和政治领悟力，增强新时代青年"笃行之"的本能意识，引导新时代青年增强"四个意识"，坚定"四个自信"，做到"两个维护"。自觉从更高远的视角出发，在系统地认识党史的内涵、价值及外延的同时，以更高层次的政治认同实现爱国和爱党、爱社会主义相统一。

二　把握党史教育的整体性，培育新时代青年爱国主义精神

党的百年历史先后经历了新民主主义革命时期、社会主义革命和建设时期、改革开放和社会主义现代化建设新时期、中国特色社会主义新时代，这四个时期是内在衔接和延续发展的，而且不同的历史时期都贯彻着党为实现

中华民族伟大复兴而奋斗的主题，可以说，党的百年历史是一个整体性的发展历程，不能孤立和割裂开来。70余年的新中国史，全面展现了党团结带领中国人民为国家建设奋发拼搏的不懈追寻，是一部气势恢宏、紧扣国家发展主题的历史，侧重的是国家层面的发展史。40余年的改革开放史是党团结带领中国人民，解放思想、锐意进取，实现中华民族富起来的历史，侧重的是党在社会主义建设过程中的改革创新史。社会主义发展史是一部人类为了实现自由而全面发展不断奋斗的历史，经历了从空想到科学、从理论到实践、从一国到多国的历程，侧重的是社会主义诞生以来的发展历史。党的百年历史是党团结带领中国人民先后完成了救国大业、兴国大业、富国大业，在此基础上，又推进和实现了强国大业的历史，这些伟大成就深深熔铸进了党史、新中国史、改革开放史和社会主义发展史之中，充分体现了党史的整体性。历史无法被人选择，但人可以创造新的历史，改变历史的运行轨迹，历史的整体性决定着对历史的认识不能拘泥于过去的某一时期，也不能受限于当前的认知条件，不能任意地凭借主观意识去“剪裁”历史，更不能为了一己私利而歪曲历史，归根结底是不能割裂历史的整体性。党史是一部具有整体性特点的内容体系，包含中华民族整体的、始终不变的、共同的爱国主义情怀，承载了中华民族生生不息、不曾断裂的文化传承与精神血脉。理解党史，关键在于建立起系统的、整体的党史认知和学习思维体系，把握党史的整体性和党史教育的整体性。从党史的思想源流发轫，加强对于党史发展全程的真实还原，帮助新时代青年树立起系统的马克思主义国家观、民族观、历史观、文化观，形成系统的、整体的历史性思维，从而使青年从党的全部历史中受到爱国主义精神教育，做到知史爱党、知史爱国、知史爱民。

爱国主义作为中华民族精神中最动人心魄的内容，无论在任何一个时期、任何一个时代，爱国主义均是中华儿女永不褪色的精神追求。首先，以党史为载体加强青年爱国主义教育，要从整体性思维出发，对党史的整体性逻辑进行系统和全面的把握。只有厘清党史的发展脉络、主题、本质等，才能更全面地了解中国共产党在百年进程中书写的中华民族几千年历史上最恢宏的史诗，才能更好地了解中国共产党为了实现人民幸福和中华民族伟大复兴做出的艰辛努力和巨大牺牲，才能更加全面而深刻地感悟党的领导优势与特色。其次，以党史为载体加强新时代青年爱国主义教育是一项系统性的整体工程，通过深入挖掘党史中蕴含的丰厚爱国主义教育资源，能让新时代青年深刻了解党的奋斗历程和党的光荣传统，引导新时代青年加强自主思索，以更加系统的思维，建立起历史与爱国主义之间的逻辑关系。加深新时代青年对何为爱国、如何爱国的辩证思考，并从党史中获得爱国的动力，使新时代青年将认同历史与增强"四个自信"结合起来，以更加扎实的党史知识有力地驳斥历史虚无主义论调，并以坚定的"四个自信"从容应对复杂社会思潮的冲击。最后，以党史为载体加强对青年的爱国主义教育，必须坚持实事求是的教育原则，坚持以中国共产党关于历史问题的重要决议和党中央的指导精神为依据，准确把握党的历史发展整体进程，形成完整的理论教育体系。与此同时，要注重开展实践教育，党史教育也是一次生动的奋斗实践教育，通过让新时代青年深刻了解党在百年历史过程中经历的残酷斗争、背负的压力和使命、遭遇的失败和挫折、经历的坎坷和苦难、面临的风险和危机，等等，使其感受和体会党不畏艰险、攻坚克难、顽强拼搏的精神和毅力，深刻了解党在百年发展进程中形成的伟大建党精神，从内心深处焕发自主爱国的热忱，并将这种深埋内心的爱国热忱逐步升华为更高的精神层面的信仰信念，使爱国主义精神成为新时代青年精神世界的重要支撑。

以党史为载体加强新时代青年爱国主义教育，要注重把握党史教育的整体性，把学习党史与学习新中国史、改革开放史和社会主义发展史结合起来，增强新时代青年爱国主义精神培育的系统性。一是把党史教育与新中国史教育结合起来。把新中国史教育融入党史教育中，从新中国成立以来70余年党领导中国人民进行波澜壮阔的建设和发展历史出发，让新时代青年深刻了解党领导中国人民创造了从一穷二白的社会到全面建成小康社会，从一个积贫积弱和饱受欺凌的国家到发展成为世界第二大经济体，从一个半殖民半封建社会到实现多次飞跃后逐渐走向世界舞台中央的伟大创举。让新时代青年深刻了解社会主义建设探索的曲折过程和中国特色社会主义发展的历程，激励新时代青年在复杂的国内外环境中，把握时代机遇，时刻保持爱国理性与危机意识，与时代共奋进、与祖国共命运。二是把党史教育与改革开放史教育结合起来。把改革开放史教育融入党史教育中，引导新时代青年理性认识改革开放重大战略决策的历史必然性及部署的科学性，促进新时代青年进一步深刻认识和理解中国为什么选择改革开放、中国特色社会主义道路为什么行得通，继而使新时代青年参透为什么爱国、怎样爱国的核心命题。三是把党史教育与社会主义发展史结合起来。把社会主义发展史和人类社会发展规律结合起来并融入党史教育中，帮助新时代青年“解决观察历史和分析历史的世界观方法论问题”，[①]让新时代青年深刻了解社会主义是人类社会发展的规律所在，并在复杂的社会思潮中正确把握历史是阶段性和连续性统一的关系，增强应对历史虚无主义挑战的能力。

三　把握党史教育的人民性，厚植新时代青年爱国主义情怀

百年征程波澜壮阔，百年初心历久弥坚。为人民谋幸福、为民族谋复兴是党的初心和使命，也是党始终坚守的革命理念和价值追求。中国共产党成为中国的执政党是人民的选择，同时也是历史的选择。党的百年历史不仅真实地记录了中国共产党领导人民励精图治、推进民族复兴的澎湃历程，也赋予了中国共产党深厚的人民性。习近平指出：“江山就是人民、人民就是江山，打江山、守江山，守的是人民的心。”[②]中国共产党一经成立，就确立了为人

① 靳诺：《围绕立德树人加强“四史”教育》，《思想政治工作研究》2020年第5期。

② 习近平：《在庆祝中国共产党成立100周年大会上的讲话》，北京：人民出版社2021年版，第11页。

民幸福和民族复兴而奋斗的使命，把人民利益深深镌刻在党的旗帜上，党的二大明确提出要使党成为“一个能够实行无产阶级革命大的群众党”。[①]党史是由党和人民以共同历经的艰难困苦和发展创新绘就的，新中国成立以来，中国共产党团结带领中国人民经过不懈探索和创新，实现了经济的快速发展和社会的长期稳定，使中华民族迎来了从站起来、富起来到强起来的伟大飞跃，在这一过程中，党和人民心心相印、相互扶持，共同克服困难、直击挑战、应对风险，成就了民族壮丽史诗。党在领导中国人民进行革命、建设和改革的历程中，始终信任人民、依靠人民，将人民的智慧凝聚起来，将人民的热情调动起来，不断诠释着人民是历史创造者的不变真理。同时，党将人民群众的需求和期盼作为奋斗目标，不断地从人民中间获取力量，更把全心全意为人民服务作为根本宗旨，用决心和行动捍卫着人民立场，维护着人民的地位，将人民群众的切身利益置于发展的首位；并把密切联系人民群众作为党的优良作风之一，充分体现了党始终坚持一切为人民和依靠人民的理念。同时，广大人民的支持和拥护，为党战胜一切艰难险阻并取得不断胜利提供了坚实的保障和基础，深刻体现了“江山就是人民、人民就是江山”这一真理。可以说，党史教育具有鲜明的人民性，人民性也是我们党与其他政党有所区别的根本标志。

党史教育的人民性对于厚植新时代青年爱国主义情怀有着强大的内生驱动力。在百年历程中，中国共产党始终与中国人民站在一起，与人民群众在风雨中紧紧依偎，与中国人民的命运休戚与共。近代以来，无数的政治力量都曾试图带领中国走向新的纪元，但最终中国人民和中国的历史选择了中国共产党。中国共产党从初生时的弱小，到队伍的不断壮大，再到最终取得全国执政地位并长期执政，离不开中国人民始终如一的支持和拥护。从跌宕起伏的党史

① 《建党以来重要文献选编（1921-1949）》第1册，北京：中央文献出版社2011年版，第163页。

发展进程中可以看出，中国共产党的成功密码就是其坚持人民性，始终保持与人民群众的鱼水情感和血肉联系。党史的人民性是由党的指导思想决定的。人民性是马克思主义最鲜明的品格，人民立场是中国共产党的根本政治立场。中国共产党作为马克思主义无产阶级政党，始终恪守着人民是历史创造者的铁律，始终坚持历史唯物主义的这一基本原理，紧紧依靠人民群众开阔视野、创造历史，从而发展成为当今世界的第一大党。中国共产党是中国工人阶级的先锋队，同时也是中国人民和中华民族的先锋队。党与人民是不可分割的一个整体，党的基础在人民，党的发展依靠人民，党的未来有赖于人民。党的百年历史深刻地诠释了民族、国家的命运与人民的命运是不可分割的有机整体。党的生命力量来自人民，党心、党情倾注于人民，无论在任何风险和挑战面前，维护人民的根本利益始终是党排除万难的强大动力，充分体现了中国共产党的党性与人民性是内在统一的。党史教育的人民性，能让新时代青年深刻认识人民的重要性：在党领导中国人民进行新民主主义革命的过程中，广大人民涌现出不怕牺牲、不怕艰难的革命精神，为党取得新民主主义革命胜利提供了最广泛的人力、物力支援；在党领导中国人民进行社会主义革命和建设的过程中，广大人民以高昂的热情和艰辛的付出维护着新生政权，维护着来之不易的奋斗成果，完成了中华民族有史以来最为广泛而深刻的社会变革；在党领导中国人民进行改革开放和社会主义现代化建设过程中，广大人民积极支持和拥护改革开放的战略抉择，以极大的激情投入社会主义现代化建设的改革创新与探索实践，以饱满的活力、不服输的意志、追求创新的睿智推进我国经济社会各领域的快速发展；在党领导中国人民推进新时代中国特色社会主义建设的过程中，广大人民更加自信自强，为党和国家取得历史性成就提供了强大的力量保障。

历史的发展是在曲折中向前迈进的，任何一个国家的历史都没有“直达”未来的“车票”，只有经过复杂的历史更迭，在不断修正中才能走向未来。在中国共产党的历史发展中，既有成功也有失败，既有经验也有教训，但不管是在逆境之中，还是在顺境之下，中国共产党始终将人民置于首位，始终坚守初心使命，义无反顾地为了实现人民群众的幸福而奋斗牺牲，在人民的衷心拥护和坚定支持之下，凝聚起了奋进的力量，最终创造了载入史册的辉煌成就。以党史为载体加强新时代青年爱国主义教育，必须充分反映这种宝贵的党群精神，注重把握党史教育的人民性，以党史教育蕴含的人民性厚植新时代青年爱国主义情怀。一是向新时代青年全面阐释人民群众的历史地位和作用。以党史中的真实历史案例与动人故事，阐明人民在改变民族和国家命运过程中所发挥的不可替代的历史性作用，并使新时代青年在回顾百年党史的过程中，感悟人民群众在支持党、拥护党、与党团结奋斗中所展现出的朴素的、强烈的爱国主义情怀，深刻认识个人的前途命运与民族和国家前途命运的一致性关系。二是讲好党史故事。党史故事蕴含着真实丰富的史料，是党史教育人民性的具体呈现。要把党的百年波澜壮阔进程中各个时期体现党与人民关系的历史故事真实呈现给新时代青年，使新时代青年深刻了解党的根基在人民、血脉在人民，真切感受党的人民立场和人民至上的理念。把笃定前行的党和人物故事讲给新时代青年，让新时代青年深入了解领袖人物为党和人民树立的光辉典范、一大批视死如归的英雄烈士用自己的宝贵生命换来了革命胜利和社会安定和谐、一大批忘我奉献的普通党员扎根祖国和人民最需要的地方书写对党和人民的无限忠诚。进而通过党史故事，让新时代青年与故事中的人物在精神上进行对话，感受领袖人物故事的光辉典范、英雄烈士故事的震撼、普通党员故事的感动。三是发挥党革命精神的激励作用。大力发扬党的红色传统，传承红色经典，激活红色基因的强大生命力，使党的革命精神成为打开新时代青年爱国主义精神世界的心灵“钥匙”，使新时代青年在革命精神滋养下，深刻认识党的革命精神，以革命精神为驱动力，不断升华爱国主义情怀。

四　把握党史教育的时代性，增强新时代青年爱国主义自觉

学史可看成败、鉴得失、知兴替，正确认识和了解历史，才能正确认识和了解当下，才能科学把握和规划未来。重视历史、学习历史、研究历史、

借鉴历史，可以给新时代青年带来无穷的智慧启发，使青年带着历史的智慧融入时代、开创时代。中国共产党的百年历史既凝聚了党成立以来的发展历史，又富有时代特征。党百年历史的这种特质赋予党史教育鲜明的时代性。从历史发展来讲，党的百年历史记录了党从只有50多名党员发展成拥有9500多万名党员，带领中国走近世界舞台中央的过程。历史进程把中国共产党推上历史舞台，中国共产党为了中国人民的幸福、中华民族的复兴，将自身的奋斗深深嵌入近现代中国历史的铸造之中。中国的发展并非一蹴而就的，而是经历了复杂曲折的探索过程，一系列伟大的成果背后是党和人民付出的艰辛探索和孜孜努力，饱含着汗水与泪水、鲜血与激情，深藏着困难与辉煌、倔强与自强。从时代境遇来讲，在中西文化交流、交融、交锋的形势下，中国共产党面临着更复杂的情况和挑战，面临着更艰巨的使命和责任。在世界百年未有之大变局加速推进期和国际秩序深度调整期，和平与发展仍然是时代主题，人类命运共同体作为解决世界共性难题的方案已经得到世界大多数国家认同。当前，我国已取得全面建成小康社会的决定性胜利，并迈向第二个百年征程，中华民族伟大复兴已成为不可逆转的趋势，但我们仍然要清醒地看到，在民族复兴前进道路上还面临着诸多难关和挑战，需要中华儿女去克服和战胜。

党史教育的时代性，是对新时代青年爱国主义精神的深层次启发。“‘历史’是昨天的现实、昨天的实践，也是今天的借鉴”,①党的百年历史真实地记录了中华民族爱国主义精神的一次次升华、一次次延展，使爱国主义在不同的历史时期展现了新的时代内涵。在党的百年历史进程中，党的事业有胜利也有曲折，有时间的考验更有大风大浪的淬炼。党的百年历史进程的正反两方面经验和教训对激发新时代青年爱国主义自觉有着极其重要的作用。在不

① 田克勤、郑自立:《在历史与理论的贯通中增强思想和行动自觉——深入理解习近平总书记关于学好“四史”的论述》,《思想理论教育》2020年第7期。

同的历史阶段，中国青年以赤子之心、爱国之情贡献着青春力量，在党的领导和号召下，青年们焕发出高度自觉的爱国主义精神，积极投身党领导的革命、建设和改革伟大事业中，在经济、文化、社会、科技等诸多领域屡获佳绩、大放异彩，以中华民族伟大复兴的先锋力量，谱写了一曲又一曲壮丽的青春之歌。同时，党的百年历史，铭刻的是过去，启示的是当下，着眼的是未来，尤其是对担负重要历史使命的新时代青年来说，无疑是一部丰富生动的爱国主义教育教科书。习近平指出：“一代青年有一代青年的历史际遇。我们的国家正在走向繁荣富强，我们的民族正在走向伟大复兴，我们的人民正在走向更加幸福美好的生活。当代中国青年要有所作为，就必须投身人民的伟大奋斗。”[①]爱国主义是具体的、历史的、时代的，在不同的历史阶段体现出不一样的样态，展现了不同的内涵。青年作为社会中最积极向上、最富有生机和力量的群体，是在不同时代谱写爱国主义赞歌的先锋。在实现中华民族伟大复兴的征程中，中国青年积极奉献、发挥才智、挥洒汗水，为推进社会的发展做出了不可替代的贡献。例如，2020年新冠肺炎疫情突袭而至，中国青年积极响应党的号召，踊跃投身疫情防控阻击战，他们不怕牺牲、奋勇争先、不畏艰险、冲锋在前，无论是拼搏在救护一线的青年医务人员、忙碌辛劳的青年志愿者，或者是平凡岗位上的奋斗者，中国青年自觉担当起了民族责任、社会责任，做出了可歌可泣的成绩，充分展现了青年深沉的爱国主义情怀。当前，在为实现第二个百年奋斗目标、实现中华民族伟大复兴的中国梦的征程上，以党史为载体加强青年的爱国主义教育，更加体现出了鲜明的时代性。党史教育的时代性能引导新时代青年深刻认识自身担负的历史使命，自觉把自己的志向与国家和民族的命运紧密联系起来，使青年厚植爱国主义情怀，自觉把个人理想、奋斗、事业融入到新时代国家富强、民族振兴、人

① 中共中央文献研究室编《习近平关于青少年和共青团工作论述摘编》，北京：中央文献出版社2017年版，第17页。

民幸福的历史伟业中。

以党史为载体加强青年爱国主义教育，引导青年更加清晰地看清历史、看清世界、认识自己，正确地认识过去、把握当下、面向未来。历史、现实、未来从不是割裂的，而是循序渐进、一脉相承的，青年学习党史，是为了更好地珍惜当下，理性从容地走向未来。中国共产党的百年历史是中国近现代以来最为可歌可泣的辉煌篇章，是一部青年爱国主义教育的生动教材，党的历史铸就的精神谱系是党和人民的宝贵财富，也是青年教育的资源优势。青年是国家的希望、民族的未来、发展的先锋，以党史为载体加强青年爱国主义教育，激励青年自觉付诸爱国实践，是引导青年成长成才的重要任务与核心内容。新时代青年切身经历了我国经济社会快速发展的重要阶段，对时代的特点和发展规律有着深切的体会，对党的集中统一领导和国家发展的战略规划有着强烈的思想认同。因此，以党史为载体加强青年爱国主义教育，要引导广大青年热爱伟大的祖国，做到听党话、跟党走，始终坚持以人民为中心，不断深化和升华爱民之心与爱国之情。以党史为载体加强新时代青年爱国主义教育正当其时，对于青年而言，党史是最好的老师，党史不仅真实地记录了中国共产党走过的每一个足迹、每一寸土地，也给未来的发展提供了有益的启示。以党史为载体加强新时代青年爱国主义教育，要注重把握党史教育的时代性，增强新时代青年爱国主义自觉。一是要让新时代青年深刻认识中国共产党是怎么产生的、怎么发展的，是如何在严峻的形势和艰难的环境下同各种反动势力进行坚决斗争的。让新时代青年全面了解党的百年历史中中国共产党为中国人民和中华民族做的伟大贡献以及付出的重大牺牲，认识到中华民族崛起和强大的关键在于中国共产党的正确领导。让新时代青年在世界百年未有之大变局背景下，认识到党的建设作为一项伟大工程对中华民族伟大复兴的作用，增强新时代青年对党、国家与民族的高度认同，使新时代青年自觉肩负起承前启后、继往开来的青春责任，与历史同向，与时代同行。二是要引导青年加强思想上的自觉感悟。党的百年历史同时也是一部不断推进马克思主义中国化的历史，其本身更是一部不断推进理论和实践创新的历史。打通思想的关卡是学好党史、涵养青年爱国主义情怀的重要一步，青年的自觉感悟，就是要使青年自主地去学习真理，感悟马克思主义的真理力量和实践力量。广大青年要从党的非凡历程中深刻领会马克思主义的科学真理性，深化对马克思主义中国化既一脉相承又与时俱进的理论品质的认识，重点结合党的十八大以来党中央关于弘扬爱国主义精神、推进党史学习教育的建议，加强对理论和历史的贯通学习，使青年深刻学习和领会新时代党的创新理论的精神、内涵与特质。三是要让新时代青年深刻了解中国共产党在世界政治舞台上的地位变化，深刻认识中国共产党面对世界共性难题提出的人类命运共同体方案发挥的实际作用，增强新时代青年对党、国家与民族的自豪感，在全球化深度发展的形势下，积极参与人类命运共同体的构建，为人类社会的和谐共存与和平发展贡献力量。同时，也让新时代青年全面审视中国发展所处的时代境遇，把握党开展各项领导工作所要面临的困难、挑战以及未知的风险，警惕西方敌对势力，以高度的警觉增强爱国主义自觉。努力把学习党史作为自身坚定立场、追寻人生理想和民族共同理想的必修课，在对历史的深入思考中加强反思，并从新时代的发展需求出发，从人民群众对幸福美好生活的向往出发，自觉将爱国主义情怀转化为扎扎实实的爱国、报国行动。

参考文献

1. 习近平：《在庆祝中国共产党成立100周年大会上的讲话》，北京：人民出版社2021年版。

2.《新时代爱国主义教育实施纲要》，北京：人民出版社2019年版。

3.《毛泽东文集》（第二卷），北京：人民出版社1993年版。

4. 习近平：《论中国共产党历史》，北京：中央文献出版社2021年版。

5. 靳诺：《围绕立德树人加强“四史”教育》，《思想政治工作研究》2020

年第5期。

6. 中共中央文献研究室、中央档案馆编《建党以来重要文献选编（1921—1949）》第1册，北京：中央文献出版社2011年版。

7. 田克勤、郑自立：《在历史与理论的贯通中增强思想和行动自觉——深入理解习近平总书记关于学好“四史”的论述》，《思想理论教育》2020年第7期。

8. 中共中央文献研究室编《习近平关于青少年和共青团工作论述摘编》，北京：中央文献出版社2017年版。

以伟大建党精神厚植青年爱国主义情怀*

郑士鹏

摘　要：在党的百年发展进程中积淀而成的伟大建党精神深刻诠释了爱国主义的本质，蕴含着强大的爱国主义教育功能，对厚植青年爱国主义情怀具有重要的理论和现实意义。以伟大建党精神厚植青年爱国主义情怀，需以坚持真理、坚守理想的精神筑牢青年的爱国之魂，以践行初心、担当使命的精神涵养青年的为国之情，以不怕牺牲、英勇斗争的精神砥砺青年的强国之志，以对党忠诚、不负人民的精神激励青年的报国之行，使伟大建党精神成为青年爱国、报国的强大精神动力。

关键词：建党精神；青年；爱国主义情怀

中国共产党在百年发展进程中构建起了中国共产党人独有的精神谱系，形成了伟大的建党精神。在庆祝中国共产党成立100周年大会上的讲话中，习近平总书记指出："一百年前，中国共产党的先驱们创建了中国共产党，形成了坚持真理、坚守理想，践行初心、担当使命，不怕牺牲、英勇斗争，对

* 本文系北京交通大学2021年度基本科研业务经费人文社科专项重点培育项目"新时代青年爱国主义教育面临的挑战与对策研究"（项目批准号：2021JBWB001）的研究成果。

党忠诚、不负人民的伟大建党精神，这是中国共产党的精神之源。”[①]伟大建党精神不仅彰显出中国共产党人鲜明的政治品格，更呈现了作为中华民族精神核心的爱国主义的本质，蕴含着强大的爱国主义教育功能，对厚植青年爱国主义情怀具有重要的理论和现实意义。青年作为中国未来的希望，生逢盛世，肩负重任，厚植其爱国主义情怀，增强其使命担当，是培育时代新人，推进中华民族伟大复兴的必然要求。为此，在庆祝中国共产党成立100周年大会上的讲话中，习近平对青年寄予了新的希望，指出：“新时代的中国青年要以实现中华民族伟大复兴为己任，增强做中国人的志气、骨气、底气”[②]。“志气、骨气、底气”铿锵有力地诠释了深刻的爱国主义情怀，明确了青年的时代角色，为青年确定自身的时代方位提供了指导遵循。基于此，以伟大建党精神厚植青年爱国主义情怀，是对党和国家关于青年工作要求的积极回应，更是促进青年全面发展的时代之需。

一　伟大建党精神呈现的爱国主义本质

在当代中国，爱国主义的本质是爱国和爱党、爱社会主义的统一。习近平总书记指出：“爱国主义的本质就是坚持爱国和爱党、爱社会主义高度统一。”[③]爱国主义作为中华民族精神的核心，是推动中国发展的强大精神力量，尤其是五四运动以来，爱国主义深刻诠释了中华民族团结奋斗的精神动能。“中国共产党作为爱国主义精神最坚定的弘扬者和实践者，始终坚持国家利益高于一切。”[④]自成立以来，中国共产党在马克思主义指导下，以爱国主义为旗帜团结

① 习近平：《在庆祝中国共产党成立100周年大会上的讲话》，北京：人民出版社2021年版，第8页。

② 习近平：《在庆祝中国共产党成立100周年大会上的讲话》，北京：人民出版社2021年版，第21页。

③ 《习近平谈治国理政》（第三卷），北京：人民出版社2020年版，第334页。

④ 王炳林、张雨：《中国共产党百年革命精神的精髓要义》，《思想理论教育导刊》2021年第3期。

凝聚起强大的人民力量，改写了中华民族近现代以来落后挨打、积贫积弱的命运。社会主义作为马克思主义为人类社会发展指明的科学发展方向，同时也为当代中国爱国主义指明了方向。对当代中国来讲，弘扬爱国主义，坚持中国共产党的领导，走社会主义道路，必然要把爱国和爱党、爱社会主义统一起来。

伟大建党精神作为中国共产党的精神之源，承载着深厚的爱国和爱党、爱社会主义之情。伟大建党精神充分体现了中国共产党的性质宗旨、初心使命、理想信念、人民立场和价值追求等，为爱国和爱党、爱社会主义统一提供了理论和实践根基。其中，坚持真理、坚守理想表明了中国共产党坚持以马克思主义为信仰，以共产主义为远大理想和中国特色社会主义为共同理想，推动了马克思主义中国化的发展进程，形成的创新理论成果为爱国和爱党、爱社会主义相统一提供了思想上的根本遵循；践行初心、担当使命阐明了中国共产党为人民谋幸福、为中华民族谋复兴的初心使命，为爱国和爱党、爱社会主义相统一提供了目标指向，是党的性质宗旨、理想信念的集中体现；不怕牺牲、英勇斗争体现了中国共产党坚强的意志和崇高的品格，正是在深沉的爱国主义情怀的激励下，中国共产党人拥有了不怕牺牲、甘于奉献的精神，拥有了英勇不屈、顽强斗争的意志，为爱国和爱党、爱社会主义相统一提供了精神支撑；对党忠诚、不负人民是伟大建党精神的归宿和落脚点，入党誓词中明确要求“随时准备为党和人民牺牲一切，永不叛党”，表明“忠诚”既是对党的绝对忠诚，同时也是对人民的忠诚，彰显了中国共产党深沉的人民情怀，为爱国和爱党、爱社会主义相统一提供了根本原则。

伟大建党精神深刻反映了爱国和爱党、爱社会主义之间不可分割的整体性关系。新中国成立和发展的历史表明祖国的命运和党的命运、社会主义的命运是密不可分的。伟大建党精神的形成和发展始终遵循着科学的历史逻辑，是“始终贯穿于中国共产党人精神谱系形成和展开全过程中的精神红线”。[①]伟

---

① 刘建军:《伟大建党精神的理论解读》,《思想理论教育》2021年第8期。

大建党精神承载着活跃的红色基因，其生成和发展过程中，爱国是根本动力，爱党是爱国的呈现方式，而爱社会主义则指向了全党全国人民的奋斗目标。爱国主义情怀是伟大建党精神的源头，中国共产党领导中国人民付诸的一系列爱国实践，使爱党、爱国情感不断向爱社会主义汇聚，产生了推进社会主义在中国蓬勃发展的强大力量。在百年跌宕起伏的奋斗历程中，一代又一代中国共产党人弘扬爱国主义精神，推动形成了井冈山精神、长征精神、延安精神、抗战精神、“两弹一星”精神、特区精神、航天精神、工匠精神以及抗疫精神等伟大精神，这些精神从不同侧面淋漓尽致地展现了爱国、爱党和爱社会主义是不可割裂的统一关系。伟大建党精神从使命担当角度诠释了爱国，从忠诚和承诺角度诠释了爱党爱民，从不辍奋斗角度诠释了爱社会主义，充分体现了爱国、爱党和爱社会主义的高度统一，成为在新时代奋力实现伟大中国梦、持续推进中国特色社会主义事业建设和发展的坚强有力保证，也为厚植青年爱国主义情怀提供了丰厚的滋养。

二　伟大建党精神蕴含的爱国主义教育功能

伟大建党精神内涵丰富，涵盖了“知、行、意、情”，在中国共产党精神谱系中具有特殊地位，蕴含丰富的爱国主义教育功能。从伟大建党精神的本质属性来讲，其爱国主义教育功能主要包含政治导向功能、思想凝聚功能、价值引领功能以及实践激励功能。这些功能可为涵养青年爱国主义情怀、提升青年爱国主义教育的总体成效提供强有力的精神支撑和力量保障。

1.政治导向功能

伟大建党精神的政治导向功能主要指通过了解中国共产党形成和发展的历史，让人们深刻认识中国共产党为什么能领导中国革命、建设和改革取得成功，进一步了解中国共产党是统领中国特色社会主义各领域各方面的最高政治领导力量，从而始终坚持中国共产党的领导，为爱国主义提供政治根本保障。伟大建党精神彰显了中国共产党的伟大，反映了中国共产党的命运与马克思主义的命运、中华民族的命运、中国人民的命运紧密联系在一起，也体现了中国共产党人鲜明的政治品格。正是在这种政治品格的锻造下，中国共产党从小小红船发展成为领航中国行稳致远的巍巍巨轮，并带领中国人民开辟了伟大道路、创造了伟大事业、取得了伟大成就，使中华民族在近现代发展过程中实现了多次伟大飞跃，深刻体现了中国共产党领导在政治导向力和实践引领力方面的科学性。对青年来讲，伟大建党精神的政治导向功能有助于在复杂的形势下摆正青年爱国主义的政治站位，提高青年对爱国主义的政治判断力和政治领悟力，增强青年对爱国主义的政治认同，确保青年爱国主义的政治方向。大量实践表明，爱国既是情感的呈现，同时也是一种理性的选择，历史和人民选择了马克思主义和中国共产党，这表明中国青年的爱国主义必须在马克思主义指导下，始终与中国共产党的政治主张和立场保持一致，才能确保青年的爱国主义不变质、不变色。由此，伟大建党精神的政治导向功能使青年的爱国主义始终保持正确的政治方向，始终遵循正确的政治原则，始终坚持正确的政治主张和立场。

2.思想凝聚功能

伟大建党精神的思想凝聚功能主要指其能够使人们树立马克思主义信仰、共产主义远大理想和中国特色社会主义共同理想，凝聚人们对爱国和爱党、爱社会主义高度统一的思想共识。中国共产党坚持以马克思主义为指导，坚守理想信念，把实现初心使命作为历史责任和政治追求，面对前进道路上的风险挑战表现出坚强的政治本色和英雄气概，体现出崇高的道德情怀，将革命情感凝聚到维护国家统一和民族团结上来，使全国人民紧紧联结在一起，生成了坚不可摧的民族崛起力量，充分体现了伟大建党精神的思想凝聚功能。伟大建党精神“在百年实践中注重创新性、包容性、开放性，兼收并蓄，不断推进中国共产党精神谱系的绵延发展”。[①]伟大建党精神的这种特质和品格形

① 张志丹:《伟大建党精神的多维诠释》,《马克思主义理论学科研究》2021年第7期。

成了对整体社会的思想感召力和理论吸引力，得到了青年的高度认同，使青年在伟大建党精神的思想引领下，凝聚起强大的爱国团结力量。在新民主主义革命时期，无数爱国青年在伟大建党精神的引领下，爱国主义精神逐步觉醒，并成为马克思主义的有力传播者和中国共产党的坚定跟随者，为新民主主义革命的胜利做出极大的牺牲和贡献。新中国成立以后，无数有志青年在伟大建党精神的引领下，投身社会主义建设和改革开放的伟大事业中，为中华民族的伟大复兴奉献了青春力量。伟大建党精神的思想凝聚功能对在复杂社会思潮激荡和尖锐的意识形态斗争形势下统一青年的爱国意识，提高青年应对历史虚无主义等挑战的能力具有积极的推动作用，为青年正确认识爱国、理性付诸爱国实践提供强大的精神动力。

3. 价值引领功能

伟大建党精神的价值引领功能主要指通过其引导人们在多元价值取向选择下，把握爱国主义的本质，树立正确的爱国主义价值取向。在百年赓续奋斗历史中，从石库门到天安门，从兴业路到复兴路，中国共产党谱写了史诗般的革命、建设与改革的壮丽篇章，形成的伟大建党精神奠定了当代中国的爱国主义价值取向。坚持真理、坚守理想从思想信仰层面指明了爱国的前提是必须坚持马克思主义和发展马克思主义；践行初心、担当使命从政治追求层面指明了爱国的最终价值是实现人民幸福、民族复兴；不怕牺牲、英勇斗争从品格风貌层面指明了爱国要不惧任何风险挑战；对党忠诚、不负人民从道德情怀层面指明了爱国要有高尚的道德品质。从根本上讲，伟大建党精神体现了“爱国和爱党、爱社会主义的高度统一符合人民主体的价值选择逻辑”,[①]深刻诠释了爱国主义与国家的发展、坚持党的领导、社会主义发展的紧密关联性，凸显了全党全国人民追寻中华民族伟大复兴的至高价值目标。当前，在复杂的国际国内发展态势下，青年的价值观念易受到多元价值和复杂

① 周祉含:《爱国和爱党、爱社会主义高度统一的三重逻辑》,《中州学刊》2020年第12期。

社会思潮的影响，价值观念日趋多元化。以伟大建党精神厚植青年的爱国主义情怀，可从价值引领发轫，对青年的价值观念进行引领、纠偏和校正，启发青年从伟大建党精神中获得滋养，深刻认识伟大建党精神所承载的爱国主义的本质，科学把握爱国和爱党、爱社会主义相统一的内在逻辑，继而树立正确的爱国主义价值取向。

4. 实践激励功能

伟大建党精神的实践激励功能主要指其对人们的具体实践能够起到推动和鞭策等作用，激励人们积极向上、努力奋斗、坚持实干，自觉将爱国精神和情感转化为扎实而丰富的爱国实践，努力为实现中华民族伟大复兴而拼搏奋斗。一百多年前，中国共产党的先驱们为挽救民族危亡、振兴中华创建了中国共产党，中国共产党用轰轰烈烈的革命斗争证明了马克思主义的真理性，证明了党领导的正确性以及人民地位的不可撼动性。从为“青春中国之再生”的抗争与期待，到“根本的一个方法，就是民众的大联合”的决断与勇毅，再到“开创一个人人有饭吃、人人有衣穿的新天地”的执着与追求，激励着各行各业的青年加入革命队伍，使青年为救国、报国而勇于牺牲和无私奉献。在取得新民主主义革命胜利后，中国共产党又带领中国人民进行了社会主义革命和建设、改革开放和社会主义现代化建设、新时代中国特色社会主义建设的伟大实践，一代代青年奋勇争先，以深入而广泛的实践构建起了国之大厦。从南湖红船上寻找光明的求索者，到驾驭世界第二大经济体的领航者的奋斗精神激发出了青年深厚的爱国主义情怀，激励着青年在各个领域创新创造，为青年在新时代继续开创社会主义事业建设的新局面创造了良好的精神条件。

三　以伟大建党精神厚植青年爱国主义情怀的着力点

爱国主义情怀流淌在中华民族的精神血脉之中，是伟大建党精神形成和发展的内在动力。正是在深沉且强烈爱国主义情怀的激励下，伟大建党精神得以在历经岁月的洗礼后，实现了时代的跨越，呈现爱国主义的本质和价值旨归。以伟大建党精神厚植青年爱国主义情怀，需充分发挥出伟大建党精神蕴含的爱国主义教育功能，以筑牢青年爱国之魂，涵养青年为国之情，砥砺青年强国之志，激励青年报国之行，使青年在伟大建党精神的指引和鼓舞下，树立坚定的爱国主义情怀，成为走在时代前列的奋进者。

1.以坚持真理、坚守理想的精神，筑牢青年的爱国之魂

坚持真理、坚守理想作为伟大建党精神的灵魂，指明了中国共产党人的信仰和理想信念，反映了中国共产党的指导思想和最终的奋斗目标。爱国主义是一个历史范畴，是具体的、真实的，具有明确的主题和本质，中国共产党坚持的真理和坚守的理想升华了中华民族爱国主义的灵魂。从整个中华民族的精神谱系来看，爱国主义作为中华民族精神的核心是具有独特灵魂的，爱国主义的灵魂是支撑中华民族团结奋斗、自强不息的精神纽带。中国共产党自成立起始终坚持真理、坚定理想，推进了马克思主义基本原理同中国具体实际相结合、同中华优秀传统文化相结合，促进了马克思主义的中国化发展，形成了一系列的科学真理，使青年在真理的指导和理想的指引下，将爱国之魂升华为远大的理想抱负和深厚的爱国主义情怀。

以坚持真理、坚守理想的精神筑牢青年的爱国之魂。一是引导青年深刻领会马克思主义真理。加强对青年的马克思主义中国化教育，从思想深处打动青年，让青年深刻了解马克思主义是如何改变中国、改变世界的，感悟马克思主义的真理力量和实践力量，深刻了解马克思主义为什么行，并成为马克思主义的坚定研究者、传播者和践行者。二是引导青年牢固树立共产主义远大理想和中国特色社会主义共同理想。以共产主义远大理想和中国特色社会主义共同理想教育为主题，引导青年树立革命理想高于天的情怀，把青年的奋斗与实现共产主义和推进中国特色社会主义联系起来，自觉做共产主义远大理想和中国特色社会主义共同理想的忠实践行者。三是在实践中增强青年对真理和理想的认同。引导青年到中国共产党历史展览馆、革命遗址等爱国主义教育基地进行实地参观学习，将蕴含伟大历史经验的场域观感内化为青年对真理和理想的认同。例如，中共一大纪念馆的“真理的味道”主题展览，其中“镇馆之宝”72种版本的《共产党宣言》将成为弘扬伟大建党精神、筑牢青年爱国之魂的重要资源，使青年在参观学习中了解中国共产党在苦苦探寻救亡图存道路中坚持真理、坚定理想的伟大精神，从而筑牢青年的爱国之魂。

2.以践行初心、担当使命的精神，涵养青年的为国之情

践行初心、担当使命作为伟大建党精神的根本，体现了中国共产党人为中国人民谋幸福、为中华民族谋复兴的初心使命，激励着中国共产党前赴后继、英勇奋斗。在初心使命的鞭策下，中国共产党才能攻克困难、突破极限、取得胜利，大量鲜活的党史充分证明，党的初心使命坚如磐石，初心使命是激励党不断取得新成绩、实现新跨越的源头活水。近现代以来，一代代青年先锋将个人利益和生命置之度外，以血肉之躯和赤子之心担当使命、忘我贡献，表明了其一切奋斗的初衷是为国为民，一切奔走呼号的目的是为国为民，一切创造和创新的目标是为国为民，共同为了人民幸福和民族复兴而勇于牺牲、勤于实干，使伟大建党精神与一腔为国之情深度融合。无论形势环境如何变化、经历怎样的艰难困苦，中国青年的这种一切为了国家、一切为了人民的精神都不曾褪色和更改，并谱写出了可歌可泣的青春篇章。

以践行初心、担当使命的精神，涵养青年的为国之情。一是坚持以践行初心、担当使命的精神涵养青年的为国之情。以“舍我其谁”的责任担当，明大德、知是非、大格局、有境界，树立“祖国高于一切”的爱国主义，使青年将“为国”作为奋斗的第一动机，将“为国”作为一切行动的根本动力，积极投身于民族复兴的千秋伟业，肩负起人民幸福的万钧重担。二是把践行初心、担当使命作为青年的人生必修课。引导青年珍惜韶华、不负青春，激励青年牢记自身的历史使命，把践行初心、担当使命作为青年为国的具体表现形式，发挥“千斤担子两肩挑”的精神，矢志不渝地继续奋斗。让青年在担当中历练，在尽责中成长，把个人目标和理想融入国家发展愿景，使青春在为国奋斗的历程中绽放。三是充分发挥榜样示范教育作用。从伟大建党精神视角充分解读先进人物为国奋斗的奉献品质，以鲜活的实际案例阐释伟大建党精神，诠释爱国主义本质和情怀。激励青年以“时不我待”的紧迫感和忧患意识，在伟大建党精神的引领下，高举爱国主义旗帜，自觉担负起实现民族伟大复兴、推进建设社会主义现代化强国的历史责任。

3. 以不怕牺牲、英勇斗争的精神，砥砺青年的强国之志

不怕牺牲、英勇斗争作为伟大建党精神的核心，彰显了中国共产党人为信仰、信念和使命而奋斗的英雄气概。在坚定的强国之志感召下，党团结带领中国人民以“为有牺牲多壮志，敢教日月换新天”的大无畏气概应对各种风险挑战，冲破无数艰难阻碍，突破了一次次的“不可能”，锤炼出了全体共产党人在斗争中求生存、求发展、谋幸福的高尚品格。在革命时期，党团结带领中国人民同帝国主义、封建主义和官僚资本主义进行斗争，无数中国共产党人用滚烫热血染红了党旗国旗，用牺牲奉献铸就了党魂国魂。新中国成立以后，党带领中国人民同落后的发展局面做斗争，同严峻的外部环境做斗争，无数中国共产党人充分展现了不怕牺牲、英勇斗争的精神。经过无数艰苦卓绝的斗争和巨大牺牲，在实现了中华民族站起来、富起来的伟大飞跃后，又使中华民族迎来强起来的伟大飞跃，实现中华民族伟大复兴进入不可逆转的历史进程，彰显了中国共产党坚如磐石的强国之志，为厚植青年爱国主义情怀提供了丰厚的滋养。

以不怕牺牲、英勇斗争的精神，砥砺青年的强国之志。一是增强青年的斗争本领。引导青年深刻认识到实现中华民族伟大复兴绝不是轻轻松松、敲锣打鼓就能实现的，使青年从伟大建党精神中得到启发，提升青年应对复杂诱惑、经得住各种考验、规避腐蚀风险的能力，在危机中育先机、于变局中开新局。二是引导青年始终心系国家和民族的前途命运。从伟大建党精神所反映出的爱国主义本质出发，结合历史规律与现实发展，帮助青年正确认识个人价值与国家民族价值、个人奋斗与实现民族伟大复兴之间休戚与共的关系，使青年敢于担当作为、敢于较真碰硬，坚决维护国家利益，勇于同损害国家利益、尊严和荣誉的言行作坚决的斗争，砥砺强国志向。三是引导青年树立总体国家安全观。让青年深入了解国计民生，心系国家安危，不断增强忧患意识，培育青年的民族自豪感与自信心，使青年清醒认识当前我国在发展过程中存在的短板，了解我国在发展过程中面临的风险与挑战，把“请党放心，强国有我”的青春誓言内化于心、外化于行，树立推进社会主义现代化强国建设的宏大志向，成为与国家和民族共命运的时代先锋。

4. 以对党忠诚、不负人民的精神，激励青年的报国之行

对党忠诚、不负人民作为伟大建党精神的底色，凸显了中国共产党人为党为民尽责奉献的价值追求。对党忠诚是中国共产党人最首要、最核心、最基本的政治品质，不负人民反映了中国共产党始终代表中国最广大人民的根本利益。在百年征程中，党之所以能够冲破重重阻碍发展成为具有重大全球影响力的世界第一大执政党，依靠的就是千千万万共产党员对党的绝对忠诚，依靠的就是人民群众的支持和信赖。中国共产党的入党誓词经历了数次变化，但“永不叛党”是不变的内容，正是有了对党忠诚，才使中国共产党人在大是大非和各种诱惑面前能坚定立场，在风险考验面前能无所畏惧。正是坚持了不负人民，才使中国共产党人能时刻牢记江山就是人民、人民就是江山的信条。无数共产党人以实际报国行动表明对党的忠诚，回应人民的期许。对党忠诚、不负人民成为厚植青年爱国主义情怀，激励青年报国之行的强大精神支撑。

以对党忠诚、不负人民的精神，激励青年的报国之行。一是增强青年对中国共产党领导的认同。从党的百年历程形成的独特精神谱系教育发轫，带领青年重温入党誓词，让广大青年真正明白“中国共产党领导是中国特色社会主义最本质的特征，是中国特色社会主义制度的最大优势，是党和国家的根本所在、命脉所在，是全国各族人民的利益所系、命运所系”。[①]二是提升青年的政治素养。通过系统的党史教育，引导青年以对党忠诚、不负人民的初心去提升政治素养，加强自身的政治历练，自觉接过党和人民赋予的接力棒，始终对党赤诚忠心，听党话、感党恩，坚定不移跟党走，不断增强青年的“四个意识”，坚定“四个自信”，做到“两个维护”，牢记“国之大者”。三是引导青年坚守人民立场。让青年深刻理解中国共产党根基在人民、血脉在人民、力量在人民的道理，胸怀忧国忧民之心，筑牢爱国爱民之情。始终把人民放在心中最高位置，站稳人民立场，倾听人民呼声，始终与人民保持血肉联系。永远把人民对美好生活的向往作为奋斗方向，以实际行动在各条战线、各个岗位上做出成绩，努力为党分忧、为国尽责、为民奉献。

精神的力量能够穿越时空的阻隔，推动历史不断发展。百年来，伟大建党精神激励着一代代中国青年将绚丽的青春和深沉的爱国主义情怀熔铸于党和人民的事业，成为走在时代前端、引领社会发展的先锋力量。新时代以伟大建党精神进一步厚植青年爱国主义情怀，从而使青年更好地继承和发扬伟大建党精神，赓续红色血脉，在新时代的新征程和实现第二个百年奋斗目标进程中留下许党报国的青春奋斗足迹，以青春热血写下浓墨重彩的青春之歌。

参考文献

1. 习近平：《在庆祝中国共产党成立100周年大会上的讲话》，北京：人民出版社2021年版。

2.《习近平谈治国理政》（第三卷），北京：人民出版社2020年版。

3. 王炳林、张雨：《中国共产党百年革命精神的精髓要义》，《思想理论教育导刊》2021年第3期。

① 习近平：《在庆祝中国共产党成立100周年大会上的讲话》，北京：人民出版社2021年版，第11页。

4.刘建军：《伟大建党精神的理论解读》，《思想理论教育》2021年第8期。

5.张志丹：《伟大建党精神的多维诠释》，《马克思主义理论学科研究》2021年第7期。

6.周祉含：《爱国和爱党、爱社会主义高度统一的三重逻辑》，《中州学刊》2020年第12期。

如何以大学生的爱国主义教育为载体加强“四史”教育

王　震

摘　要：“四史”学习教育在新时代大学生的培育全局中，始终占据着重要地位，是新时代加强和创新大学生爱国主义教育的重要着力点，关系到构建新时代高校思想政治工作体系、解决大学生迫切现实需要、培养勇担重任的青年人才。学习习近平总书记关于“四史”教育的重要论述，以“四史”教育为载体大力加强大学生的爱国主义教育，是有效引导大学生抵制历史虚无主义思潮的强大武器，是推进党和人民事业稳固发展的应有之义。因此，必须以“四史”教育为有效载体推动爱国主义教育，要在“四史”教育中从强化顶层设计入手，建立科学高效的组织机制；要推动“四史”教育与高校思政课目标高效协同；还要在“四史”教育中创新网络媒体教育途径，以实现培养具有使命意识勇担重任的爱国大学生、具有坚定民族自信心的爱国大学生、具有正确社会历史观的爱国大学生的目标，从而激发大学生的爱国奋斗热情，推动大学生积极加入爱国实践。

关键词：大学生；思想政治教育；爱国主义教育；“四史”

2020年1月，习近平总书记在“不忘初心、牢记使命”主题教育总结大会上强调了开展“四史”教育的重要性和战略意义，指出有效开展“四史”教育在推动建设“四个伟大”中所起的重要作用。党史、新中国史、改革开放史、社会主义发展史（简称“四史”）集中体现了中国源远流长、博大精深的社会主义文化，蕴含着先进优秀的红色革命传统。“四史”相关理论知识不仅是中国共产党党员干部的自我提升课和终身必修课，也是推动新时代大学生努力成长为“四有新人”的教育素材库。无论是在革命年代还是在和平年代的今天，具有进步思想的大学生都是党的中坚力量，是建设中国特色社会主义事业的可靠接班人。新时代大学生爱好科学，不断进取，他们在困难和险阻面前勇担重任，身上一直承载着中华民族的前途和国家希望。深沉的爱国主义精神是中华民族精神的实质和核心，是党和人民坚定的共产主义理想信念和实现中华民族伟大复兴的精神支柱。深入研究“四史”和爱国主义精神相关重要论述，对于加强新时代爱国主义教育、传承优秀传统文化、弘扬伟大的民族精神、凝聚更多的中国力量、传播更优质的中国话语、实现中华民族伟大复兴的中国梦和维护世界和平具有重大现实意义。因此，面对两个大变局，以“四史”教育为载体，结合新时代大学生心理实际和现实所需可以有效开展爱国主义教育，激发青年大学生的爱国心、报国情、强国志。①

一　在推动大学生爱国主义教育中加强“四史”教育的重要意义

中国特色社会主义进入新时代，要努力让广大青年大学生准确把握历史发展的主流、本质和规律，正确理解坚持和发展中国特色社会主义的本然和必然，才能真正做到为党育人、为国育才、为民族育苗。以史鉴今、资政育人，重视对当代大学生进行“四史”教育，从“四史”中汲取理论智慧，积

① 《新时代爱国主义教育实施纲要》，北京：中国法制出版社2019年版。

累宝贵经验是中国共产党的优良传统。在推动大学生爱国主义教育中加强“四史”教育具有重要的现实意义和时代价值。

“四史”是矛盾普遍性与特殊性的有机统一，即既有共性，又有个性。从共性分析“四史”内容，“四史”讲的是中国共产党矢志不渝、坚持不懈为中国人民谋幸福、为中华民族谋复兴、为全世界谋和平与发展的实践奋斗史，是一部近代以来中华民族发展壮大过程中的伟大复兴史。从个性上看，党史即党的一百多年历史，是在中国共产党领导下不断走向成熟的实践奋斗史，是中国共产党人为了争取民族独立、国家不断富强、人民更加幸福、世界更加和平的伟大奋斗史；新中国史是中国共产党建设新中国70多年的伟大实践史，是一个发展中国家从贫穷落后到繁荣富强并牢牢屹立于世界之林的奋斗历史；改革开放史是中国共产党推动社会主义制度自我完善和丰富发展40多年来的创新实践史，是如何在独立自主的基础上实现与对外有机合作，最后实现自身强大的历史；社会主义发展史表明，中国共产党是坚定引领世界社会主义不断发展的关键政治力量，是基于人类作为一个命运共同体的视角，从国情实际出发深入去剖析怎么真正实现大多数人独立、自由、解放的历史。

贯穿“四史”的主导性实践逻辑即中国共产党的领导，在对大学生进行“四史”教育时，要时刻牢牢把握党的领导这一主线，切实提高大学生在理论学习和实践操作中恪守初心、勇担重任、践行使命，并将这种意识内化于心灵、外化于行动之中。以“四史”教育为载体可以有效开展和推进大学生爱国主义教育，促使新时代大学生和广大青少年知“四史”、更爱国，学“四史”、必报国，用“四史”，定强国，进而将他们对祖国的热爱融入建设社会主义现代化强国的奉献实践。①

① 米亭:《“四史”学习教育作用于国家治理的价值意蕴、显著优势和实践要求》,《理论导刊》2021年第4期，第113~120页。

（一）加强当代大学生的党史教育，将爱国与爱党统一起来

推动加强当代大学生“四史”教育中的党史教育。贯穿“四史”的主导性实践逻辑一直是中国共产党的领导，在对大学生进行“四史”教育时，要时刻把握党的领导这一主线，深入浅出地进行对大学生群体的爱国主义教育。[①]大学生学好党史，将爱国与爱党统一起来，从而高举新时代大学生爱国主义旗帜。在新时代，爱国主义就是要号召全国各族人民为实现中华民族伟大复兴的“中国梦”而持续前进、砥砺奋斗。“建立中国共产党、成立中华人民共和国、推进改革开放和中国特色社会主义事业，是五四运动以来我国发生的三大历史性事件，是近代以来实现中华民族伟大复兴的三大里程碑。”[②]建党、成立新中国和建设中国特色社会主义事业这三件大事具有实践上的更迭特点，又突出展现着逻辑上的递进特征。从历史逻辑角度分析，只有中国共产党创立在先，才有新中国的成立，才有后续改革开放伟大实践和建设中国特色社会主义伟大事业的壮举。从理论逻辑角度分析，中国共产党的建立是成立新中国、实施改革开放、建设中国特色社会主义的决定性因素和根本前提，也就是说，新中国成立、改革开放和形成中国特色社会主义是建党的必然结果。新时代大学生应深入、科学把握建党、新中国成立和改革开放、建设中国特色社会主义伟大事业的关系；新时代大学生应以坚定且崇高的理想信念和热烈又真挚的感情，以高度的理论自觉和实践体会真正将热爱祖国与热爱中国共产党有机结合起来；新时代大学生应深深认同中国共产党和人民不可分割的历史联系和血肉联系，面对复杂的国际形势和众多国内矛盾，要时刻做好挺身而出、奉献自我的准备。

新时代大学生要时刻做好学习党的不懈奋斗史的准备，通过在学习科学

---

① 《习近平在中共中央政治局第二十九次集体学习时强调：大力弘扬伟大爱国主义精神，为实现中国梦提供精神支柱》，《人民日报》2015年12月31日，第1版。

② 《在更高起点上推进改革开放——全国人大代表学习习近平总书记在深圳经济特区建立40周年庆祝大会上的重要讲话体会》，《人民政坛》2020年第11期，第18～19页。

文化知识的生涯中认真学习党的理论知识和相关政策，感受百年大党持续砥砺奋斗的伟大历史；新时代大学生要做好终身学习党的理论完善与创新史的准备，通过把握马克思主义理论的最新中国化成果和党的最新政策，感受百年大党以为人民服务为原则，在实践中做好理论创新的伟大历史；新时代大学生要做好终身学习党的自我革新和自我建设史的准备，通过深刻体会党在自我革新和自我完善中的成就，感受百年大党时刻以为人民谋幸福、为中华民族谋复兴的使命去推动自我完善的伟大历史。在学习党的历史和感悟党创造的伟大实践过程中，大学生自觉树立起爱党、爱国、爱社会主义，以及爱中国特色社会主义道路、理论、制度、文化的信念，担负起报国、强国的使命。

（二）加强当代大学生的新中国史教育，使爱国主义成为自觉行动

加强当代大学生“四史”教育中的新中国史教育，深入引导当代大学生学好新中国史，将爱国主义内化为大学生的潜在意识，外化为他们的实践行动。中华民族精神的核心和实质便是爱国主义，爱国主义的内涵集中表现为党和人民对新中国的热爱与实现国家由站起来到富起来、强起来的信心与决心。新中国的成立意味着我国进入不同于以往任何时期的新纪元。从国内情况看，新中国的成立使中国由被压迫被欺辱转向独立自主，中国人民成为国家真正的主人。从国际形势看，新中国的成立增强了世界社会主义阵营的力量，中国作为拥有14亿人口的大国，推动世界和平与发展，深刻影响了世界格局。总而言之，新中国的成立在国内和国际都具有里程碑意义，对人类进步、和平、民主、自由事业具有积极意义和深远影响。

新时代大学生要时刻做好学习新中国史的准备，通过深刻学习感悟中华民族上下5000多年的伟大历史进程和伟大壮举，深刻认识到爱国主义精神一直在这个伟大进程中催人奋进、令人团结，是一股强大的精神力量。当代大学生深入学习新中国史，并在学习的过程中感悟到，爱国主义精神是推动我国人民团结一致抵御外敌，推动国家发展进步的伟大精神。同时，在学习新

中国史的过程中还要感悟中国共产党在新中国成立以及推动国家富起来、强起来的历程中所做出的伟大贡献。也可以说，中国共产党始终弘扬、践行伟大爱国主义精神。[①]新时代大学生要在新中国史的教育下培养高度爱国主义精神，争做新时代的奋斗者、追梦人，努力为实现中华民族伟大复兴添砖加瓦。

（三）加强当代大学生的改革开放史教育，为爱国主义注入无限生机活力

加强当代大学生“四史”教育中的改革开放史教育，深入引导大学生联系世情国情学好改革开放的伟大实践史，为爱国主义注入无限活力与创造力。如果当代大学生对中国改革开放伟大历史缺乏深入了解，就不可能真正理解当代中国何以发展壮大、以何繁荣富强。正是在改革开放这40多年的伟大创新实践中，党带领人民发展了中国特色社会主义事业，创造了中国特色社会主义伟大壮举，在道路、理论、制度、文化上都深深烙上了中国特色，凝聚了中华民族情怀。改革开放史深深体现着中国共产党的自我完善与发展，是新中国壮大的历史进程中极为辉煌和精彩的篇章。加强“四史”教育中的改革开放史教育，推动大学生学习改革开放以来社会主义现代化的伟大壮举，激发大学生为早日实现社会主义现代化强国和中华民族伟大复兴贡献自己的力量。

新时代大学生要时刻做好学习改革开放史的准备，在学习过程中要有机结合党史、新中国史和社会主义发展史。结合党史学习改革开放史，深刻感悟改革开放是中国共产党独立自主探索自己道路的一次创新性的觉醒，正是这个深刻觉醒集中体现了我们党从理论到实践、从学习他人到独立自主的进步。结合新中国史学习改革开放史，深刻感悟改革开放是新中国成立以来中华民族发展史上一次具有创新性意义的进步，也正是这个伟大决策推动我国开始建设中国特色社会主义伟大事业，其意义深远，影响巨大。结合社会主

---

① 邱再辉、周治华：《新时代青年“四史”学习教育的价值、目标及实施路径》，《中共南昌市委党校学报》2021年第1期，第56～60页，第65页。

义发展史学好改革开放史，深刻理解正是因为改革开放这一伟大壮举，世界社会主义的力量得以进一步加强，为世界上其他社会主义国家的发展做出了巨大贡献，使中国在国际舞台有举足轻重的地位。我国的改革开放决策对世界其他社会主义国家具有借鉴意义，譬如越南、古巴、朝鲜等。学好改革开放史，我们就会更加深刻理解在复杂严峻的国际形势下中国共产党为什么“能”，马克思主义为什么“行”以及中国特色社会主义为什么“好”。[①]因此，大学生在把握党史、新中国史、社会主义发展史，学好党史、新中国史、社会主义发展史的基础上深刻掌握改革开放史，把新时代中国特色社会主义贯彻下去，勇担重任、奋起拼搏，汇集起实现中华民族伟大复兴的强大力量。

（四）加强社会主义发展史教育，汇聚大学生报国强国力量

加强当代大学生“四史”教育中的社会主义发展史教育，引导当代大学生学好社会主义发展史，为中国特色社会主义事业、为爱国报国添砖加瓦，将这股强大力量拧成一股绳，进而团结每一名中国人加入报国强国的实践中。“只有社会主义才能救中国，只有中国特色社会主义才能发展中国。”[②]社会主义改造的基本完成标志着我国社会主义制度的建立，而社会主义制度的建立为我国由站起来到富起来、强起来带来了坚实的制度基础和现实保障，而中国便是由中国特色社会主义构筑起来的坚韧又强大的实体。因此，在当代中国，加强和弘扬爱国主义精神不是虚浮的，不是抽象的，而是实际的，是具体的，要结合中国特色社会主义制度和当代国情世情党情来推进社会主义发展史教育，从而加强爱国主义教育，振奋大学生的爱国主义精神，汇聚大学生爱国报国强国力量。

新时代大学生要时刻做好学习社会主义发展史的准备。大学生在学习社会主义发展史的过程中要深入把握世界社会主义的起源、发展、壮大，要深

---

① 《习近平谈治国理政》（第三卷），北京：外文出版社2020年版。

② 《党的十六届四中全会〈决定〉学习辅导百问》，北京：学习出版社2004年版。

入把握社会主义何以从空想发展到科学、从理论发展到实践、从一国发展到多国，以及以何进一步发展壮大的伟大进程。当代大学生更要明白在发展本国社会主义的实践中不能仅仅借鉴其他社会主义国家的一般经验，更要在结合本国实际情况的基础上创造出适合自己的决策，做出适合本国的发展道路之举，从而解决好我国革命、建设、改革实际进程中遇到的问题与挑战。加强社会主义发展史教育，使爱国主义精神深入每一个青年大学生心中，汇聚青年大学生的自强与有为力量，推动实现中华民族伟大复兴的历史重任。①

二　在推动大学生爱国主义教育中加强“四史”教育的目标指向

习近平总书记多次强调学习“四史”、对党员干部和大学生加强“四史”教育与实践的重要性。同时，国家也对当代青年大学生的“四史”教育和爱国主义教育提出了更高的要求，在推动大学生爱国主义教育中加强“四史”教育具有更明确和鲜明的目标指向。

（一）培养具有坚定共产主义理想信念的爱国大学生

在推动大学生爱国主义教育中加强“四史”教育的目标指向之一是培养具有坚定共产主义理想信念的爱国大学生。一方面，“四史”的发展历程实质上是在爱国主义精神的鼓舞下，党带领人民从站起来、富起来到强起来的伟大实践中，致力于实现中华民族的伟大复兴。

具有坚定共产主义理想信念的爱国大学生是整个大学生群体中的进步代表，是先进文化的弘扬者、践行者和创新者，具有坚定不移的理想信念、较高的道德水平、丰富的知识储备、过硬的专业素质，在生活中也发挥着巨大的榜样效应。党和国家一直高度重视对大学生马克思主义者的培养与教育，

① 王树荫、耿鹏丽：《新时代学习党史、新中国史、改革开放史、社会主义发展史的若干思考》，《思想理论教育》2020年第5期，第4～11页。

并注重利用多种实践活动和线上线下资源加强大学生的理想信仰教育，提升大学生马克思主义修养，以此契机加强大学生爱国主义教育，培养具有坚定爱国主义理想信念的大学生马克思主义者。这与“四史”教育培养优秀社会主义建设者和接班人的教育目标是一致的。

培养具有坚定共产主义理想信念的爱国大学生需要思政工作者在理论和实践上双重发力。思政工作者要培养大学生坚定的共产主义理想信念，在理论和实践上使他们从“四史”中汲取精神的力量，在先进文化的熏陶中感受中国共产党的伟大实践历程，自觉以英雄为榜样进行自我反省，激发其爱国主义理想信念。思政工作者在课堂上融入“四史”教育，让学生感受其中蕴含的爱国主义、无私奉献、艰苦奋斗、开拓创新、勇往直前的精神，这些精神也将一直鼓舞、激励着一代代青年大学生坚定共产主义理想信念，并从中探求马克思主义精神的实质和核心，探索马克思主义理论中国化进程中的奥秘，教育大学生用实际行动践行爱国主义原则，以实际行动爱国报国。

另一方面，“四史”是一部体现马克思主义理论在中国大地上生根发芽的全过程的历史，蕴含着人民群众的民族自信心。因此，大学生马克思主义者要在学习马克思主义理论及马克思主义中国化成果的基础上，深入认识马克思主义是具有鲜明实践性和应用性的指导工具，利用这些先进理论武装自身，把马克思主义立场、观点和方法融入实际生活，深入社会实践解决实际问题。青年大学生应联系国家社会时事、结合日常学习生活、利用宣讲教育实践去学习习近平新时代中国特色社会主义思想，力求达到知行合一，力求在实际生活中更好运用理论去指导实践，让学习“四史”成为其强化共产主义理想信念和提升政治担当的自我教育实践。人生在世难免有挫折，大学生要在培养共产主义理想信念和爱国主义精神的基础上，用辩证发展的眼光看待种种挫折与挑战，善于从压力中寻求动力，将危机转化为先机，在面对各种挫折与挑战的情况下仍守定初心、永不言弃。

（二）培养具有正确历史观的爱国大学生

在推动大学生爱国主义教育中加强“四史”教育的目标指向之二是培养具有正确历史观的爱国大学生。我们深知，任何一个国家今天的发展成就都来自昨天的努力，也就是说，要重视“四史”教育，重视培养具有正确历史观的大学生，只有了解一个国家从哪里来，才能明白这个国家为何从这里来，也能规划这个国家未来到哪里去。“四史”全面、客观、翔实地记录了中国共产党认真分析世情国情党情，团结一心带领中国人民进行命运的抗争、道路的选择和制度的开创这些艰难历程。因此，在新时代，对大学生进行“四史”教育十分重要，以“四史”教育为有效载体加强大学生爱国主义教育更是十分迫切。

如果青年大学生具备正确的历史观，那么他们一定也会紧紧拥护社会主义制度，认同现代国家治理体系。历史证明，马克思主义理论中国化的进程也是验证马克思主义唯物史观科学性和先进性的过程。在这个进程中，党和人民紧跟国情和社会形势，积累了大量具有中国特色治国理政的先进经验，展现着中国共产党人艰苦奋斗的精神特质和开拓创新的先进执政水平。因此，针对青年大学生的“四史”教育需要传授客观全面的“四史”基础理论知识，激发当代青年大学生对党、祖国、人民的真挚热爱，形成宏观的战略历史思维，最终形成正确的社会历史观，从而培养具有正确社会历史观的爱国大学生。另外，对大学生进行“四史”教育还具有较高的政治教育要求，要注重以“四史”教育为契机来培养大学生爱国主义精神，培养具有正确历史观的新时代大学生。推动“四史”教育必须要让青年大学生在认识党对人民所做贡献的基础上，引导广大大学生对国家安全和人民利益保持清醒正确的历史观和坚定过硬的政治定力，引导大学生用辩证、客观、发展的历史眼光掌握只有中国特色社会主义才能让中国人民实现从站起来到富起来、强起来的伟大目标，汇聚青年大学生的爱国力量，自觉推动中国特色社会主义在新时代取得开创性历史发展。

（三）培养具有使命意识勇担重任的爱国大学生

在推动大学生爱国主义教育中加强"四史"教育的目标指向之三是培养具有使命意识勇担重任的爱国大学生。一方面，高校的使命是教育当代大学生能在历史潮头和时代发展的交汇下主动承担起建设祖国的责任。因此，当代大学生要具备坚定的爱国主义理想信念，日后主动承担起建设祖国的伟大使命与责任，进而为祖国未来的发展贡献自己的智慧和力量。当然，也只有在大学生真正了解"四史"、读懂"四史"的基础上，才能更好地坚定爱国理想信念，将个人价值的实现和社会价值联系起来，将个人发展与国家需要有机结合，为实现中华民族伟大复兴的中国梦目标而努力学习工作。另一方面，高校的"四史"教育任务，并不仅仅是让大学生简单记住一些史实，进行简单的思想政治教育，更是承担着教育大学生从史论知识角度、从社会历史发展规律角度、从实现中华民族伟大复兴的目标角度，去激发大学生勇担重任的爱国情怀，去引导当代大学生多担当、多贡献，少抱怨、少索取，去实现个人成才和中华民族伟大复兴的有机结合。总体来说，培养总揽全局、具有高度爱国主义情怀和奋斗精神的青年大学生始终是"四史"教育的重要主题和旋律。可以说，"四史"就是一部党和人民在苦难和挫折前奋勇前行的伟大奋斗实践史，是新时代青年大学生爱党爱国、报国强国的鲜明旗帜。

在当代大学生中开展"四史"教育就意味着要让科学正确的理论知识助推当代大学生顺利应对在参与社会实践过程中遇到的磨难，在读好书的基础上也能做好事，更能行万里路。"四史"是一代又一代中国共产党人用生命、用信念、用知识和实践铸就的辉煌。把"四史"作为高校思想政治教育的重要内容，推动"四史"知识逐渐融入教材，走进课堂，进入学生大脑的同时，关键是要让所有大学生了解"四史"的背景和爱国细节，激发他们内心深处最朴素和最真挚的爱国情怀，以"功成不必在我，功成必定有我"的热血和劲头，主动抓住合适的实践机会，自觉磨炼意志、锻炼过硬本领、修炼美好品格，早日加入为人民服务、建设社会主义事业伟大实践中。

三 在推动大学生爱国主义教育中加强“四史”教育的实践路径

（一）在“四史”教育中强化科学高效的顶层设计

从宏观上分析，“四史”教育活动是一个长久性、系统性、深入性、综合性的内容，需要党和国家从思想上、组织上、战略上、队伍上进行统一部署和统筹谋划，为加强新时代大学生学习“四史”教育提供更多、更有力、更科学、更高效的保障。首先，在加强“四史”教育的实践路径中要敦促当代大学生深入学习习近平关于“四史”相关最新重要论述，并能根据习近平关于青年工作的重要论述迅速深入实践展开相关工作。以上就要求各高校应该深刻认识到“四史”学习教育活动的重要性和迫切性，从方方面面都要严格贯彻执行党中央要求和各省市上级要求。①比如，根据学校实际情况强化、优化大学生“四史”教育的顶层设计，着力让“四史”教育更好地推动立德树人这一根本任务的落实，最终推动以“四史”教育为载体有效开展爱国主义教育，激发青年学子的爱国情、强国志和报国行。其次，严格落实各单位的党委领导负责制，及时调动不同高校之间、高校内部各学院和各部门的合作积极性，形成各机关、各学校、各部门有效合作的培养机制，充分挖掘高校所在地的红色历史文化资源，及时利用当地独特地缘优势，利用学校深厚悠久的历史文化资源对学生进行潜移默化的思想政治教育，切实提高高校思想政治工作的实效性。②最后，要组织建设好对大学生进行“四史”教育的相关师资队伍，通过大力扶持“四史”研究相关项目资金的方式，继续提升“四史”教育人才研究水平，在“四史”教育实施过程中创新爱国主义教育、民

① 崔菁颖：《以“四史”为有效载体加强爱国主义教育》，《辽宁日报》2020年12月8日，第5版。

② 陶思亮、王鑫、朱惠蓉：《大学生“四史”学习教育的应然之义、实践困境与多维协同》，《北京教育（德育）》2021年第1期，第49~52页。

族精神教育和理想信念教育的载体，比如，利用网络媒体进行“四史”教育，从而推动爱国主义教育，保证高校硬件设施和软资源的有机结合，为大学生学习“四史”提供坚实的物质基础，从而深深地激发青年学生爱国、报国的信念和行动。以顶层设计为引领，在高校科学有效地构建大学生“四史”学习教育新模式，能更好地让“四史”学习的多种资源具有生机与活力，最大限度地调动起“四史”教师的积极性和青年大学生学“四史”的热情。在“四史”教育中强化科学高效的顶层设计，推动实现党与高校、党与学生、高校与学生的真诚沟通和真挚交流，化解潜在又隐性的二者或者多者之间的矛盾冲突，从而使高校大学生青年群体在特定的“四史”情境创设中激发爱国情感、展现爱国行动，推动青年学生形成高昂的爱国心、报国情和强国志，并把爱国主义理想信念转化为具体实践行动。①

（二）在“四史”教育中有机协同高校思政课目标

“四史”教育的实施路径具有多样性，既有思政课堂的一般载体，也有日常生活拓展的多种渠道，这就需要高校“四史”教育在贯彻党的理论政策前提下有机协同高校思政课的实施路径，加强统筹协调，明确教育目标。一是要在“四史”教育中以增强大学生共产主义理想信念为目标，通过持续性、深入性的“四史”教育让大学生掌握“四史”基础知识，更加坚定共产主义理想信念，并能通过社会实践、服务体验等形式增强大学生真正的爱国情感培育。二是要在“四史”教育中以增强大学生爱国主义情感为目标。开展“四史”教育不能简单地进行知识灌输，更重要的是通过大量翔实的历史资料把相关道理说明白，让大学生不仅“知其然”，更要“知其所以然”。思政课教师要努力培养学生在充沛史料的学习基础上充分理解国家发展的趋势和为何发展、因何发展的内在动力，激发学生深厚的爱国主义情感。三是要在“四史”教育中以树立

---

① 周明明：《习近平关于“四史”学习教育重要论述的理与路》，《马克思主义理论学科研究》2021年第3期，第33～39页。

学生正确的唯物史观为目标。高校开展“四史”学习教育重在引导大学生理解和明确人民的主体性地位，人民是历史的创造者，是推动历史发展的根本动力。这就要求高校思政课教育在对大学生进行“四史”教育时有足够的理论深度，培养学生懂得社会历史发展过程中人民的重要性和以人为本的内生要义。

在推动“四史”教育与高校思政课目标协同过程中要充分利用好各类线上平台和线下资源。[①]一是发挥好各类“四史”专家进课堂的教育引导作用，引导全国师生共上一节“四史”课，对全国大学生进行系统性、针对性的教育，提高资源利用率和实现资源高效协同。高校要充分发挥思政课在“四史”教育中传播主渠道的作用，充分发挥思想政治教育名师的引导力和影响力，提升思政课教师授课的吸引力和感染力，增强“四史”教育和爱国主义教育的实效性。正值建党一百周年，各高校可以采取引入思政专家学者、时代楷模和先进领导干部进校园讲“四史”的方式，增强“四史”教育和爱国主义教育的针对性和实效性；或者可以在马克思主义学院开展“四史”知识宣讲比赛，选拔比赛中的优秀学生去其他学院、其他高校、其他单位进行宣讲，以达到“四史”教育育人的目标，培养学生自己在讲“四史”过程中升华对祖国的热爱。二是利用好各类线上线下的文化资源和相关平台，实现潜在资源的有效协同。要注意对学生开展“四史”教育绝不是高校单方面的事情，需要全社会相关部门的协同和积极配合。要充分发挥红色博物馆、红色历史纪念场所、红色老区、革命景点等的潜在的教育作用，大力鼓励学生通过社会实践进入这些红色场所充分学习“四史”，增强大学生对屈辱史的了解，深刻感悟党和人民的伟大实践，更加激发当代大学生对党和国家的热爱，激发其报效祖国的信心和决心。三是利用好家校的互动平台，实现高校教育资源和家庭教育资源的有机协同。众所周知，父母在青少年的成长中扮演着重要的、关键性的教育角色，父母在青少

---

① 于政泉：《新时代大学生爱国主义教育路径探论》，《浙江工商职业技术学院学报》2021年第1期，第55～58页。

年中发挥着全过程、全领域、全方位的教育功能。因此，高校开展结合“四史”教育加强爱国主义教育要增强与家庭的互动，需要家庭全力配合和有效监督，从而逐渐探索出一种高校与家庭之间的有机联系机制，获取家庭成员对高校“四史”教育的大力支持，以“四史”教育为载体推动爱国主义教育，增强大学生爱国主义情怀。

（三）在“四史”教育中创新网络媒体教育途径

随着科学技术的迅猛发展，思想政治教育的传播手段也发生了日新月异的变化。先进的理论和思想若无先进的传播手段做支撑，那这些先进性思想很难在短时间内深入人民的心灵。教育部要求有效拓展线上线下平台和相关载体，加强爱国主义教育，引导大学生加入爱国主义实践中。“四史”作为一个记载着党和国家厚重深远历史的资源宝库，它囊括着自中国共产党创立以来、新中国成立以来以及改革开放以来的重要历史资源，凝聚着特定时代的民族精神、价值观念和文化精华，在新时代具有极强的赓续意义、学习价值。“四史”教育要大力争取以大学生群体为代表的青年学生群体。[①]因此，必须要主动融合并创新利用环境媒介，着眼大学生时尚化、新奇化、个性化的资源需求与筛选特点，选取兼具理论高度和生活温度的历史资源，在宣传过程中采取喜闻乐见的多样化形式，增强感染力、吸引力、影响力和实效性，让社会环境和技术依托转化为抓住青年受众、掌握新时代话语权的有力法宝。因此，广大新时代的思想政治教育工作者要利用好网络平台大力开展以“四史”教育为载体的爱国主义教育，要坚持推动以网络媒体教育为内核的途径创新，发挥网络媒体育人的现实意义和重要价值。

具体来讲，创新网络媒体的教育途径包括以下内容。首先，要重视新时代主流媒体的主导作用，利用电视台、《人民日报》、政府网站等将党中央和

---

① 冯俊：《学习和研究“四史”的理论指引——深入学习习近平总书记关于“四史”的重要论述》，《红旗文稿》2021年第3期，第4～9页。

各地方关于“四史”学习教育的最新指示及时传达给广大青年。各主流媒体应利用生动、形象、直观的形式重点报道新中国重大历史记忆中的榜样，以此实现传播正能量，有效激发青年大学生爱国情、强国志和报国行的主旋律作用。其次，充分发挥新媒体的作用。比如，利用好微博、微信、抖音短视频等与青年密切关联的新媒体的独特优势，因地制宜开展在线直播授课，赋予“四史”理论以更鲜活、更接地气的表现形式。同时，还可以让烈士纪念馆、名人故居陈列馆等红色主题教育基地走进人心，真正把思想洗礼、革命基因烙印在血液中。在新时代通过网络新媒体等多种形式，传播红色记忆，分享学生学习心得，让党旗在“网络世界”高高飘扬，切实提升“四史”教育和爱国主义教育的实效。再次，引导青年在重温红色经典中内化对“四史”的深刻认识，激发“四史”的生命力。“四史”因其内含的德育价值和优秀文化资源而活力四射。很多经典书籍、诗词和影视作品早已成为研究、传播“四史”的有效载体。通过网络媒体有效引导大学生重温民族宝贵财富与红色记忆，激发其深沉的爱国主义精神，既是对历史的应有尊重，引导大学生深刻理解红色政权的来之不易、新中国和中国特色社会主义的来之不易，激发其爱国情、强国志和报国行，同时又能创新性地产出经典作品来发扬中国精神，为大学生成长成才提供强大的精神动力。[①]最后，要通过红色教育的输出加强高校网络文化建设，配合国家网管部门做好高校网络媒体的监管，严肃抵制不良网络媒体、不良言论对大学生的消极影响，注意加强大学生网络道德教育和法制教育。

综上所述，中国特色社会主义进入新时代，只有让广大青年大学生准确把握历史发展的主流、本质和规律，正确理解坚持和发展中国特色社会主义的本然和必然，才能真正做到为党育人、为国育才、为民族育苗。以史鉴今、资政育人，重视对当代大学生进行“四史”教育，从党的“四史”中汲取内

① 靳诺:《围绕立德树人 加强“四史”教育》,《思想政治工作研究》2020年第5期，第22～24页。

在智慧，学习宝贵经验是中国共产党的优良传统，引导大学生从党史中汲取智慧和实践力量是应有之义。在百年未有之大变局的形势下，在建党一百周年之际，在中国特色社会主义进入新时代的情况下，加强新时代的高校“四史”教育必须以党的大政方针和重要教育战略为基础，以培养学生爱国主义情怀和立德树人为根本任务，引导大学生树立共产主义的崇高理想，从而培养更多爱党、爱国、爱人民、爱社会主义、德智体美劳全面发展、致力于推动中华民族伟大复兴的新时代大学生。

参考文献

1.《新时代爱国主义教育实施纲要》，北京：中国法制出版社2019年版。

2.米亭：《“四史”学习教育作用于国家治理的价值意蕴、显著优势和实践要求》,《理论导刊》2021年第4期。

3.《习近平在中共中央政治局第二十九次集体学习时强调：大力弘扬伟大爱国主义精神，为实现中国梦提供精神支柱》,《人民日报》2015年12月31日，第1版。

4.《在更高起点上推进改革开放——全国人大代表学习习近平总书记在深圳经济特区建立40周年庆祝大会上的重要讲话体会》,《人民政坛》2020年第11期。

5.邱再辉、周治华：《新时代青年“四史”学习教育的价值、目标及实施路径》,《中共南昌市委党校学报》2021年第1期。

6.《习近平谈治国理政》(第三卷)，北京：外文出版社2020年版。

7.《党的十六届四中全会〈决定〉学习辅导百问》，北京：学习出版社2004年版。

8.王树荫、耿鹏丽：《新时代学习党史、新中国史、改革开放史、社会主义发展史的若干思考》,《思想理论教育》2020年第5期。

9.崔菁颖：《以“四史”为有效载体加强爱国主义教育》,《辽宁日报》

2020年12月8日，第5版。

10.陶思亮、王鑫、朱惠蓉:《大学生“四史”学习教育的应然之义、实践困境与多维协同》,《北京教育（德育）》2021年第1期。

11.周明明:《习近平关于“四史”学习教育重要论述的理与路》,《马克思主义理论学科研究》2021年第3期。

12.于政泉:《新时代大学生爱国主义教育路径探论》，载《浙江工商职业技术学院学报》2021年第1期。

13.冯俊:《学习和研究“四史”的理论指引——深入学习习近平总书记关于“四史”的重要论述》,《红旗文稿》2021年第3期。

14.靳诺:《围绕立德树人 加强“四史”教育》,《思想政治工作研究》2020年第5期。

“四史”与大学生党史观教育

树立正确党史观的三重维度研究

王晓青

摘　要：重视学习，善于学习是中国共产党的优良传统。党的十八大以来，习近平多次强调学习党史的重要性，对为什么学习党的历史、怎样学习党的历史进行详细阐释，提出明确要求。树立正确的党史观，对于更好地贯彻落实党中央提出的党史学习教育重大战略举措，提高党员干部的学习成效，具有重要的理论和现实意义。

关键词：党史观；学党史；党史教育

党的历史是一个丰富的精神宝库，是共产党人的精神家园。树立正确的党史观，既涉及如何看待党的历史，又关系到如何立足现实、擘画未来。党的十八大以来，习近平高度重视党史学习，在多个场合反复强调学习党史的重要性。2021年2月，在党史学习教育动员大会上，习近平特别指出，“要树立正确党史观”，号召全体党员“把党的历史学习好、总结好，把党的成功经验传承好、发扬好”。[①]树立正确的党史观，对于进一步贯彻落实党史学习教育的任务要求，提高党员干部的学习成效，具有重要的理论意义和现实意义。

① 习近平：《在庆祝中国共产党成立100周年大会上的讲话》，《求是》2021第14期。

一　为什么学习党史——学史明理、学史增信、学史崇德、学史力行

学习，首先必须有明确的目的。明确的目的是学习的动力和引擎。习近平指出，在中国共产党成立100周年的特殊节点开展党史学习教育，目的就是要“学史明理、学史增信、学史崇德，学史力行”，[①]要求全党从党的百年奋斗历程中汲取前进的智慧和力量。

（一）学史明理

领悟明白道理，对提升党史学习成效、增强砥砺前行的信心和力量具有至关重要的意义。习近平明确指出：“要从党的辉煌成就、艰辛历程、历史经验、优良传统中深刻领悟中国共产党为什么能、马克思主义为什么行、中国特色社会主义为什么好等道理，弄清楚其中的历史逻辑、理论逻辑、实践逻辑。”[②]首先，明白中国共产党为什么“能”的道理。学习党史，就是为了明晰中国共产党在中国革命、建设和改革进程中发挥的无可比拟的领导作用，感受中国共产党领导全国人民创造的彪炳史册的人间奇迹，领悟中国共产党的领导是历史和人民的正确选择，必须长期坚持、永不动摇。正如习近平所说：“只要我们深入了解中国近代史、中国现代史、中国革命史，就不难发现，如果没有中国共产党领导，我们的国家、我们的民族不可能取得今天这样的成就”。[③]其次，明白马克思主义为什么“行”的道理。马克思主义是真理，是照亮人类探索历史规律和寻求自身解放道路的明灯。马克思在谈及自己哲学的特点时曾说：“哲学家们只是用不同的方式解释世界，而问题

---

① 习近平:《在庆祝中国共产党成立100周年大会上的讲话》,《求是》2021年第14期。

② 《在服务和融入新发展格局上展现更大作为　奋力谱写全面建设社会主义现代化国家福建篇章》,《人民日报》2021年3月26日，第1版。

③ 习近平:《在全国党校工作会议上的讲话》,《求是》2016年第9期。

在于改变世界。"[①]对马克思而言，哲学不是纯粹的形而上学的思辨，而是人类解放的精神武器。习近平在纪念马克思时指出，"马克思毕生的使命就是为人民解放而奋斗"，"马克思主义不是书斋里的学问，而是为了改变人民历史命运而创立的"。[②]回顾中国共产党的百年历史，正是因为锲而不舍推进马克思主义中国化、时代化、大众化，中国革命、建设、改革事业才永远立于不败之地。也正因为马克思主义理论不是教条的，而是与时俱进、不断探索时代进步提出的新课题、回应人类社会迎接的新挑战，才能够永葆其生机活力。最后，明白中国特色社会主义为什么"好"的道理。只有社会主义才能救中国，只有中国特色社会主义才能发展中国，这是历史的证明，也是历史的结论。在庆祝中国共产党成立九十五周年大会上，习近平曾感慨地说："中国特色社会主义不是从天上掉下来的，是党和人民历尽千辛万苦、付出巨大代价取得的根本成就。"[③]中国特色社会主义既坚持了科学社会主义基本原则，又根据时代条件赋予其鲜明的中国特色，把社会主义与中国国情相结合、相统一，中国特色社会主义是中国共产党的伟大探索、伟大实践和伟大创造。正是凭借中国特色社会主义的政治优势、理论优势、制度优势及发展优势，中国共产党才能带领全国各族人民谱写现代化建设的壮丽篇章。历史已经证明并将继续证明，坚持中国特色社会主义是实现中华民族伟大复兴和社会主义现代化的必由之路。

（二）学史增信

所谓"信"，就是信仰、信念和信心。习近平指出："中国共产党的历史是一部丰富生动的教科书。"[④]学习百年党史，不仅要深入认识中国共产党团

---

① 《马克思恩格斯选集》（第一卷），北京：人民出版社1995年版，第61页。

② 《习近平在纪念马克思诞辰200周年大会上的讲话》，《人民日报》2018年5月5日。

③ 习近平：《在庆祝中国共产党成立95周年大会上的讲话》，《光明日报》2016年7月2日，第2版。

④ 习近平：《中国共产党的历史是一部丰富生动的教科书》，《党史纵横》2010年第8期。

结带领人民改天换地、改造山河、改写历史的奋斗历程，更要深刻领悟我们党在伟大实践、伟大奋斗中凝聚而成的信仰、信念和信心。首先，崇高信仰是精神支柱。信仰是灯塔，指引前进的方向。回望党的百年光辉历史，正是马克思主义和共产主义的崇高信仰，支撑中国共产党取得新民主主义革命的最终胜利，成立新中国，开启了中国历史的新纪元。展望未来，前进的道路上各种未知的风险挑战叠加。要朝着始终不渝的目标阔步前进，必须从党的百年奋斗历史中继续汲取并增强马克思主义、共产主义的信仰力量，始终保持顽强意志，勇敢面对并战胜各种重大困难和严峻挑战。其次，理想信念是奋斗航标。习近平反复强调，理想信念是共产党人精神上的"钙"。从中国共产党在诞生之时就发出"为天下劳苦大众谋幸福"的庄严誓言，到党的七大将"全心全意为人民服务"写进党章总纲；从党的十一届三中全会拉开改革开放的大幕，到中国梦成为新时代中国社会最催人奋进的旋律，中国共产党始终秉持马克思主义群众史观这一核心价值，植根于人民，服务于人民，把"以人民为中心"作为实现中华民族伟大复兴的立足点和落脚点。在习近平看来，"中国共产党根基在人民、血脉在人民、力量在人民"。[①]学习百年党史，就是要永葆为人民谋幸福的初心，坚定发展为了人民、发展依靠人民、发展成果由人民共享的信念，更好地接续根脉、续写华章。最后，必胜信心是力量源泉。信心是力量的源泉。中国共产党团结带领全党全国各族人民成功开辟中国特色社会主义道路，迎来了中华民族从站起来、富起来到强起来的伟大飞跃。学习党的历史，就是要深刻认识到中国特色社会主义道路开拓于中国人民的共同奋斗，扎根于中华大地，是创造人民美好生活的必由之路；深刻理解习近平强调的，"现在，最关键的是坚定不移走这条道路、与时俱进拓展这条道路，推动中国特色社会主义道路越走越宽广"。[②]信心是前

① 习近平：《在庆祝中国共产党成立100周年大会上的讲话》，《求是》2021年第14期。

② 习近平：《关于中国特色社会主义理论体系的几点学习体会和认识》，《求是》2008年第7期。

进的动力，更是领航新时代远大征程的精神风帆。学习百年党史，就是要把中国特色社会主义必胜的信心转化为中华民族集体信仰的根本源头，坚定、自信走好中国道路。

（三）学史崇德

人无德不立，国无德不兴。追求高尚的道德是中华民族的优良传统，也是中国共产党的先进品质。2021年6月，习近平在青海考察时指出，在党史学习教育中做到学史崇德，就是要引导广大党员、干部传承红色基因，涵养高尚的道德品质。一代又一代优秀共产党人在革命、建设和改革的伟大历程中形成了红船精神、长征精神、“两弹一星”精神、焦裕禄精神、脱贫攻坚精神、伟大抗疫精神等优秀道德品质，构成了长久涵养后人的中国共产党精神谱系。可以说，中国共产党的百年辉煌历程，既是一部激昂的奋斗史，也是一部鼓舞人心的崇高品德史。习近平高度重视德性修养，多次强调领导干部要讲政德。他指出：“德是首要、是方向，一个人只有明大德、守公德、严私德，其才方能用得其所。”[①]具体来说，大德是个体对于国家和民族的最深沉情感，也是个体对于国家最基本的责任和担当。修好大德，就是学习革命先烈铸牢理想信念、锤炼忠诚干净担当，在是非面前敢于亮剑，在考验面前旗帜鲜明，在诱惑面前立场坚定的崇高品德。公德是社会对个体的道德价值要求，指向社会约定俗成的公共道德。守公德，既要构筑健康向上向善的道德风尚，又要营造诚实友善、见贤思齐的生存和发展空间。私德关乎个人道德水平的修养，着重个人品行的操守。严私德，就是要严格约束自己的操守和行为，严于律己、慎独慎微。学习党史，就是要从党的精神谱系中涵养和弘扬对党忠诚的大德、造福人民的公德和自律慎独的私德，赓续党的光荣传统和精神血脉，在新征程中续写荣光，再创辉煌。

---

① 中共中央文献研究室编《十八大以来重要文献选编》（中），北京：中央文献出版社2016年版，第7页。

（四）学史力行

党史学习不仅在于知，更在于行。学史力行是明理、增信、崇德的最终归宿与落脚点。百年党史，为我们党积累了宝贵的精神遗产，是党员汲取智慧、获取动力的“力量宝库”。从石库门到天安门，从兴业路到复兴路，从最初只有50多名党员的普通小党到拥有9500多万党员的执政大党，百年来，中国共产党从近代中国数百个政党中脱颖而出，在世界数千个政党中卓尔不群，一个重要的原因就在于一代又一代共产党人发扬不怕牺牲、顽强拼搏的担当精神，矢志不渝地朝着目标奋斗，最终取得了民族独立和人民解放、国家富强和人民幸福的伟大成就。习近平曾语重心长地指出：“我们回顾历史，不是为了从成功中寻求慰藉，更不是为了躺在功劳簿上、为回避今天面临的困难和问题寻找借口，而是为了总结历史经验、把握历史规律，增强开拓前进的勇气和力量。”[①]学习党史，不仅要铭记党的光辉历史，更要用党的百年奋斗历程和伟大成就明晰前行方向，激发奋进力量。在学习过程中，特别注意“要把学习党史同总结经验、观照现实、推动工作结合起来，把学习成效转化为工作动力和成效，防止学习和工作‘两张皮’”。[②]通过党史学习，真正把党史中的知识、经验、道理、方法，转化为推动实践的动力，转化为推动工作的实际成效。

二　学习什么——不懈奋斗史、理论探索史、自身建设史

中国共产党的百年历史是一部跌宕起伏、生动丰富的教科书。习近平围绕党的不懈奋斗史、理论探索史、自身建设史等三个方面，要求全党从党的百年历程中汲取精神营养，赓续奋斗力量。

---

① 习近平：《在庆祝中国共产党成立95周年大会上的讲话》，《光明日报》2016年7月2日，第2版。

② 习近平：《学党史悟思想办实事开新局 以优异成绩迎接建党一百周年》，《人民日报》2021年2月20日，第1版。

（一）学习党的不懈奋斗史

中国共产党的历史，既是一部由小到大、由弱到强的发展史，更是一部领导全党和全国各族人民为实现民族独立、人民解放和国家富强、人民幸福不懈奋斗的历史。一百年来，中国共产党义无反顾地承担起历史赋予的重任，在苦难中铸造辉煌，历经的困难与风险世所罕见。在新民主主义革命时期，面对1927年大革命失败后的革命低潮，开创了土地革命战争的大好局面；面对苏区第五次反“围剿”的失败，历经千难万险完成了举世瞩目的二万五千里长征；面对日本侵略者的野蛮侵略，坚持统一战线建立敌后战场；面对国民党阴谋发动内战，依靠人民迅速取得战争胜利。新中国成立之后，面对1959年到1961年的三年困难时期，恢复和发展了国民经济；面对“文化大革命”造成的内乱局面，开创了改革开放和社会主义现代化新时期；面对九八抗洪、汶川特大地震等重大自然灾害，取得了抗震救灾和灾后重建的巨大胜利；面对全球金融危机的冲击，继续保持经济社会稳定向好发展；面对新冠肺炎疫情的全球大流行，中国共产党成功控制疫情并恢复经济增长。正如习近平所指出的“中国走过的历程，中国人民和中华民族走过的历程，是中国共产党和中国人民用鲜血、汗水、泪水写就的，充满着苦难和辉煌、曲折和胜利、付出和收获”。[①]学习党史，首先就是要学习中国共产党历经艰难曲折，团结和带领全国各族人民逐步实现救国、兴国、富国、强国奋斗目标的光辉奋斗历史，学习中国共产党为中华民族的复兴，前仆后继、不屈不挠，历经千辛万苦、千难万险，取得的辉煌成就。只有学习铭记我们党百年奋斗的光辉历程，才能深刻认识我们党为国家和民族做出的伟大贡献，才能深化对党的信赖，坚定对党的信念。

（二）学习党的理论探索史

中国共产党的历史，既是中国共产党团结和带领全国各族人民为国家富

① 习近平：《在庆祝中国共产党成立95周年大会上的讲话》，《光明日报》2016年7月2日，第2版。

强、人民幸福而不懈奋斗的历史，也是把马克思主义普遍真理与中国具体实际相结合，不断推进理论创新、进行理论创造的历史。建党100多年来，中国共产党不断在实践中将马克思主义与中国实际相结合，不断将实践经验上升到理论层次，形成一系列马克思主义中国化的思想观点，实现了马克思主义中国化的三次历史性飞跃：创立了毛泽东思想，形成了中国特色社会主义理论体系，创立了习近平新时代中国特色社会主义思想。学习党的历史，不仅要深入学习中国共产党的不懈奋斗史，更要将历史逻辑、理论逻辑与实践逻辑相结合，深刻理解和全面把握马克思主义中国化、时代化和大众化的历史进程，加深对中国化马克思主义理论的科学内涵和精神实质的认识与理解，深刻领会习近平对党史学习内容提出的明确要求，“要教育引导全党从党的非凡历程中领会马克思主义是如何深刻改变中国、改变世界的，感悟马克思主义的真理力量和实践力量，深化对中国化马克思主义既一脉相承又与时俱进的理论品质的认识，特别是要结合党的十八大以来党和国家事业取得历史性成就、发生历史性变革的进程，深刻学习领会新时代党的创新理论，坚持不懈用党的创新理论最新成果武装头脑、指导实践、推动工作”。[①]

（三）学习党的自身建设史

中国共产党的百年历史，也是党加强和改进自身建设、始终保持党的先进性、不断经受各种风险和挑战考验，发展壮大的历史。无论是在战火纷飞的革命年代还是和平发展的新时代，中国共产党在发展壮大的各个历史阶段，始终高度重视自身建设。民主革命时期，毛泽东把中国革命的成功归功于“三大法宝”，把三大法宝之一的党的建设比作党掌握统一战线和武装斗争这两个武器以实行对敌冲锋陷阵的英雄战士，把加强党的建设比作“进京赶考”。进入新时代，习近平反复告诫全党“党面临的‘赶考’

---

① 习近平：《学党史悟思想办实事开新局 以优异成绩迎接建党一百周年》，《人民日报》2021年2月20日，第1版。

远未结束”，[①]在党的十九大报告中特别强调：“把党建设成为始终走在时代前列、人民衷心拥护、勇于自我革命、经得起各种风浪考验、朝气蓬勃的马克思主义执政党。”[②]这些论断，既是百年来中国共产党加强自身建设的历史经验总结，也是作为马克思主义政党自身建设和发展的内在要求。在开启全面建设社会主义现代化的历史时刻，一方面，全面建设社会主义现代化国家的艰巨任务对我们党提出了新挑战、新要求；另一方面，党面临的“四大考验”是长期而复杂的，党面临的“四大危险”是尖锐而严峻的，影响党的先进性、弱化党的纯洁性的各项因素破坏性、危险性极强。这些问题的解决，需要我们从百年党史中启迪智慧，寻找答案。学习党的百年自身建设史，通过吸取和运用党的成功经验化解当前的现实问题，提升广大党员干部的领导水平和执政水平，促进社会主义现代化事业发展。百年党史既是新时代推进党的建设的宝贵历史资源，也是新时代党建工作的重要理论学习素材。

三　怎样学习——坚持唯物史观、人民史观和大历史观

学好党史，要坚持科学原则与方法的指导，树立正确的历史观至关重要。在党史学习过程中，必须坚持唯物史观、人民史观和大历史观。

（一）坚持唯物史观

历史是纷繁复杂的，有现象、本质之分，而历史现象又有真相、表象和假象之别。中国共产党的百年历史既复杂又曲折，还有很多不清晰之处。如何把握中国共产党不断创造辉煌的规律所在？怎样系统学习百年大党的奋斗历程？2013年，在中共中央政治局第11次集体学习时，习近平对

① 习近平：《党面临的“赶考”远未结束——习近平总书记再访西柏坡侧记》，《人民日报》2013年7月14日，第1版。

② 习近平：《决胜全面建成小康社会　夺取新时代中国特色社会主义伟大胜利——在中国共产党第十九次全国代表大会上的报告》，北京：人民出版社2017年版。

认识和把握历史的根本方法作出明确回答，“历史和现实都表明，只有坚持历史唯物主义，我们才能不断把对中国特色社会主义规律的认识提高到新的水平，不断开辟当代中国马克思主义发展新境界”。[①] 2021年，在中共中央政治局第25次集体学习时，他再次重申“要坚持用唯物史观来认识和记述历史，把历史结论建立在翔实准确的史料支撑和深入细致的研究分析的基础之上”。[②]这些重要论述深刻阐明了坚持唯物史观与党史学习研究之间的必然联系，揭示了坚持唯物史观在探究历史真相，科学还原历史真实中的重要作用。坚持用唯物史观学习党史，就是要客观地、全面地把握历史材料，从党史的实际问题出发，具体问题具体分析。首先，要用辩证唯物主义的观点准确把握党史发展的主题和主线、主流和本质。中国共产党始终团结和带领全国各族人民为争取民族独立、人民解放和实现国家繁荣富强、人民共同富裕这两大历史任务而不懈奋斗，这是中国共产党的历史发展的主题和主线。在此基础上，牢牢把握我们党领导人民从站起来、富起来到强起来的历史飞跃史实；把握住我们党持续推进马克思主义中国化，丰富和发展中国化马克思主义伟大成果的史实；把握住我们党始终加强自身建设，经受各种风险考验且不断发展壮大的史实。把握住这些史实，才能够正确区分我们党历史发展的主流和支流、现象和本质，才能形成对我们党百年发展壮大的规律性认识。其次，必须坚持党性与科学性的统一。在对待党的历史的问题，当前还存在不少缺乏考证核实的“野史”、胡编乱造的“戏说”，还存在实用主义、历史虚无主义等倾向。对于这些颠倒历史是非，消解社会主义主流意识形态，模糊人们思想认识的历史观，习近平在全国党史工作会议上讲话时明确指出，“坚决反对任何歪曲和丑化

---

① 中共中央宣传部编《习近平总书记系列重要讲话读本》（2016年版），北京：学习出版社、人民出版社2016年版，第34页。

② 习近平：《中国共产党的历史是一部丰富生动的教科书》，《党史纵横》2010年第8期。

党的历史的错误倾向”。[①]只有自觉运用唯物史观进行探究和批判，才能提高政治鉴别力和政治敏锐性，才能旗帜鲜明地反对历史虚无主义，正本清源、固本培元。

（二）坚持人民史观

以唯物史观为哲学基础的人民史观，是学习党史必须坚持的根本立场。坚持人民史观，就是坚持以人民为中心的立场，将人民置于历史的主体地位来看待，将人民作为历史主人载入史册。回望百年党史，从毛泽东指出的“人民，只有人民，才是创造世界历史的动力”，[②]到习近平提到的“中国共产党根基在人民、血脉在人民、力量在人民”。[③]学习党的历史，就是要深刻认识到百年党史是一部人民英雄的史诗，读懂习近平所讲的，“我们党的百年历史，就是一部践行党的初心使命的历史，就是一部党与人民心连心、同呼吸、共命运的历史”。[④]革命战争年代，是人民铸就了解放中国的磅礴力量，伟大胜利的背后是人民的“手推车”和“小木船”；社会主义建设和改革时期，是人民的勤劳和智慧汇聚成经济社会的发展进步，辉煌成就背后展现的是“中国速度”和“中国力量”；新时代以来脱贫奇迹和疫情防控阻击战的双胜利，靠的也是亿万人民团结奋进的力量。正如习近平所说的：“回顾党的历史，为什么我们党在那么弱小的情况下能够逐步发展壮大起来，在腥风血雨中能够一次次绝境重生，在攻坚克难中能够不断从胜利走向胜利，根本原因就在于不管是处于顺境还是逆境，我们党始终坚守为中国人民谋幸福、为中华民族谋复兴这个初心和使命，义无反顾向着这个目标前进，从而赢得了人民衷心拥护和坚定支持。”[⑤]在中国共产党的新一轮百年历程开启之际，唯有始终如一践行人民立场，始终坚持党

① 习近平：《中国共产党的历史是一部丰富生动的教科书》，《党史纵横》2010年第8期。
② 《毛泽东选集》（第三卷），北京：人民出版社1991年版，第1031页。
③ 习近平：《在庆祝中国共产党成立100周年大会上的讲话》，《求是》2021年第14期。
④ 习近平：《在庆祝中国共产党成立100周年大会上的讲话》，《求是》2021年第14期。
⑤ 习近平：《牢记初心使命，推进自我革命》，《思想政治工作研究》2019年第9期。

性和人民性相统一，坚持党的领导与人民福祉相统一，才能为党和国家的发展获得最牢固的群众基础和不竭的力量源泉，不断增强党的执政力量。

（三）树立大历史观

2021年2月，在党史学习教育动员大会上，习近平谈到如何系统学习中国共产党的百年奋斗历程时指出：“要教育引导全党胸怀中华民族伟大复兴战略全局和世界百年未有之大变局，树立大历史观。”①在这里，习近平总书记第一次提出“大历史观”的概念，这既是对全党开展党史学习教育定下的主基调，又是对如何高质量地学习党史提出的新要求。从方法论的角度看，大历史观是指以系统思维和全面视角认识历史本质，涵育历史思维，把握历史发展规律。大历史观视角下的历史，是完整的、连续的、立体的，而非孤立的、割裂的、平面的。运用大历史观学习党史，就是要把党史融入新中国史、改革开放史和社会主义发展史中进行学习，把党史纳入中华文明发展史、世界政党史进行考察，联通古今、融会中外，既有历史的纵深延伸，又有现实的宏阔宽广。运用大历史观对党的重大事件、重大抉择、重要人物进行正确认识和科学评价，绝不能仅仅停留在某一历史阶段、孤立地分析研究重大事件和重要人物，必须依据我们党关于历史问题的两个决议和中央有关精神，坚持全面、历史、辩证的立场和方法。正如习近平总书记强调的，要“从历史长河、时代大潮、全球风云中分析演变机理、探究历史规律，提出因应的战略策略，增强工作的系统性、预见性、创造性”。②只有把学习党史与中外历史结合起来，与古代近代结合起来，与国际国内结合起来，才能正确把握百年党史的主题主线、主流本质，才能正确认识和科学评价党史上的重大问题、重要事件和重要人物。“历史、现实、未来是相通的。历史是过去的现实，现

---

① 习近平：《学党史悟思想办实事开新局 以优异成绩迎接建党一百周年》，《人民日报》2021年2月20日，第1版。

② 习近平：《学党史悟思想办实事开新局 以优异成绩迎接建党一百周年》，《人民日报》2021年2月20日，第1版。

实是未来的历史。"①唯有树立纵深而宽广的大历史观，才能客观、公正地认识党在历史上的成就与失误，更为准确、深刻地认识和把握党的伟大贡献与根本成就，在全面深刻的理论认识上汲取百年党史中的丰厚营养。

总之，以史鉴今，立党治国，是我们党的优良传统。开展党史学习既是加强党的建设的重要举措，也是适应时代发展，为实现中华民族伟大复兴注入强大精神力量的重大战略任务。在全面开启社会主义现代化国家建设的新征程上，全体党员特别是党员领导干部，必须树立正确的党史观，加强学习、深化学习，不断提升学习本领，把党史学习教育活动的重大战略任务落到实处。

参考文献

1. 习近平：《在庆祝中国共产党成立100周年大会上的讲话》，《求是》2021年第14期。

2.《在服务和融入新发展格局上展现更大作为　奋力谱写全面建设社会主义现代化国家福建篇章》，《人民日报》2021年3月26日。

3. 习近平：《在全国党校工作会议上的讲话》，《求是》2016年第9期。

4.《马克思恩格斯选集》(第一卷)，北京：人民出版社1995年版。

5.《习近平在纪念马克思诞辰200周年大会上的讲话》，《人民日报》2018年5月5日。

6. 习近平：《在庆祝中国共产党成立95周年大会上的讲话》，《光明日报》2016年7月2日。

7. 习近平：《中国共产党的历史是一部丰富生动的教科书》，《党史纵横》

① 《习近平在中共中央政治局第二次集体学习时强调：以更大的政治勇气和智慧深化改革　朝着十八大指引的改革开放方向前进》，《人民日报》2013年1月2日，第1版。

2010年第8期。

8. 习近平:《关于中国特色社会主义理论体系的几点学习体会和认识》,《求是》2008年第7期。

9. 中共中央文献研究室编《十八大以来重要文献选编》(中),北京:中央文献出版社2016年版。

10. 习近平:《学党史悟思想办实事开新局 以优异成绩迎接建党一百周年》,《人民日报》2021年2月21日。

11.《党面临的"赶考"远未结束——习近平总书记再访西柏坡侧记》,《人民日报》2013年7月14日。

12. 习近平:《决胜全面建成小康社会 夺取新时代中国特色社会主义伟大胜利——在中国共产党第十九次全国代表大会上的报告》,北京:人民出版社2017年版。

13. 中共中央宣传部编《习近平总书记系列重要讲话读本》(2016年版),北京:学习出版社、人民出版社2016年版。

14.《毛泽东选集》(第三卷),北京:人民出版社1991年版。

15. 习近平:《牢记初心使命,推进自我革命》,《思想政治工作研究》2019年第9期。

16.《习近平在中共中央政治局第二次集体学习时强调:以更大的政治勇气和智慧深化改革 朝着十八大指引的改革开放方向前进》,《人民日报》2013年1月2日。

“四史”教育与培养大学生树立“大历史观”

王玉萍

摘　要：在中国特色社会主义进入新时代的历史方位下，在高校加强“四史”教育，是加强高校思想政治教育工作和促进高校立德树人工作的有效途径，对于增强大学生对中国特色社会主义的“四个自信”具有重要意义。为了实现“四史”教育目标，提高“四史”教育实效性，针对当前大学生历史观教育现状，在“四史”教育中，我们应注重培养大学生树立“大历史观”。首先，把习近平总书记关于“四史”的重要论述融入“四史”教育中；其次，把“四史”贯通起来学习，以培养大学生长时段观察问题的能力；最后，把“四史”放在世界大历史中去研习，以培养大学生宏观诠释问题的能力。

关键词：“四史”教育；大学生；大历史观

历史是一个国家安身立命的基础。2020年1月8日，习近平总书记在“不忘初心、牢记使命”主题教育总结大会上号召全党要学好“四史”。2021年2月20日，在党史学习教育动员大会上，习近平总书记再次强调：“要在全社会广泛开展党史、新中国史、改革开放史、社会主义发展史宣传教育，普及党史知识，推动党史学习教育深入群众、深入基层、深入人心。"[①] 2020年5月25日，中共中央办公厅印发《关于在全社会开展党史、新中国史、改革开放史、社会主义发展史宣传教育的通知》，强调在"四史"学习教育中，"要突出青少年群体，把握青少年群体的特点和习惯，组织好青少年学习教育，厚植爱党爱国爱社会主义的情感，让红色基因、革命薪火代代传承"。以史鉴今、资政育人，重视从历史中汲取智慧和力量是我党的优良传统。在中国特色社会主义进入新时代的历史方位下，在高校加强"四史"教育，是加强高校思想政治教育工作和促进高校立德树人工作的有效途径，对于增强大学生对中国特色社会主义的"四个自信"具有重要意义。

"四史"教育是从中共党史和世界社会主义两个维度，考察中国共产党成立以来，带领广大人民群众追求和完成民族独立与人民解放、国家富强与人民富裕两大历史任务的艰辛历程。高校开展"四史"教育，就是要引导大学生深刻认识中国共产党为什么能、马克思主义为什么行、中国特色社会主义为什么好，不断增进大学生的政治认同、思想认同、理论认同、情感认同，增强其对自身历史使命的深刻认识，因此，高校"四史"教育的一个基本教学逻辑应从培养大学生树立正确的历史观开始，最后落脚到为实现中华民族伟大复兴而努力奋斗。

历史学习，离不开科学的历史观指导。习近平在党史学习教育动员大会上指出："树立大历史观，从历史长河、时代大潮、全球风云中分析演变机理、探究历史规律，提出因应的战略策略，增强工作的系统性、预见性、创造性"。[②]这一重要论述为高校进行"四史"教育提供了根本遵循。

一 "四史"教育中培养大学生树立"大历史观"的必要性

"大历史观"是历史研究的一种方法。它以辩证唯物主义和历史唯物主义

① 习近平：《在党史学习教育动员大会上的讲话》，《求是》2021年第7期。

② 习近平：《在党史学习教育动员大会上的讲话》，《求是》2021年第7期。

为理论基础，其主旨就是以长时段和大视角去观察历史，强调全面地、历史地、辩证地看待和分析历史，揭示历史发展的内在逻辑，把握历史规律。

（一）培养大学生树立“大历史观”是增强高校思想政治教育效果的重要途径

2016年在全国高校思想政治工作会议上，习近平强调：“高校思想政治工作关系高校培养什么样的人、如何培养人以及为谁培养人这个根本问题。要坚持把立德树人作为中心环节，把思想政治工作贯穿教育教学全过程，实现全程育人、全方位育人，努力开创我国高等教育事业发展新局面。”同时指出，高校思想政治教育要引导学生正确认识世界和中国发展大势，使大学生从我们党探索中国特色社会主义历史发展和伟大实践中，认识和把握人类社会发展的历史必然性，认识和把握中国特色社会主义的历史必然性；正确认识中国特色和国际形势，全面客观认识当代中国、外部世界，增强在复杂的国际国内环境中辨明方向、看清趋势、把握未来的能力；正确认识时代责任和历史使命，自觉地把个人理想追求融入国家和民族的事业中，把远大抱负落实到实际行动中，勇做走在时代前列的奋进者、开拓者。①习近平讲话从战略高度深刻回答了高校思想政治教育工作的重大意义、目标任务和基本要求，是指导做好新形势下高校思想政治教育工作的纲领性文件。

历史观教育在落实高校思想政治教育任务中承担着非常重要的职责。习近平在庆祝中国共产党成立100周年大会上的重要讲话中强调。“以史为鉴，可以知兴替。我们要用历史映照现实、远观未来”，“作为高校意识形态工作和思想政治工作的重要组成部分，塑造正确的历史观可以带来价值认同的最大化。这种认同是指青年学生对自己民族和国家的一种带有肯定性的心理判断和情感归属，会带来思想上的统一、行动上的一致”。②

---

① 习近平：《在全国高校思想政治工作会议上的讲话》。

② 靳诺：《围绕立德树人　加强“四史”教育》，《思想政治工作研究》2020年第5期。

历史知识浩如烟海、博大精深，其中"四史"中的主要人物、重要事件、重大问题、基本进程、历史经验蕴含着宝贵的教育价值，丰富了思想政治教育的内容。如何评价这些历史人物和事件，如何实事求是地看待党史上出现的一些曲折和问题，决定了从中吸取怎样的历史经验和教训，且直接影响大学生对国家和民族的认同感，"一个国家如果出现对自身历史的认同危机，就会动摇整个社会主流意识形态，国家自身安全就无法保障，党的执政地位就无法巩固"。[①]大学生只有树立"大历史观"，才能获得理性认识和判断，辩证审视党在历史上取得的成就与遇到的曲折，进而能明辨是非、抵制各种错误思潮，否则就会陷入历史虚无主义，用支流解构主流，以点带面，看不到历史的全貌。因此，帮助大学生形成清晰的历史认知，培养大学生树立"大历史观"是增强高校思想政治教育效果的要求。

（二）用"大历史观"观照"四史"才能深刻领悟其本质与主流

学习"四史"，首先要解决好历史观的问题。在党史学习教育动员大会上，习近平指出："了解历史才能看得远，理解历史才能走得远。要教育引导全党胸怀中华民族伟大复兴战略全局和世界百年未有之大变局，树立大历史观，从历史长河、时代大潮、全球风云中分析演变机理、探究历史规律，提出因应的战略策略，增强工作的系统性、预见性、创造性。"因此，大学生"研习'四史'，须将其内容置于大历史观视阈之下，通过长时段、宽视野地观察，才能更好把握'四史'的同向逻辑，深化对历史本质的认识"。[②]

党史、新中国史、改革开放史、社会主义发展史时间跨度大、内容范围广。党史讲述了中国共产党从小到大、从弱变强百年奋斗的峥嵘岁月和艰难历程；新中国史记录了70多年来中华民族从站起来、富起来到强起来的伟大飞跃，以及其中的艰辛探索；改革开放史见证了中国经济的飞速发展，以及

---

① 靳诺：《围绕立德树人　加强"四史"教育》，《思想政治工作研究》2020年第5期。

② 郭静伟：《大历史观视阈下研习"四史"的逻辑进路探析》，《理论研究》2021年第1期。

中国共产党的战略远见和胆魄勇气；社会主义发展史则展现了社会主义从空想到科学、从理论到实践、从一国实践到多国发展的波澜壮阔的历程。它们虽然各自有着自身的内涵，可以单独成篇，但彼此之间并不是割裂的四段历史，而是一个内在连贯、逻辑严密的有机整体。因此，大学生学习“四史”时，一定要贯通起来学习和思考，用“大历史观”观照“四史”。也就是说，应当把“四史”置于中华民族伟大复兴的宏大历史中加以考察。只有这样，大学生才能在古今中外的比较中真正在思想上弄清楚、理解透“中国共产党为什么能”“马克思主义为什么行”“中国特色社会主义为什么好”等基本问题，在学思践悟中坚定理想信念，知史爱党、知史爱国，自觉将所学历史知识和经验转化为行动自觉，正确认识时代责任和青年一代的历史使命，在奋发有为中走好新征程。

（三）培养大学生树立“大历史观”是大学生成长成才的需要

在庆祝中国共产党成立100周年大会上的重要讲话中，习近平强调：“未来属于青年，希望寄予青年。”作为青年中的佼佼者，大学生树立正确的政治信仰和信念，自觉地把自己的理想和追求融入国家民族的事业，珍惜韶华、脚踏实地，把远大抱负落实到实际行动中，在中华民族伟大复兴的征程上，不畏艰难险阻，勇担时代使命，实现个人的人生价值，既是祖国未来的需要，也是其成长成才的关键。

“历史是最好的教科书，也是最好的清醒剂。”①对于国家如此，对于个人也是如此。大学时代是形成科学历史观的关键时期，而历史观又是一个人世界观、人生观、价值观的重要基础。引导大学生树立正确的历史观，有助于新时代大学生更好地“学史明理、学史增信、学史崇德、学史力行”。②以“中国近现代史纲要”课程为例，大学生通过学习该课程，能够进一步了解国史

① 习近平：《在纪念全民族抗战爆发七十七周年仪式上的讲话》。

② 习近平：《在党史学习教育动员大会上的讲话》，《求是》2021年第7期。

国情。面对近代100多年来中国落后挨打、备受欺凌的状况，一代又一代有着先进思想的中国人站了出来，中国农民阶级发动了太平天国农民运动，封建地主阶级进行了以“中学为体，西学为用”为指导思想的洋务运动，民族资产阶级先后发动了戊戌维新变法运动和辛亥革命，但是由于阶级的局限性，都未能改变中国的命运，领导民主革命的历史重任就落在了无产阶级及其政党的肩上。只有具备“大历史观”视野，才能纵观近代中国和世界历史大势，理解和掌握马克思主义理论与中国实际相结合的历史进程，深刻认识历史和人民选择中国共产党、选择马克思主义、选择社会主义道路、选择改革开放的必然性。以此为着力点，认同中国的时代定位和历史方位，从而进一步增强大学生对马克思主义的信仰，更加坚定中国特色社会主义道路自信、理论自信、制度自信、文化自信，进而启发当代大学生识大体、顾大局、懂大势、走大道，正确地看待社会、看待人生，树立正确世界观、人生观和价值观，才能更好地担当时代所赋予他们的历史使命。

二　当前大学生历史观教育中存在的问题

为了实现“四史”教育目标，提高“四史”教育实效性，我们首先需要了解当前大学生历史观教育现状与存在的问题。

（一）在“四史”教育中，教学过程的导向性还比较模糊

全国“四史”教育开展以来，各高校积极推进。对于高校来说，“四史”教育就是对大学生的“使命教育”，要帮助学生树立崇高理想，为国家发展和民族振兴培养更多拥护中国共产党领导和我国社会主义制度、立志为中国特色社会主义奋斗终生的有用之才。

明确了“四史”教育的政治方向和教学目标，如何去实现，这就需要落实在具体的教学过程之中。但是在“四史”教学的落实与过程导向性方面，一些高校还存在着模糊认识。其具体表现在：（1）部分高校分段讲授“四史”，这样就会造成大学生对“四史”缺乏宏观贯通的理解。如何在分段教学中，

贯通"四史"而不重复，还需要进一步在教学实践中摸索和总结。（2）各高校"四史"教师多为马克思主义学院的思想政治理论课教师，那么，在教学中，"四史"与"中国近现代史纲要""毛泽东思想和中国特色社会主义理论体系概论"的区别何在？与"马克思主义基本原理""思想道德修养与法律基础"，以及"形势与政策"课程的联系是什么？如何使"四史"与其他几门思想政治理论课融合而不重复，同向同行，形成协同效应，共同把传授知识、培养能力和引领价值融为一体，还需要进一步探究。（3）"四史"的学科归属问题尚未明确。

总之，高校"四史"教育在把握好其政治方向与教育目标的同时，还需要在教学过程上进一步明确和细化，探索有效的"四史"教学模式，切实加强"四史"教育在大学生历史观教育和高校思想政治教育中的作用。

（二）大学生历史观受到多元文化思潮的冲击

高校历来是意识形态斗争的主要阵地，国内外的各种思潮在这里交流和交锋。目前，在校大学生绝大多数都是"00后"，他们的思想较为单纯，富于幻想，易被鼓动，世界观、人生观、价值观尚未成型，缺乏对各种思潮的辨别能力。面对当代中国的深刻变革、世界格局的急剧变化，尤其是当下信息化和自媒体时代，受多元文化和国际上反马克思主义思潮、非马克思主义思潮、历史虚无主义思潮等的影响，部分学生迷失自我。"对历史人物、历史现象和历史事件如何评判，直接关系到当今人们的是非、善恶与美丑的评价体系是否被颠倒、社会稳定是否被破坏、历史是否被篡改等重大问题。正是从这个意义上出发，历史观是一个民族、一个时代、一个国家价值观念的集中体现，是国家意识形态建设的根本问题。"① 这些错误思潮具有很大的欺骗性和渗透性，对涉世未深、判断力较为缺乏而又喜欢标新立异的部分大学生来说，具有一定的迷惑作用，他们很容易落入陷阱而不自知。

---

① 李松林、王秀刚：《简论加强大学生历史观教育》，《思想教育研究》2012年第6期。

高校承担着为国家培养和输送人才的重大使命，在这种形势下，巩固马克思主义在高校意识形态领域里的主导地位，培养大学生正确对待历史问题，重视当代大学生“大历史观”的培养教育，用马克思主义理论引领大学生的思想成长就十分必要，而且也是一项十分艰巨的任务。

（三）高校大学生历史观教育总体上处于无系统、零散化状态

欲知大道，必先为史。“重视历史、研究历史、借鉴历史，可以给人类带来很多了解昨天、把握今天、开创明天的智慧。所以说，历史是人类最好的老师。”①历史是一个国家的集体记忆，体现了国家意识，其教育的目的是使大学生在了解基本史实的基础上，把握历史规律，进一步洞察世事，感悟人生，把握未来。这就要求高校应对大学生进行系统的历史观教育，可目前在多数高校，大学生的历史观教育处于无系统、零散化状态。在整个立德树人的教育结构中，历史观教育仍然处于相对边缘化的位置，没有形成系统的知识传授体系与阵地。

作为全国高等学校本科生必修的思想政治理论课之一的“中国近现代史纲要”，兼具思想政治理论课和历史课的特点，在大学生思想政治教育中有着以史育人的作用。1840年鸦片战争以来的中国近现代历史，是一部中国人民为实现中华民族独立、人民解放和伟大复兴而不懈奋斗的历史。学习中国近现代史，就是要了解鸦片战争以来，中国所经历的屈辱历史，深刻吸取落后就要挨打的教训，第一次鸦片战争、第二次鸦片战争、中法战争、中日甲午战争、八国联军侵华战争、日本侵华战争，列强一次次践踏中国领土、屠戮中国人民、掠夺中国财富。因此，学习中国近现代史，就是要认识到中国共产党的诞生，是中国近代历史发展的必然产物，是中国人民在救亡图存斗争中顽强求索的必然产物。“不了解中国历史和文化，尤其是不了解近代以来的中国历史和文化，就很难全面把握当代中国的社会状况，很难全面把握当代

---

① 《习近平致第二十二届国际历史科学大会的贺信》，《人民日报》2015年8月24日。

中国人民的抱负和梦想，很难全面把握中国人民选择的发展道路。中国人民正在为实现中华民族伟大复兴的中国梦而奋斗，需要从历史中汲取智慧，需要博采各国文明之长。”[①]历史证明，只有在中国共产党的领导下，中国革命才有了正确前进方向，中国人民才踏上了争取民族独立、人民解放的光明道路，开启了实现国家富强、人民富裕的壮丽征程。这是学习中国近现代史需要牢牢把握的主题和主线。然而，绝大多数学生认为该课程对自己未来发展、就业并没有太多帮助，因而缺乏学习该课程的主动性和积极性，学习多是为了应付考试。因此，大力加强“四史”教育，尤其是在“四史”教育中注重培养大学生树立“大历史观”成为高校思想政治教育工作中历史教育的重要内容。

三 “四史”教育中如何培养大学生树立“大历史观”

当前各高校都在积极开展“四史”教育，那么，如何把握大学生群体的特点和习惯，在“四史”教育中，通过培养大学生树立“大历史观”，厚植爱党爱国爱社会主义的情怀，实现“四史”教育目标，是一个值得探究的问题。

（一）把习近平总书记关于“四史”的重要论述融入“四史”教育中

党的十八大以来，习近平总书记就学习党史、新中国史、改革开放史、社会主义发展史作出了一系列重要论述，为我们学习“四史”提供了理论指导。早在2013年3月1日，在中央党校80周年校庆暨2013年春季学期开学典礼上的重要讲话中，习近平就提出：“各级领导干部还要认真学习党史、国史，知史爱党，知史爱国。要了解我们党和国家事业的来龙去脉，汲取我们党和国家的历史经验，正确了解党和国家历史上的重大事件和重要人物。这对正确认识党情、国情十分必要，对开创未来也十分必要，因为历史是最好的教

---

① 《习近平致第二十二届国际历史科学大会的贺信》，《人民日报》2015年8月24日。

科书。”[①]2020年1月8日，在“不忘初心、牢记使命”主题教育总结大会上的重要讲话中，再次强调“要把学习贯彻党的创新理论作为思想武装的重中之重，同学习马克思主义基本原理贯通起来，同学习党史、新中国史、改革开放史、社会主义发展史结合起来，同新时代我们进行伟大斗争、建设伟大工程、推进伟大事业、实现伟大梦想的丰富实践联系起来，在学懂弄通做实上下苦功夫，在解放思想中统一思想，在深化认识中提高认识，切实增强贯彻落实的思想自觉和行动自觉”。

习近平总书记关于“四史”的重要论述具有宏阔的“大历史观”视野，强调要把中国共产党的历史置于180多年中国人民摆脱屈辱、探寻光明的近代斗争史中，放到中国社会发展的大历史进程中考察，既要向过去看，也要向未来看。回首过去，认识到中国共产党登上中国政治舞台的历史必然性；面向未来，讲清楚中国共产党为什么能、马克思主义为什么行、中国特色社会主义为什么好。正是因为以习近平同志为核心的党中央坚持宽广深邃的大历史观，深刻认识历史规律，准确把握历史方向和大势，不断从历史中汲取智慧和力量，才能推动党和人民事业不断向前发展。

总之，习近平总书记关于“四史”和“大历史观”的系列重要论述为我们学习“四史”提供了正确的立场、观点和方法，因此，学习“四史”我们首先要把习近平总书记关于“四史”的重要论述融入“四史”教育中。

（二）把“四史”贯通起来学习，以培养大学生长时段观察问题的能力

把“四史”贯通起来学习，就是要把“四史”置于中华民族伟大复兴和世界百年未有之大变局的宏大历史中去分析，既搞懂“四史”中每一部历史的特殊意蕴，又厘清“四史”之间的逻辑关系。

一方面，党史、新中国史、改革开放史、社会主义发展史发生于不同的

① 习近平：《在中央党校建校80周年庆祝大会暨2013年春季学期开学典礼上的讲话》，北京：人民出版社2013年版，第8页。

时间，具有特定时代背景，因此，我们首先要搞懂每一部历史的特殊意蕴。党史关注的是1921年中国共产党成立以来的整个发展历史。这一时期，我们党紧紧依靠人民完成了新民主主义革命，实现了民族独立和人民解放。新中国史关注的是1949年中华人民共和国成立后的历史变迁。这一时期，中国人民在中国共产党的领导下完成了社会主义革命，确立了社会主义根本制度并取得了社会主义建设的巨大成就。改革开放史讲的是从1978年中共十一届三中全会后，中国共产党领导全国人民推进改革开放和社会主义现代化建设的历程。党的十八大以来，以习近平同志为核心的党中央开创了我国改革开放的新局面，完善和发展了中国特色社会主义，使党和国家各项事业取得了历史性成就，发生了历史性变革。社会主义发展史关注的是世界社会主义500多年曲折演进的历史进程。

另一方面，从历史逻辑看，“四史”之间有着密切的联系。党史、新中国史和改革开放史是“我们党领导的革命、建设、改革的伟大实践，是一个接续奋斗的历史过程，是一项救国、兴国、强国，进而实现中华民族伟大复兴的完整事业”。[①]中国共产党领导人民开创的伟业，丰富了世界社会主义发展史的内容，同时也把世界社会主义历史推进到一个新的高度。同样，世界社会主义的发展对党史、新中国史和改革开放史也产生了深刻的影响。正是科学社会主义理论的产生，指引俄国“十月革命”取得了胜利。“十月革命”一声炮响，给中国送来了马克思列宁主义，这给在黑暗中苦苦探求救国救民道路的中国先进分子指明了方向，中国共产党应运而生。因此，党史、新中国史、改革开放史、社会主义发展史具有整体性和不可分割性。

总之，党史、新中国史、改革开放史与社会主义发展史既有各自的内涵特征，同时，从历史逻辑来看，又环环相扣，相互影响，共同构成了一幅波

---

① 中共中央文献研究室编《十八大以来重要文献选编》(上)，北京：中央文献出版社2014年版，第694页。

澜壮阔的世界社会主义发展图景。因此，我们只有用“大历史观”观照“四史”，才能透过现象看本质，避免碎片化的表面解读，在古今中外的比较中，从整体上深刻认识和正确把握“四史”，尊重历史事实，分析演变机理，把握历史规律，不断增强抵制历史虚无主义的自觉性，为中国特色社会主义事业凝心聚力。

（三）把“四史”放在世界大历史中去研习，以培养大学生宏观诠释问题的能力

1942年3月30日，毛泽东在《如何研究中共党史》一文中倡导采用“古今中外法”研究党史，其中的“中外”就是中国和外国，即在审视历史时要视野开阔。2016年在全国哲学社会科学工作座谈会上，习近平明确指出：“观察当代中国哲学社会科学，需要有一个宽广的视角，需要放到世界和我国发展大历史中去看。”①

中国共产党自成立以来，始终以马克思主义基本原理分析和研判国内国际历史形势，正确处理中国和世界的关系，顺应中国和世界历史发展大势，团结带领全国各族人民披荆斩棘，取得了令世人瞩目的伟大成就，不仅改变了中国，而且中国的发展也深刻地影响、改变和塑造着世界。党史、新中国史、改革开放史的发生与发展都与国际社会密切相关。1921年中国共产党的成立、1949年中华人民共和国的成立，均是顺应了国际国内历史趋势。1978年，正是基于对国际形势的科学判断、时代潮流的深刻洞察，抓住了历史变革时机，作出把党和国家工作中心转移到经济建设上来、实行改革开放的历史性决策，才有了40多年改革开放的历史新时期。党的十八大以来，习近平在不同场合发表了一系列重要论述，阐释“和平、发展、合作、共赢”这一时代特征，这是对世界大势的科学判断，对于新时代中国特色社会主义建设提供了指导。

---

① 习近平：《在哲学社会科学工作座谈会上的讲话》，北京：人民出版社2016年版，第3页。

当今世界正处于百年未有之大变局，国际形势风云变幻，中国同世界在竞争互动中不断发展，这些构成了“四史”教育的国际环境。因此，我们要引导大学生用宏大宽阔的“大历史观”眼光看清历史本质，把握世界发展大势，避免在纷繁复杂多变的国际乱象中迷失方向，能够自觉抵制各种错误思潮，尤其是历史虚无主义；引导大学生既要立足中国，又要环顾世界，在比较中认识马克思主义的真理性，在比较的视野中关注中国，在世界大格局中把握中国特色，认同走中国特色社会主义道路是历史的必然。

四　结语

中国共产党成立100多年来，团结带领全国各族人民筚路蓝缕，不断开拓前进，成功开启全面建设社会主义现代化国家新征程。在这个重要的时间节点上，我们更需要加强“四史”学习，以回望历史、展望未来。

学习历史，必先立乎其大者。加强“四史”教育，必须坚持马克思主义的立场、观点和方法，树立纵深而广阔的“大历史观”，以中国共产党领导中国人民进行革命、建设、改革的历史为中心，以世界社会主义发展演变的历史为参照，引导大学生感受蕴藏在历史中的精神力量，把大学生培养成与新时代同向同行，具有责任担当的一代，成为推进中国特色社会主义伟大事业和中华民族伟大复兴的生力军。

参考文献

1. 毛泽东：《如何研究中共党史》（1942年3月30日），见《毛泽东文集》（第二卷），北京：人民出版社1993年版。

2. 习近平：《在纪念毛泽东同志诞辰120周年座谈会上的讲话》，《人民日报》2013年12月27日。

3. 习近平：《让历史说话　用史实发言　深入开展中国人民抗日战争研究》，《人民日报》2015年8月1日。

4. 习近平：《加强对五四运动和五四精神的研究　激励广大青年为民族复兴不懈奋斗》，《人民日报》2019年4月21日。

5. 习近平：《在党史学习教育动员大会上的讲话》，《求是》2021年第7期。

6. 李松林、王秀刚：《简论加强大学生历史观教育》，《思想教育研究》2012年第6期。

7. 吕其镁、张嘉娣：《加强大学生马克思主义历史观教育论析》，《思想理论教育导刊》2017年第1期。

8. 李殿仁：《习近平新时代中国特色社会主义思想的历史观》，《红旗文稿》2018年第6期。

9. 张笑龙：《习近平的历史观及其理论背景论析》，《南开学报》（哲学社会科学版）2018年第3期。

10. 刘同舫：《构建人类命运共同体对历史唯物主义的原创性贡献》，《中国社会科学》2018年第7期。

11. 张永奇：《习近平新时代中国特色社会主义思想中的大历史观》，《西北大学学报》（哲学社会科学版）2019年第5期。

中国共产党的领导是中国特色社会主义最本质特征的三重逻辑

王珊珊

摘　要：党的十九大提出中国共产党的领导是中国特色社会主义最本质特征，这是对党的领导和中国特色社会主义关系的深刻把握，内含三重逻辑：理论上，中国共产党的领导是科学社会主义的根本要求，是社会主义本质的体现；实践上，中国共产党的领导选择了中国特色社会主义道路、确立了中国特色社会主义制度、开辟了中国特色社会主义实践；价值上，中国共产党的领导是党自身性质、国家特色和人民诉求的价值统一。

关键词：中国共产党的领导；中国特色社会主义；科学社会主义

社会主义国家坚持无产阶级政党的领导是科学社会主义的一条基本原则。走进新时代，以习近平同志为核心的党中央，逐步深化中国共产党的领导与中国特色社会主义关系的认识。2014 年 9 月 5 日，在庆祝全国人民代表大会成立 60 周年大会上的讲话中，习近平总书记指出，中国共产党的领导是中国特色社会主义最本质特征。2016年 7 月 1 日，习近平总书记在庆祝中国共产党成立95周年大会上的讲话再次强调："办好中国的事情，关键在党。中国特色社会主义最本质的特征是中国共产党领导，中国特色社会主义制度的最大优势是中国共产党领导。坚持和完善党的领导，是党和国家的根本所在、命脉所在，是全国各族人民的利益所在、幸福所在。”[①]在此基础上，党的十九大全面阐释：“中国特色社会主义最本质的特征是中国共产党的领导，中国特色社会主义制度的最大优势是中国共产党的领导，党是最高政治领导力量。”[②]这是党的十八大以来以习近平同志为核心的党中央对中国共产党历史地位的最新判断，其中，“中国特色社会主义最本质的特征”是中国共产党的领导既坚持科学社会主义基本原则，又深化党的领导与中国特色社会主义的关系，二者具有深刻的理论逻辑、实践逻辑和价值逻辑。把握这三重逻辑，能够更好地认识中国共产党的领导与中国特色社会主义的关系，赋予推进党的建设和中国特色社会主义建设更多力量。

一　中国共产党的领导符合社会主义的理论逻辑

中国共产党的领导是中国特色社会主义最本质的特征，其理论根源在于这是科学社会主义基本原理的要求，同时也是社会主义本质的深刻体现。

（一）中国共产党的领导是科学社会主义的根本要求

中国特色社会主义是什么？习近平总书记斩钉截铁地说：“中国特色社会主义是社会主义而不是其他什么主义，科学社会主义基本原则不能丢，丢了就不是社会主义。”[③]中国特色社会主义本质上讲是社会主义，因此，必须坚持科学社会主义的一系列基本原则。科学社会主义的基本原则有哪些？无产阶级政党领导、人民民主专政、生产资料公有制、共产主义最高理想等。中国

① 《习近平谈治国理政》（第二卷），北京：外文出版社2017年版，第43页。

② 习近平：《决胜全面建成小康社会 夺取新时代中国特色社会主义伟大胜利——在中国共产党第十九次全国代表大会上的报告》，北京：人民出版社2017年版，第20页。

③ 中共中央文献研究室编《十八大以来重要文献选编》（上），北京：中央文献出版社2014年版，第109页。

特色社会主义之所以是社会主义，就是因为在实践过程中坚持了科学社会主义的这些基本原则，但同时又根据实践的要求，与时俱进，不断发展，在坚持原则的同时进行了创造性运用。习近平总书记说：“不论怎么改革、怎么开放，我们都始终要坚持中国特色社会主义道路、中国特色社会主义理论体系、中国特色社会主义制度，坚持党的十八大提出的夺取中国特色社会主义新胜利的基本要求。……这些都是在新的历史条件下体现科学社会主义基本原则的内容，如果丢掉了这些，那就不成其为社会主义了。”[①]而在所有的特征中最本质、最关键的就是中国共产党的领导。

什么是本质特征？本质特征是事物发展过程中所展现的全部特征中最能反映事物本质的特征，贯穿事物成长的全部阶段，是一事物成为它自己的关键。本质特征存在，事物就存在；本质特征消失，事物也就消失了。在中国特色社会主义众多特征之中，能够反映中国特色社会主义本质的，在其中起关键和决定性作用的特征就是中国共产党的领导。社会主义国家由共产党领导是科学社会主义的本质要求，因此，中国特色社会主义本质上要求必须由中国共产党领导，这是其中的内在规定性。在中国，党的领导是中国特色社会主义的核心，中国特色社会主义之所以是它自己关键在于有中国共产党的领导，没有中国共产党的领导就没有中国特色社会主义。党的领导贯穿中国特色社会主义产生、发展过程的始终。

（二）中国共产党的领导反映社会主义本质

总结社会主义建设的成功经验和失败教训，邓小平说：“首先要搞清楚什么是社会主义、怎样建设社会主义这个基本的理论问题。我国社会主义在改革开放前所经历的曲折和失误，归根到底就在于对这个问题没有完全搞清楚；改革开放以来在前进中遇到的一些犹疑和困惑，归根到底也在于对这个问题

① 中共中央文献研究室编《十八大以来重要文献选编》(上)，北京：中央文献出版社2014年版，第110页。

没有完全搞清楚。"[①]改革开放后，邓小平对于什么是社会主义进行深入思考，科学把握社会主义的本质，他说，社会主义的本质是"解放生产力、发展生产力，消灭剥削，消除两极分化，最终实现共同富裕"。[②]这是社会主义的本质，同时也是中国特色社会主义本质，而最能体现这一本质的，就是中国共产党的领导。

1.解放生产力、发展生产力关键在于中国共产党的领导

无产阶级政党专政后的首要任务就是大力发展生产力，这是科学社会主义的重要理论原则。马克思恩格斯在《共产党宣言》中强调："无产阶级将利用自己的政治统治，一步一步地夺取资产阶级的全部资本，把一切生产工具集中在国家即组织成为统治阶级的无产阶级手里，并且尽可能快地增加生产力的总量。"[③]在探索社会主义发展道路的过程中，中国共产党逐步认识到解放生产力、发展生产力的重要性，改革开放后，把解放生产力、发展生产力作为社会主义的本质和社会主义的根本任务，大刀阔斧进行改革，积极推进扩大开放，实行以公有制为主体多种经济成分并存；坚持以按劳分配为主体，鼓励生产要素参与分配；建立社会主义市场经济体制，发挥市场的决定性作用；等等，为生产力的发展扫除一切体制、机制障碍，大力推动生产力快速发展。实践证明，改革开放40多年来，在党的领导下，我国生产力得以飞速发展，经济总量由1978年的3679亿元增长到2020年超过100万亿元，年均实际增长7.4%。我国国内生产总值占世界生产总值的比重由改革开放之初的1.8%上升到超过17%，多年来对世界经济增长贡献率超过30%，创造了连续40多年快速增长的中国速度和中国奇迹。改革开放40多年的发展成绩，离不开中国共产党的科学领导，正是有

① 中共中央文献研究室编《改革开放三十年重要文献选编》(上)，北京：中央文献出版社2008年版，第727页。

② 《邓小平文选》(第三卷)，北京：人民出版社1993年版，第373页。

③ 《马克思恩格斯选集》(第一卷)，北京：人民出版社2012年版，第421页。

了中国共产党的科学领导、正确决策才能解放生产力，促进生产力持续、快速、稳定向前发展。

2.消灭剥削必须坚持中国共产党的领导

无产阶级政党的重要任务和奋斗目标就是推翻压迫、消灭阶级、消灭剥削，实现人自由而全面的发展，解放全人类。正如恩格斯所说：“无产阶级将取得国家政权，并且首先把生产资料变为国家财产。但是这样一来，它就消灭了作为无产阶级的自身，消灭了一切阶级差别和阶级对立，也消灭了作为国家的国家。”①新中国在中国共产党的领导下，推翻了人剥削人的制度，人民获得了解放，翻身成为国家和社会的主人，创造性地建立起工人阶级领导的、以工农联盟为基础的人民民主专政的社会主义国家政权，实行人民代表大会制度、共产党领导的多党合作和政治协商制度、民族区域自治制度以及基层群众自治制度，人民群众成为国家的主人，切实掌握国家权力，真正当家做主。改革开放以来，人民民主的范围、程度逐步扩大，党领导下的人民民主充分保障人民享有各项民主权利，享有管理国家政治事务、经济、文化和各项社会事务的权利。正如习近平总书记在庆祝改革开放40周年大会时所讲：“人民依法享有和行使民主权利的内容更加丰富、渠道更加便捷、形式更加多样，掌握着自己命运的中国人民焕发出前所未有的积极性、主动性、创造性，在改革开放和社会主义现代化建设中展现出气吞山河的强大力量！”②

3.消除两极分化，实现共同富裕的根本保障是中国共产党的领导

科学社会主义认为“随着阶级的消失，国家也不可避免地要消失。在自由平等的生产者联合体的基础上按新方式来组织生产的社会”，③形成自由人的联合体，在那里，每个人的发展是一切人发展的前提和条件。中国共产党是

---

① 《马克思恩格斯选集》（第三卷），北京：人民出版社2012年版，第812页。

② 习近平：《在庆祝改革开放40周年大会上的讲话》，北京：人民出版社2018年版，第13页。

③ 《列宁选集》（第三卷），北京：人民出版社1995年版，第121页。

实现“自由平等联合体”的根本保障，即实现全体人民共同富裕。市场经济运行的一般规律最终必然导致贫富差距拉大，社会财富分配不公，而中国共产党领导下的社会主义市场经济虽然有着造成贫富差距的共性，但也会使实现共同富裕成为可能。中国共产党努力扬长避短，发挥市场经济推进生产力进步的积极作用，同时努力克服其可能带来贫富差距拉大的消极作用，利用强大的组织领导力不断缩小贫富差距。1978年到2017年，我国贫困人口累计减少7.4亿人，贫困发生率下降94.4个百分点，谱写了人类反贫困史上的辉煌篇章。尤其是党的十八大以来，农村贫困人口由2012年底的9899万人到2020年彻底消灭绝对贫困，贫困发生率由2012年底的10.2%下降到2019年底的0.6%，到2020年，我们消灭了在中国延续几千年的绝对贫困问题，全面建成小康社会，这是党领导下迈向共同富裕的阶段性成果。在人类历史上，第一次在超大规模的经济体、超多人口的国家中消灭绝对贫困，创造了人类减贫史的奇迹，开启了迈向共同富裕的新征程。

二　中国共产党的领导契合中国特色社会主义的实践逻辑

中国共产党带领中国人民走上了中国特色社会主义道路、确立了中国特色社会主义制度、开辟了中国特色社会主义实践，中国共产党的领导是中国特色社会主义的本质特征，也是中国特色社会主义的内在要求。

（一）中国共产党领导选择中国特色社会主义道路

中国共产党的领导是中国特色社会主义的本质特征，是中国特色社会主义实践发展的逻辑必然。近代中国的两大历史任务是实现民族独立、人民解放与国家富强、人民富裕。选择哪条道路才能完成这两大历史任务，社会各阶级都在努力探寻。封建开明地主通过推动自上而下的“洋务运动”，选择科技实业救国道路最终失败；农民阶级通过走自下而上的旧式农民起义的道路，最终被国内外反动势力联合绞杀；资产阶级认为阶级是制度问题，选择向西方学习建立先进制度，以康有为、梁启超为代表的资产阶级改良派走君主立宪的道路、以孙中山为代表的资产阶级革命派走民主共和的道路，最终都归于失败。正如毛泽东所说：“自从一八四〇年鸦片战争失败那时起，先进的中国人，经过千辛万苦，向西方国家寻找真理。洪秀全、康有为、严复和孙中山，代表了在中国共产党出世以前向西方寻找真理的一派人物……帝国主义的侵略打破了中国人学西方的迷梦。很奇怪，为什么先生老是侵略学生呢？中国人向西方学得很不少，但是行不通，理想总是不能实现。多次奋斗，包括辛亥革命那样全国规模的运动，都失败了。”[①]正当中国人陷入迷茫，不知往何处去时，十月革命一声炮响，给中国送来了马克思列宁主义，一部分先进知识分子接受马克思主义，并成立了中国共产党，开辟了寻找救亡图存的新路。自从有了中国共产党，革命的面貌焕然一新，中国共产党带领全国人民经过28年的艰苦奋斗完成了民族独立的任务，建立了新中国；通过社会主义改造，在中国推翻了人剥削人的制度，建立了社会主义制度，走上了社会主义道路。社会主义道路怎么走？经过20多年社会主义建设的持续探索，吸取经验和教训，传统社会主义道路不适合中国国情，必须走出一条符合实际、适合国情的社会主义建设新路。改革开放后，中国共产党带领中国人民大胆创新，努力求索，走上了中国特色社会主义道路。40多年发展的成绩表明，中国特色社会主义道路是一条康庄大道，是一条科学、正确，能够带领全国人民完成两大历史任务的道路。

（二）中国共产党领导建立中国特色社会主义制度

中国共产党自成立之日起就以建立没有剥削和压迫的社会主义制度为己任。习近平总书记在党的十九大报告中指出：“我们党团结带领人民完成社会主义革命，确立社会主义基本制度，推进社会主义建设，完成了中华民族有史以来最为广泛而深刻的社会变革，为当代中国一切发展进步奠定了根本政治前提和制度基础，实现了中华民族由近代不断衰落到根本扭转命运、持续

① 《毛泽东选集》（第四卷），北京：人民出版社1991年版，第1469～1470页。

走向繁荣富强的伟大飞跃。”[1]新中国成立之初，苏联模式的社会主义制度虽然使社会主义建设取得一定的成绩，但不适合当时的国情，对经济社会发展起了阻碍作用。党的十一届三中全会后，中国共产党吸取建设中的成功经验和失败教训，摸着石头过河，随时代的发展和实践的深入不断对社会主义制度进行改革和完善，逐步形成了以基本制度、根本制度和重要制度为主要框架，以经济制度、政治制度、文化制度、社会制度、生态制度等为主要内容的中国特色社会主义制度体系。这是党带领全国人民在长期的中国特色社会主义实践中形成的科学制度体系，这一制度体系具有强大治理效能，深得人民拥护，具有巨大优势。在所有的优势中，其最大的优势就是中国共产党的领导。党的十九届四中全会总结中国特色社会主义制度的13个显著优势中，第一条就是“坚持党的集中统一领导，坚持党的科学理论，保持政治稳定，确保国家始终沿着社会主义方向前进的显著优势”。2020年，在党的领导下，迅速及时有效应对新冠肺炎疫情，再次彰显党的领导制度的巨大优越性。。

（三）中国共产党领导中国特色社会主义实践

在中国共产党的领导下，中国特色社会主义实践不断向纵深发展，取得巨大成绩。经济上，实行大刀阔斧的改革，破除“一大二公”，实行以公有制为主体，多种所有制经济并存；实行以按劳分配为主体，鼓励多种生产要素参与分配；发挥市场经济的决定性作用，更好地发挥政府的作用激发市场主体活力；不断扩大对外开放，我国成为世界第二大经济体、第一制造业大国。政治上，实行政治体制改革，发展社会主义民主政治，实行全面依法治国，人民民主的范围更大更广。文化上，加强社会主义精神文明建设，社会主义核心价值观深入人心，文化事业实现大发展大繁荣。社会上，坚持在发展中保障和改善民生，人均可支配收入从1978年的171元增长到2020年的32189元，

---

① 习近平：《决胜全面建成小康社会　夺取新时代中国特色社会主义伟大胜利———在中国共产党第十九次全国代表大会上的报告》，北京：人民出版社2017年版，第14页。

保持社会长期安全稳定。生态上，重视加强和保护生态环境，绿水青山就是金山银山，生态文明制度体系加快形成，重大生态保护和修复工程进展顺利，生态环境治理明显加强。在中国共产党的领导下，中国特色社会主义事业战胜重重困难。国际上，改革开放40多年来，我国的外部环境发生剧烈变化，苏联解体东欧剧变、东南亚金融危机、“911”事件、次贷危机、中美贸易摩擦、新冠肺炎疫情全球肆虐等重大事件对世界经济政治格局造成重大影响，但在党的领导下，全国人民万众一心，努力克服危机带来的影响，化危机为转机，带领中国特色社会主义事业不断向前发展。国内，台海危机、1998年特大洪水、“非典”肺炎、汶川特大地震、抗击新冠肺炎疫情等都在中国共产党的坚强有力领导下取得了胜利，并推动了经济社会发展。因此，中国特色社会主义的实践离不开中国共产党的领导，在党的领导下，中国特色社会主义事业才取得各方面建设的巨大成就，克服前进中遇到的困难和问题，不断向前发展。

三　中国共产党的领导体现党、国家和人民的价值逻辑

中国共产党的领导是中国特色社会主义最本质特征，既是社会主义和中国特色社会主义的内在要求，更是党自身、国家和人民的价值统一。党的先进性和纯洁性、国家特色、人民诉求的实现都必须坚持中国共产党的领导。

（一）中国共产党的领导是自身优势的价值体现

中国共产党的自身品质是其领导地位的基石。中国共产党是中国工人阶级的先锋队组织，也是中华民族的先锋队组织，具有高度的组织性和纪律性，较强的凝聚力和战斗力、超强的领导力和执行力，始终保持自身的纯洁性和先进性，在实践中锤炼果敢坚毅、乐观向上、忠诚干净、负责担当的优异品质，具有全局眼光和战略意识，能够协调各方利益，动员各方力量。中国共产党是与中国人民和中华民族的利益相一致的，在带领全国人民取得革命、建设和改革事业胜利的过程中，赢得人民的信任、拥护和爱戴，在人民群众

中具有极高的威望。所有这些优秀的品质使中国共产党成为领导中国特色社会主义事业的不二选择。

中国共产党重视自身建设是其领导地位的保障。中国共产党始终强调党要管党，从严治党，从政治、思想、组织、作风、纪律、制度等各个方面加强建设，不断推进反腐败斗争，把党建设成始终走在时代前列、人民衷心拥护、勇于自我革命、经得起风浪考验、朝气蓬勃的马克思主义政党。中国共产党只有加强自身建设，才能不断提高党的领导能力，保持党的先进性和纯洁性，才能更好地领导中国特色社会主义建设事业。党的十八大以后，党以刀刃向内的勇气和决心不断推进自我革命，大力推进反腐败斗争，党风政风得到极大改善，重塑了在人民心中的形象，党的领导地位进一步得到巩固。中国共产党自身的这些特点使其成为中国特色社会主义天然领导，是其自身价值的体现。

（二）中国共产党的领导是中国特色的价值反映

中国共产党的领导最能凸显中国特色，习近平总书记深刻指出：“中国最大的国情就是中国共产党的领导。什么是中国特色？这就是中国特色。中国共产党领导的制度是我们自己的。”[①]中国特色社会主义之所以区别于西方资本主义，具有中国特色，关键在于中国共产党的领导。中国共产党领导使中国突破西方“两党制”或“多党制”的相互倾轧、掣肘，专注于推进中国特色社会主义现代化建设事业；突破资产阶级政党狭隘的私利局限，一心一意为人民和国家谋取利益，没有自己的私利；突破资本主义国家只为选举的短视行为，拥有全局意识和战略思维，统筹谋划国家发展。中国特色社会主义之所以区别于其他社会主义，具有中国特色，关键也在于中国共产党的领导。虽然社会主义国家都由无产阶级政党领导，但中国共产党的领导与其他社会主义国家无产阶级政党的领导有所不同。中国共产党大力发展市场经济，使

① 《习近平关于社会主义政治建设论述摘编》，北京：中央文献出版社2017年版，第28页。

市场在资源配置中起决定性作用，推动生产力快速发展，创造巨大物质财富，摆脱社会主义必然贫穷落后的刻板印象；中国共产党实行对外开放，加强同世界上各个国家地区的贸易交流、人员交往，主张世界各个国家和平共处，社会主义是包容开放的，而不是孤立封闭、与世隔绝的；中国共产党坚持实行民主集中制，实行党内民主，坚持集体领导，大力发展以协商民主为主的社会主义民主，扩大民主范围，提升民主质量，使人民真正当家做主，社会主义并非专制独裁，而是具有高度民主的制度。总之，正是因为有了中国共产党的领导才使得我们的社会主义呈现中国特色，独具价值，这是中国特色社会主义最鲜明的特征。

（三）中国共产党的领导是中国人民的价值诉求

中国共产党需要人民的支持，否则就是无根之木、无源之水，同样地，中国人民也需要中国共产党的领导，党的领导是中国人民的价值诉求。在中国共产党的领导下，中国人民政治上获得了解放，享受到空前的权利和自由，能够主宰自己的命运，使自由和全面的发展成为可能；在中国共产党的领导下，中国人民经济上实现了富足，在解决了全国人民温饱问题的基础上，经过多年努力实现了全体人民的小康，并积极努力满足人们更高层次的需求。在中国共产党的领导下，中国人民过上了幸福、安定、富足的生活。历史和现实的经验告诉中国人民，中国共产党是真心实意地为中国人民做实事、做好事，把人民的冷暖安危放在心头。中国人民看在眼里、记在心上，只有继续坚持党的领导，才能使人民过上更好的日子，才能使人民的需要得到更好的满足。人民充分意识到，中共共产党的领导是实现国家富强、民族振兴、人民幸福的保证，是中国特色社会主义事业兴旺发达的根基。因此，中国共产党的领导符合人民的核心利益，是中国人民的价值诉求。

参考文献

1.《马克思恩格斯选集》(第一卷),北京:人民出版社2012年版。

2.《马克思恩格斯选集》(第三卷),北京:人民出版社2012年版。

3.《列宁选集》(第三卷),北京:人民出版社1995年版。

4.《毛泽东选集》(第四卷),北京:人民出版社1991年版。

5.《邓小平文选》(第三卷),北京:人民出版社1993年版。

6. 中共中央文献研究室编《改革开放三十年重要文献选编》(上),北京:中央文献出版社2008年版。

7. 中共中央文献研究室编《十八大以来重要文献选编》(上),北京:中央文献出版社2014年版。

8. 习近平:《在庆祝改革开放40周年大会上的讲话》,北京:人民出版社2018年版。

9. 习近平:《决胜全面建成小康社会 夺取新时代中国特色社会主义伟大胜利———在中国共产党第十九次全国代表大会上的报告》,北京:人民出版社2017年版。

10. 中共中央文献研究室编《习近平关于社会主义政治建设论述摘编》,北京:中央文献出版社2017年版。

中国共产党探索中国式现代化新道路的百年历程及经验启示

王晓青

摘　要：实现现代化是近代以来中华民族的历史夙愿，探索反映中国人民意愿并符合中国实际的现代化道路是中国共产党的重要政治理念。建党百年来，中国共产党带领全国人民历经革命、建设和改革的不同历史时期，接力奋斗、持续深化对社会主义现代化建设的规律性认识，探索出中国式现代化新道路。在全面建设社会主义现代化强国的新征程上，认真梳理总结中国式现代化新道路的历史经验，对于更好推进实现中华民族伟大复兴和社会主义现代化强国建设有着重要的现实意义。

关键词：中国共产党；现代化新道路；中国式

中国式现代化新道路，是中国共产党人的伟大创造。中国共产党建党100年的辉煌历史，是党领导中国人民不断赢得革命、建设和改革伟大胜利的历史，也是一部中国共产党探索中国式现代化新道路的百年奋斗史。2021年7月1日，习近平在庆祝中国共产党成立100周年大会上指出："我们坚持和发展中国特色社会主义，推动物质文明、政治文明、精神文明、社会文明、生态文明协调发展，创造了中国式现代化新道路。"[①]中国共产党的百年奋斗历史与中国式现代化的发展进程同频共振，共同构成了中华民族从落后挨打走向伟大复兴的壮美图景。回望建党百年现代化新道路的探索轨迹，深刻总结经验启示，对于新时代更好推进实现中华民族伟大复兴和社会主义现代化强国建设有着重要的现实意义。

一 新民主主义革命时期党对现代化道路的设想

中国共产党诞生于国难当头的20世纪20年代。作为一个带着使命诞生，肩负历史使命前行的马克思主义政党，在民族存亡之际，其紧迫任务和突出表现就是带领全国人民实现民族独立与解放，使衰弱的中国能够跟上时代的脚步，赶上世界现代化的潮流。这一点首先在党的纲领中得到了证明，党的一大通过的《中国共产党纲领》规定，"革命军队必须与无产阶级一起推翻资本家阶级的政权，必须支援工人阶级，直到社会阶级区分消灭的时候""消灭资本家私有制，没收机器、土地、厂房和半成品等生产资料，归社会公有"。[②]可以看出，中国共产党一经成立，就鲜明地亮出自己作为工人阶级政党的基本观点，义无反顾地把推翻资产阶级政权、消灭私有制作为自己的任务，把包含着实现现代化的共产主义作为党的最高理想和最终目标。

作为资产阶级、资本主义的对立面，中国共产党不仅要代替资产阶级完成中国的现代化任务，而且要开创一条不同于资本主义现代化的道路来实现这一任务。在革命与战争的现实背景下，面对处于半殖民地半封建畸形状态的中国，以"革命"为主要任务的中国共产党人，把对"现代化"的关注更多地聚焦于发展生产力，重心集中在工业化建设上。1944年5月，在中央办

① 习近平：《在庆祝中国共产党成立100周年大会上的讲话》，《求是》2021年第14期。

② 中央档案馆编《中共中央文件选集》（第1册），北京：中共中央党校出版社1989年版，第3页。

公厅招待会上，毛泽东一针见血地指出，“日本帝国主义为什么敢于这样地欺负中国，就是因为中国没有强大的工业，它欺侮我们的落后。因此，消灭这种落后，是我们全民族的任务”，[①]为了打败日本侵略者和建设新中国，“我们共产党员是要努力于中国的工业化的”。可以看出，在毛泽东的眼中，中国共产党作为先进生产力的代表，必须掌握现代化工业知识，为实现国家工业化做准备。1945年4月，在党的七大政治报告中，毛泽东进一步强调：“中国工人阶级的任务，不但是为着建立新民主主义的国家而斗争，而且是为着中国的工业化和农业近代化而斗争。”[②]1949年3月，全国解放前夕，毛泽东在党的七届二中全会上首次提出了“现代化”的概念，他指出：“我们已经或者即将区别于古代，取得了或者即将取得使我们的农业和手工业逐步地向着现代化发展的可能性。”[③]基于这种现代化发展的可能性，党的主要任务就在于，“在革命胜利以后，迅速地恢复和发展生产，对付国外的帝国主义，使中国稳步地由农业国转变为工业国，把中国建设成一个伟大的社会主义国家”。[④]这些论述，一方面体现了中国共产党已经逐渐认识到中国的革命和建设与工业化之间的密切关系，另一方面也充分反映出老一辈无产阶级革命家把实现国家工业化作为中国共产党执政能力之本的远见卓识，为中国的现代化事业奠定了思想基础。

可见，在新民主主义革命时期，囿于革命战争环境的局限以及长期在农村从事革命活动的现实，中国共产党对现代化的理解还不够深刻全面，对如何实现现代化还缺乏理论经验和实践经验，以毛泽东为代表的中国共产党人主要是从工业化的视角来勾勒现代化蓝图，把“现代化”等同为“工业化”。值得注意的是，以毛泽东为代表的共产党人把社会主义建设的目标定位于把

① 《毛泽东文集》（第三卷），北京：人民出版社1996年版，第146～147页。
② 《毛泽东选集》（第三卷），北京：人民出版社1991年版，第1081页。
③ 《毛泽东选集》（第四卷），北京：人民出版社1991年版，第1430页。
④ 《毛泽东选集》（第四卷），北京：人民出版社1991年版，第1437页。

我国建设成为伟大的社会主义工业国，在创造性地开辟中国革命新道路的过程中，以民主革命的手段为现代化扫除了障碍，为最终实现近代化乃至现代化的变革指出了一条现实可行的道路。

二　社会主义革命和建设时期党对现代化道路的探索

新中国成立初期，中国经济和社会千疮百孔、百废待兴。如何改变“一穷二白”的落后面貌，实现经济社会的恢复和繁荣，选择什么样的道路才能在中国这样一个特殊国度中实现现代化，这是摆在中国共产党人面前的重要课题。对于脱胎于半殖民地半封建社会的落后农业大国，面对西方资本主义和苏联社会主义两种现代化模式，中国共产党将何去何从？经过深刻的洞察之后，毛泽东尖锐地指出：“资本主义道路，也可增产，但时间要长，而且是痛苦的道路。我们不搞资本主义，这是定了的”。[①]在毛泽东看来，西方资本主义现代化道路依靠血与火的战争、殖民掠夺获得现代化所需要的原始积累，这种现代化道路显然不符合中国共产党的性质、宗旨和使命。中国共产党明确选择了有别于资本主义的现代化模式，集中有限的资源，效仿苏联开展社会主义工业化道路。1953年，根据毛泽东的提议，党中央适时地提出“逐步实现国家的社会主义工业化，逐步实现对农业、对手工业和资本主义工商业的社会主义改造”[②]的过渡时期总路线和总任务。这条总路线将实现国家工业化摆在了社会主义建设的主体地位，符合全国人民迫切改变贫穷落后面貌的集体愿望，适应了中国现代化道路的发展要求。

三大改造的完成和社会主义制度的确立，中国共产党面临着又一个崭新课题——怎样走好现代化道路。1956年，毛泽东在《论十大关系》中，首先

① 《毛泽东文集》（第六卷），北京：人民出版社1999年版，第299页。

② 中共中央文献研究室编《建国以来重要文献选编》（第四册），北京：中央文献出版社1993年版，第661页。

论述了重工业、轻工业和农业的关系，提出探索适合我国国情的社会主义建设道路的任务。在起草中共八大开幕词时，毛泽东对实现国家工业化的步骤和标准都做出新的思考。他认为，"一九六七年第三个五年计划完成的时候，工业产值将占百分之六十几，农业产值将占百分之三十几，这样我国就可以说基本上有了现代工业，就可说初步地工业化了，但是我国是一个具有六亿人口的国家，……要接近或者赶上世界上工业最发达的国家，那就需要几十年才有可能"。①

随着社会主义建设的不断深入，中国共产党对实现现代化的战略目标和战略步骤越来越清晰明确。1954 年9月，第一届全国人民代表大会召开，周恩来在政府工作报告中提出："如果我们不建设起强大的现代化的工业、现代化的农业、现代化的交通运输业和现代化的国防，我们就不能摆脱落后和贫困，我们的革命就不能达到目的。"②这是中国共产党首次将"四个现代化"作为党和人民的奋斗目标，即"现代化的工业、农业、交通运输业和国防"。1964 年，周恩来在第三届全国人大一次会议上对"四个现代化"的目标做了微调，指出"今后发展国民经济的主要任务，总的说来，就是要在不太长的历史时期内，把我国建设成为一个具有现代农业、现代工业、现代国防和现代科学技术的社会主义强国"。③从此，"四个现代化"的口号家喻户晓，成为激励全党和全国人民的共同奋斗目标。"四个现代化"为社会主义现代化道路指出了明确的方向，同时也反映出以毛泽东为代表的中国共产党人对现代化的认识不再单纯地拘泥于工业现代化，而是要在工业、农业、交通运输、国防等领域赶上以至超过西方发达的资本主义国家。关于"四个现代化"的实现步骤，周恩来在报告中提出可以分两步走，即从第三个五年计划开始，第

① 逄先知、金冲及：《毛泽东传（1949—1976）》（上卷），北京：中央文献出版社2003年版，第529页。

② 《周恩来选集》（下卷），北京：人民出版社1984年版，第132页。

③ 《周恩来选集》（下卷），北京：人民出版社1984年版，第439页。

一步，用15年时间，建成一个独立的比较完整的工业体系和国民经济体系；第二步，在20世纪内，全面实现农业、工业、国防和科学技术的现代化，使我国国民经济走在世界的前列。

可见，在社会主义革命和建设时期，中国共产党对现代化道路的制度选择、目标设计、发展战略和战略步骤等都进行了有益的探索和思考。从“工业化”到“四个现代化”的战略目标，从“过渡时期总路线”到“两步走”战略设想，中国共产党对现代化的认识日趋全面，对社会主义建设规律的探索不断深化。即使在国家经历严重困难和曲折时，中国共产党擘画的社会主义现代化蓝图，始终都成为凝聚和团结亿万人民奋勇前进、建设祖国的强大精神源泉。

三 改革开放和现代化建设时期党对现代化道路的探索

党的十一届三中全会以来，中国共产党人立足于改革开放和现代化建设的实践，在开创中国特色社会主义道路的同时，对中国式现代化新道路也进行了卓有成效的探索和发展。

第一，开创中国式现代化的发展模式。作为改革开放的总设计师，邓小平一生的追求和奋斗就是要在中国实现现代化。早在1979年的理论工作务虚会上，邓小平就提出，“能否实现四个现代化，决定着我们国家的命运、民族的命运”。[①]1988年，他在会见莫桑比克客人时，诚恳地谈道：“世界上的问题不可能都用一个模式解决。中国有中国自己的模式。”[②]针对“全盘西化”的现代化观点，他明确告诫国人，实现“中国式的现代化，必须从中国的特点出发”。[③]具体来说，中国式现代化的应然逻辑就是坚持四项基本原则，以四项基

① 《邓小平文选》(第二卷)，北京：人民出版社1994年版，第162页。

② 《邓小平文选》(第三卷)，北京：人民出版社1993年版，第261页。

③ 《邓小平文选》(第二卷)，北京：人民出版社1994年版，第164页。

本原则作为中国式现代化新道路的政治保证。与此同时，也要立足初级阶段的基本国情，既不能急躁冒进也不能迷信西方经验。将社会主义、中国特色和现代化有机统一起来，以邓小平为代表的中国共产党人彻底摒弃了把现代化等同于西方化、美国化的错误主张和话语垄断，开创了中国式现代化的发展模式。

第二，提出中国式现代化的发展目标。1979年12月，邓小平会见日本首相大平正芳，在谈到中国未来的发展目标时提出：“我们要实现的四个现代化，是中国式的四个现代化。我们的四个现代化的概念，不是像你们那样的现代化的概念，而是‘小康之家’。”[①]这次谈话是邓小平首次使用“小康”这个中国语境中的独特概念来诠释中国式现代化的目标。这个崭新表述和重大调整，说明以邓小平为代表的中国共产党人对我国现实国情的认识更加深刻，为社会主义现代化设定的发展目标更加贴近实际。1984年3月，邓小平会见日本首相中曾根康弘时对“小康社会”又做了进一步解释：“翻两番，国民生产总值人均达到八百美元，就是到本世纪末在中国建立一个小康社会。这个小康社会，叫做中国式的现代化。”[②]在这里，将笼统的“小康”概念与明确的经济量化标准结合起来，这是中国式现代化发展战略极富深刻寓意的又一重要变化。“小康社会”作为“中国式现代化”的显著标志和明确的阶段性目标，具有了新的时代内涵和历史意义。随后，1987年，党的十三大正式制定了“三步走”发展战略，规划到21世纪中叶基本实现现代化。1997年，党的十五大首次提出21世纪初开始“进入和建设小康社会”，并且制定了新“三步走”的战略规划，即：2010年实现国民生产总值比2000年翻一番；建党100年时，国民经济更加发展；新中国成立100年时，基本实现现代化。这个新“三步走”战略，既体现了我们由温饱到总体小康的历史性跨越，同时也为我们描绘

① 《邓小平文选》（第二卷），北京：人民出版社1994年版，第237页。

② 《邓小平文选》（第三卷），北京：人民出版社1993年版，第54页。

了现代化建设的美好前景。2007年，对照党的十五大和十六大既定的全面建设小康社会奋斗目标，党的十七大提出新的更高要求。这些新要求既保持了目标的连续性，又根据新的形势和条件进行了充实，使中国式现代化的目标战略更加符合经济社会发展的阶段性特征。

第三，充实完善现代化建设的总体布局。在新中国成立初期，由于理论认识和实践经验的局限，无论是“工业化”还是后来的“四个现代化”，我们党主要是从经济现代化的角度来设定现代化的主要目标。伴随着现代化建设事业的推进，党的十二大在提出开创社会主义现代化建设新局面战略要求的基础上，确立了物质文明和精神文明“两手抓、两手都要硬”的战略方针；党的十三大进一步提出“经济富强、政治民主、精神文明”的现代化建设目标；党的十五大完整提出党在社会主义初级阶段的经济、政治和文化建设基本纲领，将中国特色社会主义事业的发展目标确定为“富强、民主、文明的社会主义现代化国家”；党的十七大根据形势的变化和发展提出“加快推进以改善民生为重点的社会建设”，“四位一体”总体布局与“富强、民主、文明、和谐”的现代化发展目标更好地对接起来。从“两个文明”的确立，到“三位一体”，直至“四位一体”总体布局的形成，中国共产党实现了对中国特色社会主义顶层设计的认识突破和理论升华，彰显出中国共产党人探索社会主义现代化道路的自觉与自信。

第四，揭示中国式现代化的发展动力。实现“四个现代化”的宏伟目标，是新时期全党和全国人民的共同任务和迫切愿望。这样一项十分宏伟的事业，靠什么来推动实现？以邓小平为代表的中国共产党人在深刻总结新中国成立以来经济建设经验教训的基础上，大胆提出改革开放的思想主张。1978年年底，邓小平在中央工作会议闭幕会的讲话中指出：“如果现在再不实行改革，我们的现代化事业和社会主义事业就会被葬送。”[①]他认为，社会主义现代化

① 《邓小平文选》(第二卷)，北京：人民出版社1994年版，第150页。

的伟大目标与社会主义改革之间存在着必然的、重大的关系。搞“四个现代化”，必须进行一系列改革，没有改革，就不可能实现“四个现代化”。改革要贯穿“四个现代化”的整个过程。正是根据邓小平的这些基本思想，中国共产党人以思想观念的革新为先导，以经济发展为龙头，从农村开始，通过不断完善家庭联产承包责任制，调整农村产业结构，极大地解放了农村生产力。在城市进行以增强国有企业活力为中心的全面经济体制改革，通过产业结构调整、第三产业发展，工业产值持续不断提高。同时，锐意推进政治、文化、教育、科技、金融等各个方面的改革，使整个社会发生了深刻的变化。1992年初的“南方谈话”中，在全面谈到社会主义社会的改革开放时，邓小平再次强调:“不坚持社会主义，不改革开放，不发展经济，不改善人民生活，只能是死路一条。”[①]事实证明，改革开放极大地增强了中国的综合国力，为社会主义现代化建设提供了强大动力，大大加速了中国社会主义现代化的进程。

可见，在改革开放和现代化建设时期，以邓小平提出“中国式现代化”的时代命题为标志，中国共产党带领全国人民继续探索中国式现代化发展模式，丰富完善社会主义现代化的总体布局和发展战略，开拓出适合社会主义初级阶段基本国情的“中国式现代化新道路”。改革开放和现代化建设时期取得的辉煌成就，正是这条道路正确性的有力体现。

四　中国特色社会主义新时代党对现代化道路的探索

党的十八大以来，以习近平为代表的中国共产党人在新的发展阶段，围绕新时代如何坚持和发展中国特色社会主义这一重大时代课题，以高超的政治智慧和强烈的使命担当深化对中国式现代化新道路的认识，拓展了现代化理论和实践的探索。

第一，明确了中国式现代化新道路的重大意义。道路决定命运，现代化

① 《邓小平文选》(第三卷)，北京：人民出版社1993年版，第370页。

发展道路没有定于一尊、一成不变的套路。每个国家的历史传统、资源禀赋、制度属性、发展基础和发展势态各不相同，决定了各国发展道路的多样性。习近平指出：“现代化道路并没有固定模式，适合自己的才是最好的，不能削足适履。”[①]中国式现代化新道路是科学社会主义的理论逻辑与中国社会发展历史逻辑的辩证统一，是根植于中国大地、反映中国人民意愿、体现中国特色、符合中国实际的现代化道路。谈到中国式现代化新道路的道路特质和道路优势时，习近平在党的十九届五中全会上作出明确阐述，中国式现代化是人口规模巨大的现代化，是全体人民共同富裕的现代化，是物质文明和精神文明相协调的现代化，是人与自然和谐共生的现代化，是走和平发展道路的现代化。这条中国式现代化新道路，既体现社会主义的本质要求，又具有中国特色的重要特征；既没有简单套用马克思主义经典作家设想的模板，也没有照抄照搬其他社会主义现代化实践的再版，更没有成为西方现代化发展的翻版，它是具有“完全独立自主知识产权的原创版”。这个原创版的意义不仅在于打破了后发现代化国家对原发现代化国家的模式依赖和路径依赖，这一现代化新道路的示范性、优异性和引领性也“给世界上那些既希望加快发展又希望保持自身独立性的国家和民族提供了全新选择”。[②]

第二，丰富了中国式现代化的内涵。中国式现代化的内涵是随着实践的发展和认识的深化不断拓展的。党的十八大将生态文明建设与经济建设、政治建设、文化建设和社会建设一起，拓展为“五位一体”总体布局，实现了我们党在社会主义现代化建设总布局上的又一次突破。“五位一体”总体布局的形成，适应了我国经济社会发展的新要求，标志着中国式现代化建设进入到一个新的发展阶段。党的十九大首次将“美丽”列入社会主义现代化建设

---

① 习近平：《加强政党合作 共谋人民幸福——在中国共产党与世界政党领导人峰会上的主旨讲话》，《人民日报》2021年7月7日，第2版。

② 习近平：《决胜全面建成小康社会 夺取新时代中国特色社会主义伟大胜利——在中国共产党第十九次全国代表大会上的报告》，《人民日报》2017年10月28日，第2版。

的目标层面，体现了中国共产党人对现代化发展的自觉认知。2021年，在庆祝中国共产党成立100周年大会上，习近平明确提出：“我们坚持和发展中国特色社会主义，推动物质文明、政治文明、精神文明、社会文明、生态文明协调发展，创造了中国式现代化新道路，创造了人类文明新形态。”[①]可以看出，中国式现代化，是“五位一体”全面推进的现代化，是物质文明、政治文明、精神文明、社会文明和生态文明全面协调发展的现代化，是富强民主文明和谐美丽的社会主义现代化。“五位一体”总体布局、五大文明建设领域、五大远景奋斗目标，是以习近平为总书记的党中央对现代化建设规律认识的不断深化，使得现代化新道路的发展方向更加明确，现代化强国的目标愿景更加清晰，中国式现代化的内涵更加具体。

第三，推进了中国式现代化的发展战略。从党的十三大制定“三步走”发展战略，到新时代提出“两个一百年”奋斗目标，锚定现代化奋斗目标，中国共产党团结带领全国各族人民接续奋斗、接力奔跑，根据不同发展阶段，与时俱进地制定战略性规划。站在“两个一百年”奋斗目标的历史交汇点上，党的十九大作出将决胜全面建成小康社会作为实现第一个百年目标的战略重点，形成了从全面建成小康社会到基本实现社会主义现代化、再到全面建成现代化强国的“两步走”发展战略。这一战略安排既完整勾画了我国社会主义现代化建设的时间表和路线图，同时将基本实现现代化的时间提前了15年，在提升第二个百年奋斗目标内涵与要求的同时，进一步丰富和发展了中国式现代化新道路的战略安排。为了落实这一战略安排，党的十九届五中全会透彻分析了现阶段中国面临的国际国内机遇与挑战，立足高远、求真务实地将“四个全面”战略布局中排在首位的“全面建成小康社会”调整为“全面建设社会主义现代化国家”。“四个全面”战略布局的新表述，是中国共产党开启全面建设社会主义现代化国家新征程的新方略和总抓手，体现了我们党治国

① 习近平：《在庆祝中国共产党成立100周年大会上的讲话》，《求是》2021年第14期。

理政的长期战略和阶段性目标的有机统一，成为生动续写中国式现代化新道路的又一崭新篇章。

第四，指明了中国式现代化的战略导向。开启全面建设社会主义现代化国家新征程后，究竟如何推进中国式的现代化进程，以习近平为代表的中国共产党人把关注点放在战略导向的制定上，通过确立科学的战略选择，实现对现代化建设的正确引领。首先，正确认识新发展阶段，把握发展机遇。准确研判国家所处的历史方位和发展阶段是我们党制定路线、方针、政策的重要依据。中国仅用几十年时间就取得了现代化建设的辉煌成就，一个重要原因就是牢牢把握了社会主义初级阶段基本国情。经过40余年的改革开放和现代化建设积累，如今中国已经站在一个新的更高历史起点。2021年1月，习近平在党的十九届五中全会精神专题研讨班上的讲话中明确提出，“向第二个百年奋斗目标进军，这标志着我国进入了一个新发展阶段”。[①]新发展阶段是中国共产党审时度势、科学研判的结果，为谋划实现社会主义现代化强国目标提供了根本遵循和发展依据。其次，全面贯彻新发展理念，努力实现高质量发展。社会主义现代化强国的伟大目标直指全方位高质量的发展，高质量发展是我们通向社会主义现代化强国的必由之路。习近平在党的十九大报告中强调指出：“必须坚定不移贯彻创新、协调、绿色、开放、共享的发展理念。”[②]显而易见，新发展理念既是坚持和发展中国特色社会主义的基本方略之一，也是引领我国社会主义现代化建设的指导原则。最后，积极构建新发展格局，努力践行新发展思路。实现现代化是一场接力跑，中国已经跑出了一个好成绩，已迈上全面建设社会主义现代化国家新征程。面对百年未有之大变局，党的十九届五中全会提出“加快构建以国内大循环为主体、国

① 习近平：《深入学习坚决贯彻党的十九届五中全会精神　确保全面建设社会主义现代化国家开好局》，《人民日报》2021年1月12日，第1版。

② 习近平：《决胜全面建成小康社会　夺取新时代中国特色社会主义伟大胜利——在中国共产党第十九次全国代表大会上的报告》，《人民日报》2017年10月28日，第2版。

内国际双循环相互促进的新发展格局”。[①]这一战略部署和历史性决策将重塑中国与世界的经济联结与互动质量，同时也更加明确了我国现代化的路径选择。

可见，进入新时代以来，以习近平为代表的中国共产党人以全新的视野向着实现中华民族伟大复兴的征程继续奋勇前进，对中国式现代化的深远意义、科学内涵、目标蓝图、发展规划、战略导向等方面都增添了新的重要内容，对中国式现代化新道路的认识和探索取得了新的突破性进展。

五　中国共产党探索中国式现代化新道路的经验启示

回望中国共产党探索中国式现代化新道路的百年历程，无论是在历经艰辛的建党初期，还是在曲折中前进的社会主义革命和建设时期；无论是在砥砺奋进的改革开放新时期，还是在风正帆悬的新时代，实现现代化的奋斗目标激励着一代又一代共产党人不懈求索、赓续奋斗。中国共产党百年来积累下来的中国式现代化新道路的历史经验，对于新时代继续推进中华民族伟大复兴和中国特色社会主义现代化建设具有重要的启示和借鉴意义。

（一）必须坚持中国共产党的领导，为实现现代化强国目标提供根本保证

中国共产党的领导是中国特色社会主义最本质的特征，是中国特色社会主义制度的最大优势。作为中国现代化事业的奠基者、引领者、组织者和推动者，中国共产党是中国现代化事业取得成功的根本保障。毛泽东说：“没有中国共产党的努力，没有中国共产党人做中国人民的中流砥柱，中国的独立和解放是不可能的，中国的工业化和农业近代化也是不可能的。”[②]在庆祝建党100周年大会上，习近平明确提出：“办好中国的事情，

① 习近平：《深入学习坚决贯彻党的十九届五中全会精神　确保全面建设社会主义现代化国家开好局》，《人民日报》2021年1月12日，第1版。

② 《毛泽东选集》（第三卷），北京：人民出版社1991年版，第1098页。

关键在党。”[①]这一认识，凝聚了对百年来社会主义现代化建设历史经验的深邃思考和深刻把握。正是因为中国共产党的坚强领导，三大改造顺利完成，奠定了社会主义现代化建设的制度基础，改革开放释放出中国独有的政治优势、制度优势和发展优势，为现代化提供了不竭动力，在中国式现代化新道路进程中完成众多从无到有的壮举。辉煌的历史成就无可置疑地证明，只有坚持中国共产党的坚强领导，才能代表和实现最广大人民群众的利益，才能最广泛、最充分地调动一切积极因素，才能制定出符合中国实际的现代化目标，带领全国各族人民在中国式现代化新道路上不懈奋斗，取得更大的胜利。

（二）必须高举社会主义旗帜，坚定中国式现代化新道路的正确方向

选择决定方向，方向决定前途。选择什么样的道路是一个政治方向性、根本性问题。习近平明确提出：“走自己的路，是党的全部理论和实践立足点，更是党百年奋斗得出的历史结论。”[②]时代和历史的际遇使中国共产党选择了一条不同于西方国家的现代化道路，那就是把现代化普遍规律和中国现代化实践有机结合，把社会主义的制度优势转化为现代化建设的强大效能。回首百年奋斗历程，从建党之初将实现工业化作为自己的历史使命，到改革开放后跟跑、并跑和领跑在现代化的赛道上，中国共产党带领全体人民攻坚克难、奋起直追，实现了中国从“追赶时代”到“引领时代”的巨大转变。进入新时代，在中国共产党的领导下，消除绝对贫困任务的完成，创造了彪炳史册的人间奇迹；“人民至上”的人类文明新形态，中国式的现代化发展道路实现了人类历史上前所未有的大变革。习近平曾语重心长地讲：“道路决定命运，找到一条正确的道路多么不容易，我们必须坚定不移走下去。”[③]百年来的现代

① 习近平：《在庆祝中国共产党成立100周年大会上的讲话》，《求是》2021年第14期。

② 习近平：《在庆祝中国共产党成立100周年大会上的讲话》，《求是》2021年第14期。

③ 中共中央文献研究室编《十八大以来重要文献选编》（上），北京：中央文献出版社2014年版，第83～84页。

化进程无可置疑地证明，社会主义与现代化的有机结合是中国共产党的伟大探索、伟大实践和伟大创造。正是凭借中国特色社会主义的理论优势、政治优势、制度优势和发展优势，中国共产党才带领全国各族人民谱写了现代化建设的壮丽篇章。历史已经证明并将继续证明，中国式现代化新道路走得通、走得对、走得好。

（三）必须坚持以人民为中心的根本立场，为中国式现代化新道路提供价值旨归

以人民为中心是马克思主义的鲜明品格，也是中国式现代化新道路的根本价值取向。习近平指出：“以人民为中心的发展思想，不是一个抽象的、玄奥的概念，不能只停留在口头上、止步于思想环节，而要体现在经济社会发展各个环节。”[①]从中国共产党在诞生之时就发出“为天下劳苦大众谋幸福”的庄严誓言，到党的七大将“全心全意为人民服务”写进党章总纲；从党的十一届三中全会拉开改革开放的大幕，到中国梦成为新时代中国社会最催人奋进的旋律。中国共产党始终秉持马克思主义政党的群众史观这一核心价值，植根于人民，服务于人民，把“以人民为中心”作为实现中华民族伟大复兴和社会主义现代化的立足点和落脚点。在习近平看来，“中国共产党根基在人民、血脉在人民、力量在人民”，[②]可以说，一以贯之的人民至上情怀，已经深深厚植为中国共产党谋划和推进社会主义现代化建设的价值导向。在我们比以往任何时候都更加接近民族复兴伟大理想和现代化美好蓝图之时，必须继续坚持以人民为中心的根本立场。唯有如此，才能真正体现社会主义发展目的和发展手段的高度统一、出发点和落脚点的高度统一，才能确保到21世纪中叶社会主义现代化强国的顺利建成。

---

① 中共中央文献研究室编《习近平总书记重要讲话文章选编》，北京：中央文献出版社2016年版，第401页。

② 习近平：《在庆祝中国共产党成立100周年大会上的讲话》，《求是》2021年第14期。

（四）必须坚持立足于中国国情，为中国式现代化新道路的发展提供基本遵循

中国国情是中国式现代化的根本依据和立足点。中国的现代化是一种后发追赶型现代化，这就要求中国在面对先发现代化国家的领先优势时，必须坚持一切从实际出发，审时度势地制定和实施现代化建设的目标和战略。在新中国成立前夕，正是从中国共产党执政地位转变的实际出发，党的七届二中全会提出了由农业国向工业国转变的基本思想；改革开放之初，正是从社会主义初级阶段的基本国情出发，中国共产党重新审视“四个现代化”的目标，降低原有标准，提出了“中国式的现代化”命题；中国特色社会主义进入新时代，正是从我国发展的新的历史方位出发，党的十九大将基本实现现代化的时间提前了15年，提出了令国人振奋的发展目标。实践证明，立足中国国情，从实际出发来考量和制定实现现代化的目标和规划，能够提振信心、鼓舞民心，不断推动现代化建设迈出坚实步伐。未来30年，要在纷繁复杂的国际形势和激烈竞争中实现从基本实现现代化到全面建成现代化强国的跃升，我们更要立足新发展阶段的现实国情，把握后发国家实现现代化的内在逻辑，抓住用好我国发展的重要战略机遇期，勠力同心续写出社会主义现代化新征程的壮丽诗篇。

（五）必须坚持全面深化改革开放，为中国式现代化新道路持续注入发展动力

改革开放是实现现代化的强大动力。改革开放40多年来，中国人民在富起来、强起来的征程上迈出了决定性的步伐。实践证明，改革开放是党和人民事业大踏步赶上时代的重要法宝，是当代中国最鲜明的特色。在开启社会主义现代化新征程的关键时刻，习近平特别强调：“在整个社会主义现代化进程中，我们都要高举改革开放的旗帜，决不能有丝毫动摇”。[①]唯有坚定不移全

① 中共中央文献研究室编《习近平关于全面深化改革论述摘编》，北京：中央文献出版社2014年版，第10页。

面深化改革，推进国家治理体系和治理能力现代化，才能从根本上破除体制性障碍，奠定社会主义现代化国家所需要的各项制度和体制条件；唯有锐意推进全面扩大开放，奉行和平、发展、合作、共赢的开放战略，才能在激烈的国际竞争中把握先机、赢得主动，不断以现代化的成就造福自己也惠及世界。站在全面建设社会主义现代化国家新征程的历史节点上，我们必须以昂扬的精神状态和前所未有的力度推动改革不停顿、开放不止步，为社会主义现代化强国建设继续提供源源不断的深厚动力，在新的起点上砥砺前行、再创辉煌。

总之，在开启全面建设社会主义现代化强国建设的历史时刻，对中国式现代化新道路进行回顾和梳理，是对近代以来中华民族现代化伟大夙愿的深切回应，也是对中国共产党在百年现代化道路上不断探索创造奇迹的有力证明。展望未来，征途漫漫。我们必须继续保持“咬定青山不放松”的韧劲，继续秉持以人民为中心，永葆初心，牢记使命。唯有坚定不移沿着中国式现代化新道路奋勇前进，方能赓续百年梦想，续写中国式现代化新道路的新篇章。

参考文献

1. 习近平：《在庆祝中国共产党成立100周年大会上的讲话》，《求是》2021年第14期。

2. 中央档案馆编《中共中央文件选集》（第1册），北京：中共中央党校出版社1989年版。

3.《毛泽东文集》（第三卷），北京：人民出版社1996年版。

4.《毛泽东选集》（第三卷），北京：人民出版社1991年版。

5.《毛泽东选集》（第一卷），北京：人民出版社1991年版。

6.《毛泽东文集》（第六卷），北京：人民出版社1999年版。

7. 逄先知、金冲及：《毛泽东传（1949—1976）》（上卷），北京：中央文献出版社2003年版。

8.《周恩来选集》(下卷),北京:人民出版社1984年版。

9.《邓小平文选》(第二卷),北京:人民出版社1994年版。

10.《邓小平文选》(第三卷),北京:人民出版社1993年版。

11. 习近平:《加强政党合作　共谋人民幸福——在中国共产党与世界政党领导人峰会上的主旨讲话》,《人民日报》2021年7月7日。

12. 习近平:《决胜全面建成小康社会　夺取新时代中国特色社会主义伟大胜利——在中国共产党第十九次全国代表大会上的报告》,《人民日报》2017年10月28日。

13. 习近平:《深入学习坚决贯彻党的十九届五中全会精神　确保全面建设社会主义现代化国家开好局》,《人民日报》2021年1月12日。

14. 中共中央文献研究室编《十八大以来重要文献选编》(上),北京:中央文献出版社2014年版。

15. 中共中央文献研究室编《习近平总书记重要讲话文章选编》,北京:中央文献出版社2016年版。

16. 中共中央文献研究室编《习近平关于全面深化改革论述摘编》,北京:中央文献出版社2014年版。

我国应对重大突发事件机制的四维研究

王珊珊

摘　要：在长期应对重大突发事件中，中国共产党形成了一系列应对重大突发事件的体制和机制。其中最重要的是坚持党的领导、调动人民力量、发挥制度优势、运用精神力量。党的领导是应对重大突发事件的根本保障，因为党具有强大的应急处置能力、统筹协调能力、组织动员能力、科技攻关能力；人民力量是应对重大突发事件的核心要素，要坚持以人民为中心、依靠人民的力量，发挥人民军队的中流砥柱作用；制度优势是应对重大突发事件的重要法宝，其中包括以公有制为主体的经济制度、单一制的国家结构形式、爱国统一战线、法律法规；精神力量是应对重大突发事件的思想动力，其中包括人本精神、团结精神和斗争精神。在四者的有机互动下，形成了应对重大突发事件的有效机制，推动国家治理水平不断提升。

关键词：党的领导；重大突发事件；应对机制

2021年迎来中国共产党百年华诞。作为百年大党，中国共产党一路走来，筚路蓝缕，历经磨难。尤其在新中国成立后，中国共产党带领全国人民战洪水、抗地震、防疫情，在应对诸多重大突发事件中不断成长壮大，不断推进理论创新，不断完善体制机制，形成了应对重大突发事件的体制机制。所谓重大突发事件是指突然发生，造成或可能造成严重社会危害，需要采取应急处置措施予以应对的灾害或事件，具有突发性、不确定性和严重社会危害性三个特点，主要包括四大类：自然灾害，如1976年唐山大地震、1987年的大兴安岭火灾、1998年的特大洪水、2008年的汶川地震、2010年的玉树特大地震等；事故灾难，如2003年的重庆开县井喷事故、2005年的松花江重大水污染、2015年的天津滨海新区爆炸等；公共卫生事件，如2003年的“非典”、2008年的三鹿奶粉事件、2020年的新冠肺炎疫情等；社会安全事件，2008年的美国次贷危机、2009年的“7·5”恐怖袭击、2014年的昆明火车站恐怖袭击等。中国共产党带领全国人民战胜发展过程中的磨难和挑战，提升了执政能力、增长了执政智慧，正如习近平总书记所说：“新中国成立后，党和国家始终高度重视应急管理工作，我国应急管理体系不断调整和完善，应对自然灾害和生产事故灾害能力不断提高，成功应对了一次又一次重大突发事件，有效化解了一个又一个重大安全风险，创造了许多抢险救灾、应急管理的奇迹，我国应急管理体制机制在实践中充分展现出自己的特色和优势。”[①]总的来说，中国共产党在百年发展的历程中，吸取这些重大突发事件的经验教训，不断磨砺发展，形成了一套较为有效的应对重大突发事件的体制机制。

一　党的领导是应对重大突发事件的根本保障

中国共产党的集中统一领导是应对重大突发事件的根本保障。习近平总书记在庆祝改革开放40周年大会上的讲话中指出：“中国共产党的领导是中

① 《习近平关于防范风险挑战、应对突发事件论述摘编》，北京：中央文献出版社2020年版，第198页。

国特色社会主义最本质的特征，是中国特色社会主义制度的最大优势。党政军民学，东西南北中，党是领导一切的。正因为始终坚持党的集中统一领导，我们才能实现伟大历史转折、开启改革开放新时期和中华民族伟大复兴新征程，才能成功应对一系列重大风险挑战、克服无数艰难险阻，才能有力应变局、平风波、战洪水、防非典、抗地震、化危机。”①正是因为有了中国共产党的领导，我们才能一次次转危为机、化险为夷，才能取得数次应对重大突发事件的胜利。百年的磨炼捶打中，中国共产党锻造了强大的应急处置能力、统筹协调能力、组织动员能力、科技攻关能力，这些能力成为党有效应对重大突发事件的重要保障。

（一）中国共产党具有较高的应急处置能力

重大突发事件具有偶然性和突发性，但在长期应对此类事件中，党的应急处置能力大大提升，形成若干应急处置特点。第一，反应快速。“灾情就是命令”，无论发生何种重大突发事件都能做到第一时间快速反应，进行及时果断有力的处置，尽最大可能减少伤亡或损失。汶川地震后，时任国务院总理温家宝6小时内抵达震中指挥救灾，要求尽最大努力、采取任何手段、付出任何代价、近百倍努力来抢救生命。第二，把握重点。在应对重大突发事件中，中国共产党始终坚持以人民为中心的基本原则，做到人民至上、生命至上，尽力减少人民的健康、生命、财产和利益损失。在应对处理中始终坚持把握重点，尽全力保护生命健康，减少损失。第三，准备充分。在磨难中成长起来的中国共产党针对不同类型的重大突发事件都做足充分的准备，2005年国务院印发《国家突发公共事件总体应急预案》，2018年成立应急管理部，对各类重大突发事件充分准备，做足预案，努力做到应急处置科学化、专业化、精细化，灾难来临时不慌乱，按部就班地推进应急处置。

---

① 中共中央党史和文献研究院编《习近平关于防范风险挑战、应对突发事件论述摘编》，北京：中央文献出版社2020年版，第242页。

（二）中国共产党具有强大的统筹协调能力

长期的革命、建设、改革实践中，中国共产党在全党、全军和全国各族人民心中形成了极高的威望。在中国共产党的集中统一领导之下，应对重大突发事件实现统一协调、统一调度、统一指挥。中国共产党能够协调各种力量、统筹各种资源，能够做到政令统一、步调一致，并迅速建立运行高效的统一协调指挥体系。党领导应对重大突发事件做到全过程、多方位、成体系。全过程，重大突发事件的事前预防准备、事中处置救援、事后恢复重建和调查评估等全过程都要坚持党的统筹协调领导。多方位，党统筹协调领导应急处置的各个方面，包括生命财产救援、新闻媒体宣传、物资供给保障、道路运输畅通等。成体系，共形成上中下三层统筹协调机制：党中央总揽全局，协调各方，制定有效的应对政策，指挥应急事件处置；党中央派出的中央指导组会同地方政府贯彻落实中央意见，并制定具体措施，推行贯彻落实；基层党组织和一线人员执行具体措施，实施处置救援等具体任务。党的统筹协调落实到全过程、多方位、成体系，做到上下联动，统一协调，把党中央的政令、要求直接贯彻落实到处置救援实际中，保证重大突发事件的科学、高效、迅速救援或处置。

（三）中国共产党具有高效的组织动员能力

习近平总书记说：“我们党是按照马克思主义建党原则建立起来的，形成了包括党的中央组织、地方组织、基层组织在内的严密组织体系。这是世界上任何其他政党都不具有的强大优势。”[①]在面对重大突发事件中，中国共产党坚持从群众中来，到群众中去，充分发挥中央、地方、基层三层组织优势，调动一切可以调动的力量，群众、军队、企业和其他社会力量、志愿组织、专业救援，从顶层到基层，从集体到个人，对全部力量进行统一整合、统筹安排、科学调度，形成应对重大突发事件的有效合力，以达到最佳应对

① 《习近平谈治国理政》（第三卷），北京：外文出版社2020年版，第86页。

效果。尤其在涉及全国人民利益的重大事件中，中国共产党能够把强大的组织动员能力发挥到极致。尤其基层党组织，成为应对重大突发事件的“排头兵”，坚强有力、执行力强的基层党组织在处置任何重大突发事件中都发挥基础性作用。新冠肺炎疫情发生后，在中国共产党的动员组织下，全国的企业、社会组织和个人都被组织动员起来，大家有钱出钱、有力出力、有物资出物资，其余群众自觉在家自我隔离，形成了应对疫情的巨大合力，在全国人民的努力下，疫情得到了有效控制。基层党组织在疫情防控中发挥了重要作用，对组织、统筹、协调疫情防控功不可没。

（四）中国共产党具有强大的科技攻关能力

中国共产党历来十分重视科学技术在经济社会发展中的重要作用。新中国成立后，毛泽东强调只要“我们更多地懂得马克思列宁主义，更多地懂得自然科学……我们的革命工作和建设工作，是一定能够达到目的的”，[①]取得了以“两弹一星”为代表的重大科技攻关成果。改革开放后，中国共产党更加重视科学技术的重要作用，“科技是第一生产力”，落实科教兴国战略，提出“创新是一个国家兴旺发达的不竭动力”，科学的本质就是创新，科学技术是先进生产力的集中体现和主要标志。进入新时代，面对百年未有之大变局，科技更成为变局之中地位不变的重要力量，习近平总书记特别强调科学技术在应对重大突发事件中的重要作用，在抗击新冠肺炎疫情中，他说：“科学技术是人类同疾病斗争的锐利武器，人类战胜大灾大疫离不开科学发展和技术创新。”[②]为科学救治患者，我们不断更新诊疗方案，实施科学的隔离防治措施，“我们注重科研攻关和临床救治、防控实践相协同，第一时间研发出核酸检测试剂盒，加快有效药物筛选和疫苗研发，充分发挥科技对疫情防控的支

---

① 《毛泽东文集》（第六卷），北京：人民出版社1999年版，第393页。

② 中共中央党史和文献研究编《习近平关于防范风险挑战、应对突发事件论述摘编》，北京：中央文献出版社2020年版，第174页。

撑作用"。实践证明，科学技术是应对重大突发事件的最有效手段。不仅疫情防控，中国共产党在抗洪、抗震、火灾等重大突发事件中始终坚持以科技的力量为引领，保证救援科学有序进行。

二　人民力量是应对重大突发事件的核心力量

马克思恩格斯在《共产党宣言》中指出："共产党人不是同其他工人政党相对立的特殊政党。他们没有任何同整个无产阶级的利益不同的利益"，[①]是"为大多数人谋利益的"，最终目标是实现"每个人的自由发展是一切人的自由发展的条件"。[②]中国共产党是工人阶级的先锋队，代表最广大人民的根本利益。从成立的那天起，中国共产党就坚持走群众路线，从群众中来，到群众中去，人民群众就是中国共产党最重要的依靠力量。习近平总书记指出："我们要始终把人民立场作为根本立场，把为人民谋幸福作为根本使命，坚持全心全意为人民服务的根本宗旨，贯彻群众路线，尊重人民主体地位和首创精神，始终保持同人民群众的血肉联系，凝聚起众志成城的磅礴力量，团结带领人民共同创造历史伟业。"[③]在应对重大突发事件中，依然要发挥人民群众的核心力量。

（一）人民群众是中国共产党应对重大突发事件的核心力量

在应对重大突发事件中，坚持依靠人民群众的根本立场。唯物史观认为人民是创造历史的动力。毛泽东说："人民，只有人民才是创造世界历史的动力"，人民群众的智慧和力量是无穷无尽的，要学会向人民群众学习，因为，"人民群众是我们力量的源泉。我们深深知道，每个人的力量是有限的，但只要我们万众一心、众志成城，就没有克服不了的困难"。[④]在应对重大突发事件

① 《马克思恩格斯选集》（第一卷），北京：人民出版社2012年版，第413页。

② 《马克思恩格斯选集》（第一卷），北京：人民出版社2012年版，第422页。

③ 《十九大以来重要文献选编》（上），北京：中央文献出版社2019年版，第429页。

④ 《习近平谈治国理政》（第一卷），北京：外文出版社2014年版，第5页。

中，必须发挥运用依靠人民群众的力量。面对大型传染病，中国共产党调动群众的力量，大搞爱国卫生运动，这是党的群众路线在抗击病毒中的具体落实，也是阻断病源的最有效方式。面对暴恐袭击，习近平总书记说，要“坚持专群结合、依靠群众，深入开展各种形式的群防群治活动，筑起铜墙铁壁，使暴力恐怖分子成为‘过街老鼠，人人喊打’”。[①]坚持走群众路线，发动群众、动员群众，这是最终制胜的底气所在。实践一次次地证明，人民群众是我们应对重大突发事件、战胜各种艰难险阻的核心力量。

（二）人民军队是中国共产党应对重大突发事件的中流砥柱

“党指挥枪”，中国共产党在长期的革命建设实践中锻造了一支“招之即来、来之能战、战之必胜”的人民军队。人民军队来自人民，是应对各种艰难险阻、冲锋在前、确保人民群众生命财产安全的中流砥柱，是阻挡在灾难与人民群众之间的铜墙铁壁。抢险救灾，解救人民群众于水火危难之中是党和人民赋予人民军队和武警部队的光荣使命。广大官兵牢记宗旨、不辱使命，在每一次危机来临的时候，不畏艰险，第一时间冲锋在前，与死神赛跑、与病魔较量，无愧党和人民寄予的厚望。唐山大地震发生后，全军共计投入10多万参与抢险救灾；1998年长江、松花江、嫩江大洪水，共计投入36万名人民解放军和武警官兵，手挽手以血肉之躯阻挡洪水进犯；2003年“非典”时期，全军投入3.7万名战士协助消杀工作，18所部队医院投入救治病患，并率先分离出病原体，研制出检测试剂；汶川特大地震发生后，14.6万重兵挺进汶川，转移受灾群众140万人，救出3338人，投送救灾物资157.4吨；2020年，450名军医大学医生护士星夜驰援，是最早支援武汉的医疗队伍，对缓解武汉医疗资源匮乏，最终抗击疫情胜利发挥了关键作用。习近平总书记对应急救援队伍提出要求：“国家消防救援队伍要对党忠诚、纪律严明、赴汤蹈火、竭

---

① 中共中央党史和文献研究院编《习近平关于防范风险挑战、应对突发事件论述摘编》，北京：中央文献出版社2020年版，第182页。

诚为民，在人民群众最需要的时候冲锋在前，救民于水火，助民于危难，给人民以力量，为维护人民群众生命财产安全而英雄奋斗。"[①]实践证明，在应对重大突发事件中，人民军队是一支冲得上、打不垮、可信赖、能依靠的重要力量。

三　制度优势是应对重大突发事件的重要法宝

中国共产党在长期的治理实践中，逐步形成了具有中国特色的社会主义制度，这些制度是应对重大突发事件的重要法宝。习近平总书记指出："我们要打赢防范化解重大风险攻坚战，必须坚持和完善中国特色社会主义制度、推进国家治理体系和治理能力现代化，运用制度威力应对风险挑战的冲击。"[②]中国特色社会主义的制度优势有许多，其中以公有制为主体的基本经济制度、国家结构形式、统一战线制度、法律制度体系是中国共产党应对重大突发事件独特的制度优势，成为最终成功应对重大突发事件的重要法宝。

（一）以公有制为主体多种所有制并存是应对重大突发事件的制度基础

以公有制为主体多种所有制经济并存是中国共产党建立的具有中国特色，能够发挥社会主义制度优势的制度。尤其在应对重大突发事件时，国有企业在党的领导之下，本着"生命第一，救援为先"的原则全力发挥应对重大突发事件的"排头兵"的作用，保障水、电、交通、通信、物资、能源等优先救援工作。地震发生后，电力部门第一时间恢复通电，通信企业全力抢修尽早恢复通信，交通部门实行限行保障救援车辆通行。重大公共卫生事件发生后，国有制造企业勇担重责，紧急转产生产急需的公共卫生物资，缓解物资匮乏的燃眉之急；公立医院当仁不让，及时清空病房、设置隔离区，收治救

① 中共中央党史和文献研究院编《习近平关于防范风险挑战、应对突发事件论述摘编》，北京：中央文献出版社2020年版，第196页。

② 中共中央党史和文献研究院编《习近平关于防范风险挑战、应对突发事件论述摘编》，北京：中央文献出版社2020年版，第197页。

治感染患者；国有建筑企业一马当先，建隔离医院、方舱病房，为处置工作提供一切的基础设施建设。在应对重大突发事件中，所有的国有资源或企业都会第一时间参与到事件处置中来，提供必要及时有效的资源，这是以公有制为主体的制度体制所具备的独特优势。

（二）单一制国家结构形式是应对重大突发事件的制度优势

我国是单一制的国家结构形式，中央与地方是直接领导与被领导的关系，地方政府要坚决执行中央的命令。地方各级政府之间是友好的"兄弟姐妹"关系，彼此间互帮互助，合作共赢。这种制度形式决定了在重大突发事件发生后，中央的命令能够快速、直接传达到基层，并有效地贯彻落实，做到"一杆子插到底"，实现政令畅通、执行有力、落实充分，确保快速、及时、有效地处理好重大突发事件。对口支援模式源于汶川地震，为支援汶川灾后重建，全国18个省市对口支援四川18个市县，为灾区的迅速恢复重建发挥了重要作用。单一制的国家结构形式是我国能够出色应对各种重大突发事件的重要制度优势。

（三）统一战线制度是应对重大突发事件的制度保障

中国共产党领导的统一战线制度是党的重要制度之一。在革命战争期间，统一战线工作是中国共产党取得革命最终胜利的重要法宝，在社会主义改造和改革开放进行社会主义现代化建设的进程中，统一战线对推进改革发展建设也发挥着十分重要的作用。在应对重大突发事件中，我们党仍然发挥统一战线的重要作用，团结一切可以团结的力量，运用"举国体制"应对"急重险难"事件。在党中央的集中统一领导下，实现全党组织、全军动员、全民参与、全国行动，坚决打好生命救援战、物资保障战、人力组织战、资源调度战，尽全力以最快速度投入抢险救援，努力把损失降低到最低点。

（四）法律制度体系是应对重大突发事件的制度保证

中国共产党始终强调运用法制来治理国家，维护社会的安全和稳定。依法治国是党领导人民治理国家的基本方略，坚持全面依法治国，保证法律法规在国家治理中处于基础和核心地位，日常治理要依靠法律法规，在应对重大突发事件中仍然坚持运用法治方式和法律手段进行处置和处理，保证应对过程的规范、守法，为及时、快速、有效处理重大突发事件提供可靠保证。1989年，邓小平围绕社会安全问题曾说：“要注意方法。特别要抓紧立法，包括集会、结社、游行、示威、新闻、出版等方面的法律和法规。违法的就要取缔。”[①]此后，突发事件的法治进程加快，1989年的《中华人民共和国传染病防治法》（2013年修正）、1996年的《中华人民共和国戒严法》、1997年的《中华人民共和国防震减灾法》（2008年修订）、1997年的《中华人民共和国防洪法》（2016年修正）、1998 年的《中华人民共和国消防法》（2019年修正）、2002年的《中华人民共和国安全生产法》（2021年修正）、2003 年的《突发公共卫生事件应急条例》（2011年修订），2009年的《中华人民共和国食品安全法》（2021年修订）、2010年的《自然灾害救助条例》（2019年修订）等。实践反复证明，面对重大突发事件，依法依规科学有效处置，是最终获胜的最有效途径。

四　精神力量是应对重大突发事件的思想动力

中国共产党始终重视强大精神力量在面对和处理重大事件中的重要作用。习近平总书记强调：“人无精神则不立，国无精神则不强。唯有精神上站得住、站得稳，一个民族才能在历史洪流中屹立不倒、挺立潮头。同困难作斗争，是物质的角力，也是精神的对垒。”[②]在面对重大突发灾难中，中国共产党凝聚强大精神力量，指导应急处置工作向前推进。抗洪精神、抗震救灾精神、抗击“非典”精神、疫情防控精神等，无不体现着中国共产党的价值取向和精神追求。总体而言，中国共产党在应对重大突发事件中，展现了生命至上精

① 《邓小平文选》（第三卷），北京：人民出版社1993年版，第286页。

② 习近平：《在全国抗击新冠肺炎疫情表彰大会上的讲话》，《求是》2020年第20期。

神、团结一心精神、不畏艰险精神等精神品格。这些精神是中国共产党的价值取向与中华民族精神在面对重大突发危险时的集中表现，是党带领全国人民战胜重大险情的重要精神力量。

（一）人本精神是中国共产党应对重大突发事件的底线思维

马克思恩格斯认为：“人民群众是历史的真正创造者，人民群众在历史的创造过程中处于主体地位。”[①]无产阶级政党始终把人民群众放在推动历史发展的中心地位。中国共产党没有自己的特殊利益，而是始终代表最广大人民的根本利益。中国共产党从成立那天起就肩负起为人民谋幸福、为民族谋复兴的历史重任，100多年的发展进程中始终不忘初心，牢记使命，坚持一切为了人民，以人民为中心。在应对重大突发事件中，中国共产党始终坚持生命至上的价值取向，始终坚持并贯彻落实人本精神。面对突发重大事件，中国共产党始终把维护人民的生命健康、共同利益作为应对处置的根本原则。比如，唐山大地震的“优先救人、先重后轻”，汶川地震的“有百分之一的可能就要尽百分之百的努力”救治生命，新冠肺炎疫情的“人民至上，生命至上”，习近平总书记说：“我们党没有自己特殊的利益，党在任何时候都把群众利益放在第一位。这是我们党作为马克思主义政党区别于其他政党的显著标志。在重大疫情面前，我们一开始就鲜明提出把人民生命安全和身体健康放在第一位。”[②]无论是在“非典”、地震、新冠肺炎疫情中，所有患者接受免费治疗、免费救治，全民免费接种疫苗，践行中国共产党的人民立场，以人民为中心的发展理念体现在党和国家发展中的每一步。

（二）团结精神是中国共产党应对重大突发事件的力量源泉

在应对重大突发事件中，中国共产党团结全国人民，万众一心、众志

---

① 《马克思恩格斯全集》（第二卷），北京：人民出版社1972年版，第34页。

② 中共中央党史和文献研究院编《习近平关于防范风险挑战、应对突发事件论述摘编》，北京：中央文献出版社2020年版，第165～166页。

成城。马克思在总结第一国际的经验时指出：“国际的一个基本原则——团结。如果我们能够在一切国家的一切工人中间牢牢地巩固这个富有生气的原则，我们就一定会达到我们所向往的伟大目标。”[①]团结是我们党的生命所系、力量所在，讲团结既是核心组织目标也是重要工作方法，既是明确纪律要求也是鲜明政治文化。团结一切可以团结的力量是应对各种重大突发事件的重要力量源泉。在面临重大突发事件时，在中国共产党的领导和组织下，举国同心、万众一心、众志成城、团结互助。在面临新冠肺炎疫情的重大灾难时，习近平总书记说：“面对生死考验，面对长时间隔离带来的巨大身心压力，广大人民群众生死较量不畏惧、千难万险不退缩，或向险而行，或默默坚守，以各种方式为疫情防控操心出力。长城内外、大江南北，全国人民心往一处想、劲往一处使，把个人冷暖、集体荣辱、国家安危融为一体，‘天使白’‘橄榄绿’‘守护蓝’‘志愿红’迅速集结，‘我是党员我先上’‘疫情不退我不退’，誓言铿锵，丹心闪耀。14亿中国人民同呼吸、共命运，肩并肩、心连心，绘就了团结就是力量的时代画卷！”[②]洪水、地震、火灾、疫情、暴恐，任何困难也打不倒团结一心的中国人民，这是党带领人民应对各种艰难挑战的最大底气所在。

（三）斗争精神是中国共产党应对重大突发事件的精神支柱

中国共产党从苦难中走来，一路披荆斩棘、流血牺牲，在重重困难和苦难面前，本着顽强的斗争精神，不屈不挠、不畏艰险、不懈抗争，“艰难困苦，玉汝于成”，磨炼了钢铁般的意志，形成了打不垮、斗不破，坚定信念、敢于胜利的斗争精神。“人是要有一点精神的。”斗争精神是我们党赢得过往胜利的重要法宝，也必将是我们党赢得新的伟大斗争的有力思想武器。党要团结带领人民有效应对重大挑战、抵御重大风险、克服重大阻力、解决重大矛盾，

① 《马克思恩格斯全集》（第十八卷），北京：人民出版社1964年版，第180页。

② 习近平：《在全国抗击新冠肺炎疫情表彰大会上的讲话》，《求是》2020年第20期。

就必须继承和发扬好斗争精神，敢于迎难而上、动真碰硬，善于攻坚克难、善作善成。在应对重大突发事件中，正如习近平总书记所说：“防范化解重大风险，需要有充沛顽强的斗争精神。”① 在面对重大突发事件时，中国共产党带领全国人民迎难而上、不畏艰险，本着“越是艰险越向前”的精神，与灾难赛跑、与病魔较量。无论是地震、洪水、疫情、火灾，参与处置的一线人员敢于吃苦、甘于奉献、不怕牺牲、顽强拼搏、敢于胜利，为最终成功应对重大突发事件提供强大的精神力量。这种精神力量是我们成功应对各类重大突发事件，克服各种重重困难，最终走向胜利的关键所在。

参考文献

1.《马克思恩格斯选集》（第一卷），北京：人民出版社2012年版。

2.《马克思恩格斯全集》（第二卷），北京：人民出版社1972年版。

3.《毛泽东文集》（第六卷），北京：人民出版社1999年版。

4.《邓小平文选》（第三卷），北京：人民出版社1993年版。

5.中共中央党史和文献研究院编《十九大以来重要文献选编（上）》，北京：中央文献出版社2019年版。

6.《习近平谈治国理政》（第一卷），北京：外文出版社2014年版。

7.《习近平谈治国理政》（第二卷），北京：外文出版社2018年版。

8.《习近平谈治国理政》（第三卷），北京：外文出版社2020年版。

9.中共中央党史和文献研究院编《习近平关于防范风险挑战、应对突发事件论述摘编》，北京：中央文献出版社2020年版。

10.习近平：《在全国抗击新冠肺炎疫情表彰大会上的讲话》，《求是》2020年第20期。

① 中共中央党史和文献研究院编《习近平关于防范风险挑战、应对突发事件论述摘编》，北京：中央文献出版社2020年版，第217页。

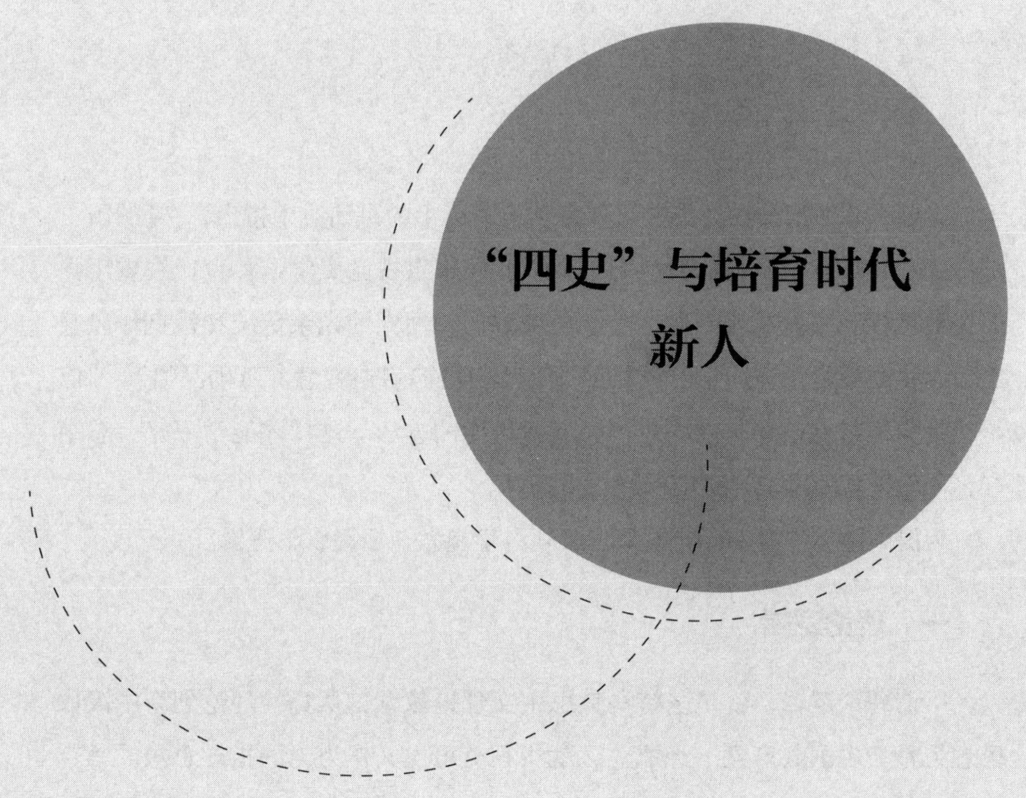

“四史”与培育时代新人

党史教育中培养时代新人的逻辑

刘慧敏

习近平总书记《在党史学习教育动员大会上的讲话》中指出，“党的历史是最生动、最有说服力的教科书。我们党历来重视党史学习教育，注重用党的奋斗历程和伟大成就鼓舞斗志、明确方向，用党的光荣传统和优良作风坚定信念、凝聚力量，用党的实践创造和历史经验启迪智慧、砥砺品格”。[①]但是，党史学习要把握其内在规律，施以科学的方法，这样才能学习好、总结好，才能把党的成功经验传承好、发扬好。

为提高党史学习教育的效果，必须科学施教，把握以下逻辑。

一　理论逻辑

所谓理论逻辑，就是坚持马克思主义理论教育，从党的理论创新中汲取思想力量。中国共产党一经成立，就将马克思主义作为党的指导思想。马克思主义深刻揭示了自然界、人类社会、人类思维发展的普遍规律，为人类社会发展进步指明了方向，作为一种“伟大的认识工具”，马克思主义为全人类认识世界、改造世界提供了强大的思想武器，成为引领人们思想的光辉旗

① 习近平：《在党史学习教育动员大会上的讲话》，《求是》2021年第3期。

帜，是指引中国共产党人立党立国、强党强国的科学指南，也成为中国共产党领导中华民族伟大复兴的指导思想。正如习近平所指出的“在人类思想史上，还没有一种理论像马克思主义那样对人类文明进步产生了如此广泛而巨大的影响”。[①]因此，在党史学习教育中坚持理论逻辑，首先就是要教育广大党员深入系统地学习马克思主义理论，用科学的世界观、方法论武装全体党员的头脑。

列宁曾经指出：“没有革命的理论，就不会有革命的运动”。为寻求救国救民的真理和道路，中国的革命先行者曾做出巨大牺牲，中国共产党人进行了不懈的探索。五四运动时期，各种社会思潮迭起，无政府主义、实用主义、空想社会主义等不同程度吸引了当时的爱国青年。一些人还进行了实践体验，例如，革命先驱陈独秀的儿子陈延年为了实践无政府主义而创办的“工读互助社”，但是两个月后就失败了。1920年5月，青年毛泽东受乌托邦主义（大同世界）和无政府主义的影响，经过北京的半年之旅，各种思想在他脑海中激烈碰撞。后来应彭璜之约，与湖南第一师范的同学张文亮等一起在上海试验工读生活。在附近租了几间房子，共同做工，共同读书，有饭同吃，有衣同穿。同样，一个月后宣告失败。后来他对美国记者说：“在那个时候，我的思想就是自由主义、无政府主义、民主主义、改良主义、空想社会主义等各种思想的大杂烩、大混沌。我憧憬着‘十九世纪的民主’、乌托邦主义和古典的自由主义，但是我反对军阀和反对帝国主义是明确无疑的。”尽管这种理论结合实践的行为值得学习和赞扬，但是充分反映出当时中国知识分子内心的矛盾与混乱。十月革命一声炮响，给我们送来了马克思主义，使苦苦寻求救国良方的中国先进知识分子看到了一条崭新的道路和救国救民的真理，中国人民开始用无产阶级的宇宙观作为改变国家命运的工具，重新考虑自己的问题。1921年，中国共产党诞生了。100多年的实践证明，马克思主义对于中国

① 习近平：《在纪念马克思诞辰200周年大会上发表重要讲话》，《求是》2021年第3期。

人民和中国共产党来说，是安身立命的真理。有无马克思主义、坚持与否决定着中国人民和中国共产党的前途命运。所以，从追寻中国共产党的理论逻辑可以得出一个重要结论：只有马克思主义能够救中国。

我们的党历来重视理论教育。早在五四运动时期，李大钊就在北大秘密发起成立马克思学说研究会，把经过五四运动锻炼的优秀青年组织起来，进一步学习、研究和传播马克思主义。毛泽东1918年10月从湖南来到北京大学担任图书管理员时，参加了陈独秀、李大钊发动的五四运动的多种活动，也就是在这一时期阅读了中文版《共产党宣言》。1919年，他回到长沙创办了当时在湖南省内外产生重大影响的革命刊物《湘江评论》，自此开始了他指点江山、激扬文字的报刊活动生涯。引兵井冈山后，毛泽东通过推动马克思主义理论的宣传，组织开办红军教导队，在百忙中挤出时间亲自为学员上政治课，讲马克思主义，进行无产阶级思想教育，提高大家对在敌人统治薄弱地区建立政权的认识，使井冈山根据地不断壮大。土地革命战争时期，毛泽东不断把马克思主义运用到革命斗争的实践中，指引广大红军官兵从伟大理论中吸取营养，战胜艰难险阻，激励斗志。长征途中，毛泽东非常重视对广大红军将士的马克思主义教育，组织指导红军印制出版了《前进报》《战士报》《干部必读》等报刊，还印制了《马克思主义浅说》《出路在哪里？》《中国共产党中央委员会告民众书》《中国共产党十大政纲》等小册子，向沿途群众传播革命火种。

随着经济全球化和改革开放的深入发展，社会思潮呈现日益多元化的倾向：中西文化的冲突、融合以及各种价值观念的碰撞和重组。面对日益繁重的改革任务，一些人的思想理论和价值观念出现了迷茫，存在着“理论空白”或“理论偏差”。我们党开展的党史学习教育活动，就是要深入学习贯彻习近平新时代中国特色社会主义思想，团结带领全国各族人民为实现伟大梦想共同奋斗。

思想建党是党建之源，只有抓好理论武装，才能确保思想理论不落伍。

在学习教育活动中，要教育引导全党从党的非凡历程中领会马克思主义是如何深刻改变中国的，感悟马克思主义的真理力量和实践力量，深化对马克思主义既一脉相承又与时俱进的理论品质的认识，深刻学习领会新时代党的创新理论，坚持不懈用党的创新理论最新成果武装头脑、指导实践、推动工作。

二　历史逻辑

所谓历史逻辑，就是通过党史学习教育使广大党员了解中国共产党百年奋斗的历史过程，审视我们的初心和使命，充分认识人类社会发展的一般规律和中国共产党领导社会主义胜利的合规律性与合目的性的统一，从而激励广大党员的意志，坚定我们的信念。

中国共产党百年历史，承载着中国共产党带领中国人民100年艰苦奋斗的光辉业绩，同时也有艰难曲折。“‘虽有智慧，不如乘势。’了解历史才能看得远，理解历史才能走得远。要教育引导全党胸怀中华民族伟大复兴战略全局和世界百年未有之大变局，树立大历史观，从历史长河、时代大潮、全球风云中分析演变机理、探究历史规律，提出因应的战略策略，增强工作的系统性、预见性、创造性。”①

中国共产党诞生后，中国人民有了坚强的领导核心，中国革命有了正确的前进方向，中国的命运迎来光明前景。正如毛泽东所说：“一九二一年产生了中国共产党，中国就改变了方向，五千年的中国历史就改变了方向。”②“自从有了中国共产党，中国革命的面目就焕然一新了。”③

百年风雨，艰苦奋斗。中国共产党自诞生之日起，始终以人民为中心，坚持全心全意为人民服务的宗旨，人民至上是我们党的最高价值追求，其根

---

① 习近平：《在纪念马克思诞辰200周年大会上发表重要讲话》，《求是》2021年第3期。

② 《毛泽东文集》（第三卷），北京：人民出版社1996年版，第397页。

③ 《毛泽东选集》（第四卷），北京：人民出版社1991年版，第1357页。

本价值理念就是肩负起实现中华民族复兴的历史使命。中国共产党履行自己的初心和使命，100多年不畏艰难困苦，勇于自我革命、敢于斗争，更是走出了一条敢于胜利的中国特色社会主义道路。在迎来庆祝中国共产党成立100周年的重要时刻，回顾党的百年奋斗历程和共和国的历史，重温我们党领导全国人民走过的由站起来、富起来到强起来的艰难历程和共产党人矢志不渝的价值追求，可以提升我们不忘初心、牢记使命的责任感。从追寻中国共产党的历史逻辑可以得出一个重要结论：只有中国共产党能够救中国。

三　现实逻辑

通过动力变革推动经济质量变革与效率变革。习近平总书记在党的十九大报告中指出：“经过长期努力，中国特色社会主义进入了新时代，这是我国发展新的历史方位。”[①]这一科学判断概括了中华民族的伟大飞跃，坚定了中国共产党的时代使命，对于准确把握当代中国的历史方位，以坚定自信的姿态开启新时代中国特色社会主义建设的伟大征程，具有重要意义。党史学习教育的时代维度，就是要教育广大党员认清时代特征，明确时代使命，担起时代重任。进入新时代，我们面临的主要任务是什么？ 党的十九大报告中指出，中国共产党人的初心和使命就是“为中国人民谋幸福，为中华民族谋复兴”。把我国建设成为富强、民主、文明的社会主义现代化国家，实现中华民族的伟大复兴的中国梦，就是中国共产党在新时期的任务，这个初心和使命是激励中国共产党人不断前进的根本动力。

实现中华民族伟大复兴是中国共产党的崇高历史使命。1921年，中国共产党成立之后，就团结带领人民找到了一条以农村包围城市、武装夺取政权的正确革命道路，经过28年艰苦卓绝的斗争，打败了日本帝国主义，推翻了国

---

① 习近平：《决胜全面建成小康社会　夺取新时代中国特色社会主义伟大胜利——在中国共产党第十九次全国代表大会上的报告》，新华网，2017年10月27日。

民党的反动统治，完成了新民主主义革命，成立了中华人民共和国，使中国人民从此“站起来”了，实现了民族独立、人民解放、国家统一、社会稳定的局面。改革开放后，开辟了中国特色社会主义道路，极大地解放和发展了社会生产力，经过40多年的努力，增强了综合国力，提高了人民生活水平，2020年，我国全面建成小康社会，脱贫攻坚战取得了全面胜利，完成了从“站起来”到“富起来”的历史飞跃。经过长期艰苦努力，中国特色社会主义进入了新时代。习近平在党的十九大报告中指出：“中国特色社会主义进入新时代，意味着近代以来久经磨难的中华民族迎来了从站起来、富起来到强起来的伟大飞跃，迎来了实现中华民族伟大复兴的光明前景。”[①]从党的十九大到党的二十大，是“两个一百年”奋斗目标的历史交汇期。我们既要全面建成小康社会、实现第一个百年奋斗目标，又要乘势而上开启全面建设社会主义现代化国家新征程，向第二个百年奋斗目标进军。目前，第一个百年目标已经实现党正在领导我们奔向“强起来”的宏伟目标，完成中华民族的伟大复兴历史使命。我们比历史上任何时期都更接近、更有信心和能力实现中华民族伟大复兴的目标。从追寻中国共产党的现实逻辑可以得出一个重要结论：只有社会主义才能救中国。

忠实履行党和人民赋予的新时代使命任务是每一位党员义不容辞的责任。在中国特色社会主义新时代，要把我国建成富强民主文明和谐美丽的社会主义现代化强国，广大党员干部要发挥好中坚力量的作用，全党同志要不忘初心、牢记使命，不负人民重托、无愧历史选择，在新时代中国特色社会主义的伟大实践中，奋力谱写新的壮丽篇章。

首先，加强执政党建设，保持党的先进性。红色传统和红色基因记录了一代又一代中国共产党人追梦的历史，是中国共产党人集体智慧的结晶，蕴含着丰富的政治智慧和道德滋养，是提升广大党员、干部党性修养、思想境

---

① 习近平：《决胜全面建成小康社会　夺取新时代中国特色社会主义伟大胜利——在中国共产党第十九次全国代表大会上的报告》，新华网，2017年10月27日。

界、道德水平等最好的营养剂。在新的形势下，继承和弘扬红色文化，对于全面加强党的建设，完成党的执政使命，实现中华民族伟大复兴的中国梦具有十分重要的理论和现实意义。其次，牢固树立社会主义核心价值体系，建设社会主义文化强国。文化是民族生存和发展的重要力量，是一个国家和民族的灵魂，更是凝聚民族精神的纽带。加强红色历史教育，继承红色基因，把党在创建、发展、壮大过程中形成的优良品质和革命精神内核与新的时代条件紧密结合起来，不断培育和弘扬社会主义核心价值观，发挥中国特色社会主义文化的深厚底蕴，坚定文化自信，建设文化强国。最后，加快推进社会主义现代化，实现中华民族伟大复兴。在奋力夺取全面建设社会主义现代化国家伟大胜利的新征程上，红色文化作为中国特色社会主义文化的组成部分，其所蕴含的我们民族宝贵的精神品格和崇高的价值追求，是我们党、我们国家、民族、人民、军队团结一心、干事创业、不断推进改革开放和社会主义现代化建设，实现中华民族伟大复兴中国梦的强大精神力量和道德支撑。

总之，深刻理解和把握党史学习教育的逻辑，对于提高学习教育的实效性具有重要作用，是依据马克思主义基本原理，对中华优秀传统文化、优秀革命文化的继承、发展与创新；是牢固树立社会主义核心价值观，坚定文化自信，建设文化强国的理论基础；是全面加强党的建设，推进改革开放和社会主义现代化建设、实现中华民族伟大复兴中国梦的强大精神力量和道德支撑。

参考文献

1. 习近平：《在党史学习教育动员大会上的讲话》，《求是》2021年第3期。

2.《毛泽东文集》（第三卷），北京：人民出版社1996年版。

3.《毛泽东选集》（第四卷），北京：人民出版社1991年版。

4. 习近平：《决胜全面建成小康社会 夺取新时代中国特色社会主义伟大胜利——在中国共产党第十九次全国代表大会上的报告》，新华网，2017年10月27日。

"四史"教育对大学生进行理想信念培养的作用及实践路径

吴　琼

摘　要：“四史”教育以党史、国史、改革开放史和社会主义发展史为主要教育内容，为培养大学生坚定的理想信念提供了宝贵素材和资源。“四史”教育政治方向鲜明、内容指向明确、价值意蕴深厚，对培养大学生理想信念具有廓清思想迷雾，树立正确历史观；强化政治认同，坚定“四个自信”；融合“大我”与“小我”，增强社会责任感；促进知行合一，培养奋斗精神的重要作用。可以通过用好思政课堂、组织社会实践、优化校园环境、丰富信息手段，进一步提升“四史”教育对培养大学生理想信念的实效性。

关键词：“四史”教育；大学生；理想信念

2020年6月，习近平在给复旦大学青年师生党员的回信中强调：“希望广大党员特别是青年党员认真学习马克思主义理论，结合学习党史、新中国史、改革开放史、社会主义发展史，在学思践悟中坚定理想信念，在奋发有为中践行初心使命。”[①]“四史”内容丰富、意蕴深厚，具有深刻的历史逻辑、理论逻辑、实践逻辑，不仅对于党员树立崇高理想信念具有必要性，而且也是广大青年学生成长成才的重要精神财富。当代大学生是国家和民族的未来，必须心怀崇高理想信念，才能在人生道路上不惧艰难、一往直前，才能以舍我其谁、敢为人先的精神接力中国特色社会主义伟大事业。用“四史”开展教育，就是使大学生积极践行党带领人民在革命、改革和建设中形成的百折不挠、英勇无畏的伟大精神，从而坚定理想信念，认同“四个自信”，担当民族复兴的时代重任。

一 “四史”教育的内容与特征

“四史”教育就是进行党史教育、国史教育、改革开放史教育和社会主义发展史教育，“四史”教育是一个整体，它们之间接续传承、融会贯通，呈现政治方向鲜明、内容指向明确、价值意蕴深厚等特征。

（一）“四史”教育的内容

1. 党史教育

中国共产党的历史是一部可歌可泣的伟大奋斗史。从1921年建党之日起，中国共产党就以马克思主义为指导，坚持与我国实际情况相结合，不断推进革命、建设和改革，始终遵循人民利益至上的理念，为人民的美好生活布局谋篇。在党的坚强带领下，中华大地发生了深刻变化，当今之中国令世界瞩目。百年沧桑巨变、风云变幻，党始终坚守初心和使命，在推进民族独立、国家富强和振兴的过程中，实现了马克思主义中国化的不断飞跃，产生了一系列思想理论成果。这些理论成果闪烁着我们党不断总结经验教训、勇于开拓道路的智慧之光，是指引我们在未来走得更好、更远的宝贵精神财富。进

① 习近平：《在学思践悟中坚定理想信念 在奋发有为中践行初心使命》，《人民日报》2020年7月1日，第1版。

行党史教育，就是要深刻理解人民选择中国共产党的原因，始终坚持党的核心领导，坚信我们党能够带领全国人民取得一个又一个胜利，坚信我们党能够带领全国人民过上更加美好的生活，奔赴日益光明的前景。

2. 新中国史教育

新中国史，是1949年新中国成立以来，在党的领导下巩固新民主主义革命成果、推进社会主义革命和建设，使中华民族重新屹立于世界民族之林的辉煌历史。新中国成立后，党科学研判国内国外大势，正确分析和处理社会矛盾，建立了适合我国国情的国体、政体以及社会基本制度，在实践探索中开拓前行，不断推进现代化建设，在短短几十年的时间内取得了举世震惊的成就。进行新中国史教育，就是要深刻理解新中国成立后取得的历史性成就，科学判断世情国情党情，把握我国时代发展方位、社会发展矛盾；深化对社会发展规律的认识，正确评价改革开放前后两个阶段的关系，用辩证的眼光看待我国社会发展的前进性和曲折性，吸取经验教训，坚定我国走中国特色社会主义道路的信心。

3. 改革开放史教育

改革开放史，是自1978年党的十一届三中全会以来，党实行改革开放历史性决策，不断深化改革，使人民生活水平极大改善、综合国力显著增强、国际话语权日益提高的历史。改革开放后，我国建立了社会主义市场经济体制，解放观念、实事求是，以经济体制改革带动各领域改革，不断提升国家治理能力和治理水平。在党的领导下，我国人民逐步实现了从温饱到小康生活的飞跃，中国共产党用实际行动践行了为人民服务的宗旨和承诺。进行改革开放史教育，就是要深刻理解党在面对日新月异、风云激荡的国内外环境时，能够以非凡的政治智慧和超前的发展眼光，带领新中国逐步走出了一条具有中国特色的正确道路，使中国日益走近世界舞台中央。此外，在改革开放的过程中孕育出了诸多昂扬向上的民族精神和时代精神，如特区精神、抗洪精神、航天精神等，学习这些伟大精神，是大学生坚定理想信念、做中国特色社会主义的建设者、承担历史使命的必修内容。

4. 社会主义发展史教育

社会主义发展史，是社会主义从空想到科学、从理论到实践、从一国到多国的历史。马克思的两大发现——唯物史观和剩余价值学说，使社会主义由空想变为科学。我国新民主主义革命是世界社会主义革命的一部分，社会主义新中国的成立成为世界社会主义阵营的重要力量。如今我国进入了新时代，巨大的发展成就和光明的发展前景使“历史终结论”不攻自破，在世界上高高举起了中国特色社会主义的伟大旗帜，人类命运共同体、“一带一路”建设等为世界发展提供了中国智慧和中国方案。进行社会主义发展史教育，就是要看到当今社会主义中国的历史性变化和取得的非凡成就，深刻认识我国国情，把握社会主义基本矛盾的变化，坚持科学社会主义，走中国特色社会主义道路。

（二）“四史”教育的特征

1. 政治方向鲜明

“四史”包含中国共产党带领中华儿女为争取民族独立、人民解放的革命史，包含中国共产党为人民谋幸福、为民族复兴的建设和改革史。中国共产党既心怀共产主义远大理想，又在各个时期提出了具体的阶段性的奋斗目标，并持之以恒地付出不懈努力、攻坚克难。直至今日，党领导下的社会主义各项事业蓬勃发展，完成了全面脱贫、全面建成小康社会的具有载入人类史册意义的艰巨性任务，中国发生了翻天覆地的变化。百年的奋斗历程，彰显了中国共产党“敢叫日月换新天”的凌云壮志，遵守了以人民为中心、人民利益至上的庄严承诺，确证了我国坚持马克思主义、坚定不移走中国特色社会主义道路的政治选择，在世界上成功树立起了科学社会主义的光辉旗帜。“四史”究其本质而言，即是一部慷慨激昂、浴火重生的政治奋斗史。正是中国共产党以高瞻远瞩的视野进行了正确的政治选择，我国才有了今日让世人瞩目的辉煌成就。“四史”教育体现了鲜明的政治方向性，进行“四史”教育，就是要讲好今日生活来之不易，使人们深刻认同党的执政地位，要听党话、跟党走；要深刻理解中国制度的优越性和走中国道路的正确性，使人们认识到爱党、爱国与爱社会主义是高度统一的。进行“四史”教育，就是要达到全国人民信任党、拥护党、热爱党及为党为国甘于奉献，坚决贯彻执行党的路线方针政策的目的，使人们自觉投入到党领导的中国特色社会主义各项事业之中。

2. 内容指向明确

“四史”教育就是以党史、国史、改革开放史和社会主义发展史为主体，在内容上具有明确性和针对性，有助于增强大学生为党为国家为人民做出伟大贡献和不断拼搏奋进、创新发展的责任认识。党史教育，就是以百年党的奋斗历程为核心，宣传党是如何从风云激荡的革命年代，凭借顽强的精神毅力和坚定不移的理想信念创立了新中国，使新中国实现了从无到有、从落后贫穷到经济腾飞、从站起来到强起来的巨大飞跃。百尺竿头更进一步，中流击水正当其时。中国共产党人仍以实际行动践行着对每一个中国人的承诺，仍以风雨无阻的奋发姿态带领中国人民开辟更加光明的未来。新中国史教育，就是向大众传播70多年来新中国茁壮成长、自强不息、勇立时代潮头的历史。在广袤的神州大地上，我国完成三大改造，确立了社会主义基本制度；推动改革开放，精彩演绎并续写着“春天的故事”；推进“一带一路”建设，同国际上其他国家一道协同发展、合作共赢，国际地位显著提高；实现了第一个百年奋斗目标，创造了反贫困斗争的中国奇迹。新中国史教育，就是以中国崛起的生动现实增强大学生爱党爱国的自豪感和荣誉感。改革开放史教育，就是深刻理解40多年来社会主义制度的自我完善和发展，深刻理解建设中国特色社会主义的重要意义，尤其是党的十八大以来，党在带领全国人民在各个领域不断深化改革、开启改革开放新征程中的重大作用。社会主义发展史教育，就是宣传教育世界社会主义500多年的壮丽图景，深刻理解中国特色社会主义居于其中的重要地位，面临风云激荡的世界局势，坚信在中国共产党的正确领导下，社会主义一定能够乘风破浪焕发新生机。

3. 价值意蕴深厚

“四史”教育蕴含着深厚的精神价值和文化底蕴。中国共产党百年历程中，"涌现了一大批视死如归的革命烈士、一大批顽强奋斗的英雄人物、一大批忘我奉献的先进模范，形成了一系列伟大精神，构筑起了中国共产党人的精神谱系，为我们立党兴党强党提供了丰厚滋养"。[①]在革命年代，数不尽的仁人志士为抵御外辱、夺取革命胜利无私忘我，舍小家为大家，才有了后来崭新的中国，在此过程中涌现出的一个个革命事迹，淬炼出艰苦奋斗、可歌可泣的"红色精神"和"红色文化"，如井冈山精神、长征精神、西柏坡精神；新中国成立后，面对贫瘠荒芜的神州大地，党带领人民开拓创新、攻坚克难、自强不息，坚定不移走自己的路，形成了"两弹一星"精神、红旗渠精神、大庆精神，社会主义中国在世界上冉冉升起，并持续迸发出强劲的中国力量；实行改革开放以来，中国共产党坚持解放思想、实事求是，用实践证明了走中国特色社会主义道路的正确性，在坚持和完善社会主义制度的过程中，铸就了伟大的特区精神、脱贫攻坚精神等，这些精神是不断深化改革、勇于自我革命、开创未来新局面的强大精神支撑和动力；社会主义发展史中，成功与挫折并存，机遇与挑战并存，通过透视世界社会主义发展史，深刻认识三大规律，用马克思主义的世界观和方法论去认识世界、改造世界，坚持唯物主义立场。"四史"中包含了丰富的民族精神和时代精神，它们构筑起我们党和中华儿女的精神谱系，是中华民族迈向新征程、开拓新路径的精神法宝，对其赓续与传承是大学生责无旁贷的使命任务。

二 "四史"教育对培养大学生理想信念的重要作用

当今时代正处于百年未有之大变局，多种社会思潮纷纭激荡，深刻影响着大学生历史观的形成。学史明理、学史增信，只有通过学习"四史"，才能

---

① 《习近平在党史学习教育动员大会上强调 学党史悟思想办实事开新局 以优异成绩迎接建党一百周年》，《人民日报》2021年2月21日，第1版。

抵御错误历史观，才能在中国特色社会主义的道路上坚定前行。“四史”教育对于培养大学生坚定的理想信念具有以下几方面重要作用。

（一）廓清思想迷雾，树立正确历史观

随着科技的创新发展，信息泛滥，对大学生的思想造成了混乱和困扰，严重影响着大学生正确历史观和崇高理想信念的确立。同时，大学生还处于世界观、价值观、人生观的确立阶段，思想、心理尚未成熟，面对各种信息无法正确辨别，容易被误导。为廓清思想迷雾，解决大学生思想的混乱问题，需要树立正确历史观，以正视听，“四史”教育有助于大学生掌握认识历史、分析历史的正确方法，从而“准确把握党史、新中国史、改革开放史、社会主义发展史的主题主线、主流本质”，[①]全面辩证地看待历史人物与历史事件、社会主义建设过程中出现的错误和曲折；有助于大学生正确认识党的历史、社会主义的历史，旗帜鲜明地反对历史虚无主义，明晰我国走中国特色社会主义道路的正确性与合理性，坚定共产主义远大理想信念。

（二）强化政治认同，坚定“四个自信”

“政治认同是人们对于政权的赞同态度、支持行为及由此产生的对政权代表的国家的心理归属感。”[②]强化政治认同，有助于增强大学生对党和国家的热爱，对我国高举社会主义旗帜的自豪感和使命感，自觉规范自己的行为。通过党史教育，详细梳理党从成立至今不断壮大的发展过程，有利于使大学生深刻认识到党的宗旨和性质，认识到党始终秉承为人民服务、以人民为中心的宗旨和理念，深刻理解党为国家和民族做出的贡献和成就，强化大学生对党执政地位的认同，坚定不移拥护党的领导；通过讲解国史，强化爱国主义教育，增强大学生的爱国情怀，使大学生深刻认识当今生活之来之不易，将

---

① 《关于在全社会开展党史、新中国史、改革开放史、社会主义发展史宣传教育的通知》，《人民日报》2021年5月26日，第1版。

② 常铁军：《政治认同：国家治理现代化的根与魂》，《光明日报》2018年2月8日，第15版。

深沉持久的爱国情感转化为爱国行为，坚决拥护祖国统一，为祖国的繁荣富强贡献自己的力量，让青春在奋斗中绽放绚烂之花；进行改革开放史教育，有助于当代大学生理解改革开放这一伟大决策的历史性意义，坚持社会主义市场经济体制，坚信我国能够在持续改革、全面深化改革中不断化解各种风险和挑战，坚定不移沿着改革开放的道路奋勇前进；学习社会主义发展史，深刻理解社会主义发展历程和状况，有利于大学生理解历史和人民为什么选择社会主义方向和中国共产党的领导，深刻理解我国社会主义制度无可比拟的强大优势，对我国选择的道路、理论、制度、文化充满信心，坚信在党的领导下，中华儿女接续奋斗、薪火相传，共产主义远大理想定能实现。开展“四史”教育，是强化大学生政治认同的重要手段，是从根本上增强对中国共产党执政能力、对马克思主义信仰、对社会主义道路的认同，有利于在全社会形成勠力同心、聚沙成塔的精神，在攻坚克难、新的斗争中携手同行，发挥制度优势，从而释放出强大的国家力量。

（三）融合“大我”与“小我”，增强社会责任感

大学生处于价值观逐渐稳定的关键阶段，极易受到不良社会思潮的侵扰。随着西方社会价值观的传播和渗入，一些大学生往往因为知识水平和成长阅历的局限，被资产阶级的核心价值观吸引，片面追求个人利益，与集体利益、国家利益相脱离。因此，加强“四史”教育，尤其是党史教育，使大学生深刻理解无数革命先辈能够前赴后继、无私忘我地奋起抗争，皆是因为他们胸中饱含着坚定的理想信念。革命者“革命理想高于天”的强劲力量、矢志不渝的精神和无私奉献的情怀，有助于促使大学生正确辨析“大我”与“小我”的关系，在实际生活中将“小我”融入“大我”之中，将个人的梦想与民族复兴相连，让个人在社会和国家的发展进程中实现抱负和追求，使个人价值焕发出更大的光彩。马克思曾写道：“如果我们选择了最能为人类而工作的职业，那么，重担就不能把我们压倒，因为这是为大家作出的牺牲；那时我们所享受的就不是可怜的、有限的、自私的乐趣，我们的幸福将属于千百万人，

我们的事业将悄然无声地存在下去，但是它会永远发挥作用。”[①]人的价值只有与社会相结合，其价值才能得到更大的彰显和发挥；只有在集体中，个体才能得到全面而自由的发展。通过“四史”教育，培养大学生敢于担当、善于创新的精神，使大学生深刻认识到自己所承担的社会责任，要立志做中国特色社会主义的合格建设者和可靠接班人。

（四）促进知行合一，培养奋斗精神

“四史”包含中国共产党带领全国人民艰苦奋斗、开创伟业的峥嵘历程，凸显着党对于马克思主义信仰、社会主义和共产主义理想信念的坚定追求。“四史”教育，就是要使坚定的理想信念成为大学生人生奋斗的强大精神动力，并将之付诸实践，投身于中华民族复兴的伟业中。马克思指出：“批判的武器当然不能代替武器的批判，物质力量只能用物质力量来摧毁；但是理论一经掌握群众，也会变成物质力量。”[②]大学时代是一个人价值观念的形成期，大学生在这一阶段的见闻、接受的思想教育，特别是接受远大理想信念的培养，将深刻影响其未来的行动选择。大学生只有拥有了强大的理想信念和精神支撑，在遇到艰难险阻和矛盾问题时，才会立场坚定、勇于担当，作出正确的抉择。学习“四史”，对坚定大学生的理想信念，促进知行合一具有极为重要的意义。当代大学生肩负着责无旁贷的时代使命，其成长成才期面临着急速发展的社会和世界百年未有之大变局，存在着诸多个人的迷茫和人生的困惑，急需理想信念加以引导，使其正确认识自身所应承担的时代责任。心中有信仰，脚下有力量。有了坚定的理想信念，才能着眼当下，在实际生活中经受住风险与考验；有了坚定的理想信念，才能将个人的理想追求照进现实，将个人的奋斗与民族和国家相连，投身中国特色社会主义伟大事业的建设当中，才能照亮整个中华民族的未来。

---

① 《马克思恩格斯全集》（第一卷），北京：人民出版社1995年版，第459页。

② 《马克思恩格斯选集》（第一卷），北京：人民出版社2012年版，第9页。

三　用“四史”教育培养大学生理想信念的路径思考

“四史”作为培养大学生理想信念的生动素材，需要多措并举、统筹规划以提高教育实效，使大学生在内心中真正认同、在思想中坚定崇高理想信念，并成为指引其生活实践、应对挫折挑战、追求远大抱负的强大精神力量。具体而言，可从以下四方面着手发挥“四史”教育对培养大学生理想信念的重要作用。

（一）用好思政课堂，将崇高理想信念内化于心

高校思想政治理论课是对大学生进行思想政治教育的主渠道，亦是推进“四史”教育的主阵地，肩负着高校立德树人的根本任务。习近平指出，思政课无论怎么讲，“最终都要落到引导学生树立正确的理想信念、学会正确的思维方法上来”。[①]“四史”是马克思主义中国化进程的重要部分,“四史”教育蕴含着丰富的思想资源和智慧结晶，为高校思政课提供了宝贵的教学内容，对提高大学生思想政治素质具有重要作用。将“四史”教育融入思政课教学中，不仅有利于将崇高的理想信念内化于心，也是新时代思政课守正创新的重要手段。用好思政课堂，就是要深入探寻和研究“四史”教育的内容和特点，科学拟定教学目标，以使“四史”教育内容和思政课教学完好地进行融合。例如，将党史教育融于“中国近现代史纲要”课程，使大学生深入理解党的成立、发展、壮大的艰苦历程，坚定不移拥护党的领导；将新中国史内容融于“形势与政策”课程，使大学生正确认识和评价改革开放前后两个阶段，深刻理解我国发展历程与当前时代方位，坚定对中国道路的信心；将改革开放史融于“毛泽东思想、邓小平理论和“三个代表”重要思想概论”课程，

① 《习近平主持召开学校思想政治理论课教师座谈会强调：用新时代中国特色社会主义思想铸魂育人、贯彻党的教育方针、落实立德树人根本任务》,《人民日报》2019年3月19日，第1版。

使大学生认识到党领导中国进行改革开放取得的伟大成就，从而坚定对中国特色社会主义的信心；将社会主义发展史融于“马克思主义基本原理”课程，使学生理解和掌握社会发展一般规律，认识到社会主义在发展过程中虽有短暂的挫折，与发达资本主义国家比较还存在差距，但社会主义的前途是光明的，共产主义远大理想必将实现，人的全面发展也必将实现。

（二）组织社会实践，在实践中感悟历史力量

习近平指出：“青年要成长为国家栋梁之材，既要读万卷书，又要行万里路。”[①]“四史”中蕴含着深厚的思想资源和精神财富，具有极为重要的历史价值和当代意义。在波澜壮阔的历史中，先辈们为我们留下了百年奋斗的印迹，重新感悟筚路蓝缕、矢志不渝的奋斗历程，可以从中汲取砥砺前行的经验和智慧。因此，培养大学生的理想信念，不仅要在课堂中进行，还要将大学生带入实践中，让大学生亲身走进历史实地，重新感悟艰难历程中包含的振奋人心、坚恒勇毅的精神和理想信念的强大力量。开展社会实践，首先，要发挥高校党团组织的作用。高校党团组织具有不可替代的战斗堡垒作用，培养大学生的理想信念离不开党团组织的指引和带动。“四史”内容厚重，资源丰富，要充分利用高校的地理优势和历史文化背景，将“四史”教育与本地的历史教育资源相结合，引领学生走入当地爱国主义教育基地、革命纪念馆、名人故居、红色展厅等，让学生感悟当地发生过的历史事件、产生的重要历史人物，挖掘其形成的精神力量，使学生接受思想的洗礼，从而筑牢信仰之基，传承优秀文化基因。其次，通过实地考察，引领学生忆史思今，用历史的力量照亮当下和未来。在深入走进历史现场、观看历史原貌和史实资料，获得亲身体验和感受之后，引导学生探究历史故事和事迹对今天的意义和启示。历史虽在时间上已是完成时，是静止状态，但其蕴含的精神财富却具有

① 中共中央文献研究室编《习近平关于青少年和共青团工作论述摘编》，北京：中央文献出版社2017年版，第55页。

照亮当下、指引未来的永恒力量。重温历史场景，亲临历史现场，不仅仅是为了了解过去，更是为了从过去中更好地把握现在，面向未来。在组织开展社会实践中，要引导学生将历史与现实、与未来相联系，以史明志、知往鉴来，如此，大学生才能明白当今和平幸福的生活来之不易，勇于接受时代的考验和淬炼，用坚定的理想信念勇往直前。

（三）优化校园环境，增强大学生学史氛围

高校校园是大学生生活学习之地，大学生深受校园文化的熏陶。马克思认为："人创造环境，同样环境也创造人"。[①]校园文化环境也是影响大学生树立理想信念的关键，塑造并优化校园“四史”学习环境，为大学生创造良好的学史氛围，对于提高学习效果十分重要。高校要积极建设“四史”学习环境，以多种表现形式将“四史”内容呈现于校园中，让大学生在耳濡目染中坚定理想信念。一方面，要利用好学校内的楼宇建筑，在醒目处设置与“四史”相关的横幅标语、名言警句、主题展板等，宣传并展示“四史”深刻的价值内涵和精神意蕴，使大学生沉浸在革命先辈无私忘我、为理想信念笃定前行的精神氛围中，自觉坚定对马克思主义的信仰、对共产主义远大理想的追求。此外，还要积极运用校内与“四史”教育有关的文化建筑，尤其是红色文化遗迹，充分挖掘和弘扬本校优良历史传统，使大学生直接体悟历史力量。另一方面，充分宣讲校史中对我国革命、建设和改革进程起到重要影响的人物，使大学生做到“以榜样为‘镜’，向榜样看齐”。[②]要将校史中的英雄先烈、革命先辈的故事用多种形式进行展示，例如，针对优秀人物的鲜明事迹用生动形象的话剧形式展现出来，使大学生既能了解榜样模范的光荣事迹，又能感悟其精神力量；将革命事迹、珍贵文字用“朗读者”的栏目进行宣扬，

---

① 《马克思恩格斯选集》（第一卷），北京：人民出版社2012年版，第172页。

② 张楠：《“四史”学习教育与高校思想政治理论课教学改革深度融合的探索》，《思想教育研究》2021年第3期，第80～84页。

组织大学生有针对性地进行朗读比赛，有利于提高大学生对学习“四史”的积极性，增强其对“四史”的理解。

（四）丰富信息手段，提升理想信念培育效果

当今世界逐渐趋于智能化、现代化、数字化，信息手段日益丰富，在潜移默化中深刻影响并塑造着大学生的正确观念和理想信念。面对信息传播形式的多样化，培养大学生理想信念的方式和渠道也需要革故鼎新、推陈出新、因时而进。“四史”教育以四个阶段的历史内容为主体，包含着党团结带领人民取得的伟大成就和艰辛历程，是党和国家弥足珍贵的历史记忆。只有与时代的脚步紧密结合，“四史”教育才会取得切实成效，“四史”的精神和光芒才能永恒流传。同时，当今大学生群体大多是“00后”，他们思想活跃、开放独立、追求时尚，对其进行理想信念教育也要结合其思想特点和需求，不断丰富信息手段，精准提供内容，用最有效的方式使大学生群体获取和掌握学习资源。因此，要充分运用好新媒体、融媒体的优势和力量，使内容与形式达到完美结合。微信、微博、哔哩哔哩等新媒体是当今社会极受青年人青睐的几大获取信息的渠道，运用好这些平台的优势，加强内容合作，会使“四史”教育更易于被大学生接受。例如，哔哩哔哩平台有不少UP主（上传视频的人）以讲解和输出历史内容为爱好，语言生动活泼、形式新颖有趣，吸引了大批青年大学生粉丝。如与平台加强合作，将成为输出“四史”内容、培养大学生理想信念的重要方式。融媒体，即是将电视、广播、杂志等各种传播媒介在宣传、内容上进行整合，实现利益最大化的传播理念。例如，2021年播出的电视剧《觉醒年代》不仅在网络上引发了广大青年的热爱和强烈共鸣，而且在微博、微信公众号中也有大量对电视剧内容的分析和讲解，许多大学生为其中的内容所吸引，不少留言体现出青年对党和国家的热爱，对大学生理想信念的培养产生了极佳效果。要丰富并创新“四史”教育传播载体和手段，扩大教育覆盖面，使大学生明晰作为新时代的青年，要把无私忘我、不畏艰难的精神传承下去，磨砺以须、倍道而进，自觉将个人志向融入民族

复兴的大业中，坚定理想信念、笃定前行，为中华民族的光明前景贡献智慧和力量。

参考文献

1. 习近平：《在学思践悟中坚定理想信念 在奋发有为中践行初心使命》，《人民日报》2020年7月1日。

2.《习近平在党史学习教育动员大会上强调 学党史悟思想办实事开新局 以优异成绩迎接建党一百周年》，《人民日报》2021年2月21日。

3.《关于在全社会开展党史、新中国史、改革开放史、社会主义发展史宣传教育的通知》，《人民日报》2021年5月26日。

4. 常铁军：《政治认同：国家治理现代化的根与魂》，《光明日报》2018年2月8日。

5.《马克思恩格斯全集》（第一卷），北京：人民出版社1995年版。

6.《马克思恩格斯选集》（第一卷），北京：人民出版社2012年版。

7.《习近平主持召开学校思想政治理论课教师座谈会强调：用新时代中国特色社会主义思想铸魂育人 贯彻党的教育方针 落实立德树人根本任务》，《人民日报》2019年3月19日。

8. 中共中央文献研究室编《习近平关于青少年和共青团工作论述摘编》，北京：中央文献出版社2017年版。

9. 张楠：《“四史”学习教育与高校思想政治理论课教学改革深度融合的探索》，《思想教育研究》2021年第3期。

“四史”教育对大学生政治认同教育的促进作用

王　震

摘　要：青年大学生未来将成为社会主义的建设者和可靠接班人，他们对当前中国社会政治环境的看法和观点，直接关系到其政治认同感和归属感。从整体上看，我国大学生思想政治教育工作取得了巨大的成功，当前大学生群体的政治认同感普遍较强，他们有着强烈的国家荣誉感和民族自信心，有较强的政治认知，政治态度端正、政治立场坚定。但为进一步加强青年大学生对党史、新中国史、改革开放史和社会主义发展史这“四史”的学习和了解，引导他们更加深刻地认识伟大的党和国家，在开展“四史”教育的过程中要列举大量生动形象的实例，潜移默化地促进和提升大学生的政治认同感，促进他们树立正确的政治立场，从而辩证全面地看待社会问题；能够坚定理想信念，积极投身于社会主义社会的建设和发展；坚定“四个自信”，保证政治立场不动摇。

关键词：“四史”教育；大学生；政治认同

青年大学生是朝气蓬勃的一代人，是肩负中华民族伟大复兴重任的中坚力量。他们的发展关乎祖国的未来，因此对他们的思想教育不容忽视。在教育部印发的《新时代学校思想政治理论课改革创新实施方案》中对提高学生的政治认同提出了明确的要求，强调青年大学生要了解党史、新中国史、改革开放史、社会主义发展史，牢固树立正确的历史观、民族观、国家观，增强对伟大祖国、伟大民族、伟大的中国共产党的认同。可见，加强“四史”教育对提高大学生的政治认同具有至关重要的作用，我们要及时将“四史”知识融入课堂，这也为大学生政治认同构建提供了思路。认同是一个具有心理学和社会学双重视角的概念，从心理学角度看，它是指情感与认知的统一，由认知出发，达到情感上的共鸣，最终付诸实践；从社会学角度看，是指个人的想法与他人达成一致。它有着广泛的外延，如政治认同、文化认同、心理认同等。所谓政治认同就是人们在社会政治生活中产生的一种感情和意识上的归属感。人们在一定社会中生活，不仅要在思想上高度认同国家的政策制度等，并且要在实践中自觉地以此为要求来规范自己的政治行为。

一　“四史”教育和政治认同对大学生成长的意义

思想是行动的先导，回顾中国共产党百年来的风雨历程，我们能在短短一个世纪的时间里取得如此辉煌的成就，其中一个重要的原因就是我们懂得在历史事件中吸收和总结经验教训，并以此指导实践行动。

党的十八大以来，习近平总书记多次强调全党要学好中共党史、新中国史、改革开放史和社会主义发展史，做到以史为鉴，把握时代发展的主旋律。2020年1月8日，习近平同志在“不忘初心、牢记使命”主题教育总结大会的讲话中指出：“要把学习贯彻党的创新理论同学习马克思主义基本原理贯通起来，同学习党史、新中国史、改革开放史、社会主义发展史结合起来，在学懂弄通做实上下苦功夫，在解放思想中统一思想，在深化认识中提高认识，切实增强贯彻落实的思想自觉和行动自觉。”

从这个角度出发，大学生政治认同就是思想认同与行动践行的统一。思想上就是对政治理论、政策主张意识上的认同感和归属感；实践上就是我们在社会关系中要按照某种规范约束自己的言行举止。通过学习形成对政治理念、政治制度、政治实体的感知，然后将其与已有的价值判断进行衔接、重构而确立合意的情感归属，并将这种情感积淀内化为稳定的政治意志，外化为一定规范下的政治行为。

政治认同是大学生成长成才不可缺少的政治素养，青年学子肩负着繁重的时代职责，青年强则国家强，他们的政治认同对社会的稳定和国家的发展起着至关重要的作用。增强当代大学生的政治认同，一个重要途径就是加强“四史”的学习和教育，引导大学生从我们党百年历史中把握建党的初心。认清国情和世界发展大势，坚决拥护党的领导，自觉维护本国政治制度，树立为中国特色社会主义事业奋斗的理想信念，积极主动地参与到政治生活中去，为新时代中国的发展贡献力量。

二　提升大学生政治认同感的意义

大学生的政治认同不是与生俱来的，是通过一定的后天培养、家庭和学校的教育，在日常生活中逐步形成的。当前，大学生群体的政治素质是积极向上的，他们能够积极拥护党的领导，维护现行的基本政治制度，认同社会主义核心价值观，在大是大非面前坚定地站在祖国的立场上；青年大学生自身正处于三观建立的关键时期，党和国家应该加强政治认知宣传、政治态度引领、政治立场树立、政治动机优化等教育，在一定程度上影响大学生群体的政治认同程度，使其与我国当前追求的政治认同目标保持高度一致，积极推动社会主义社会的健康快速发展。

（一）促进政治认知的全面化深刻化发展

政治认知是政治认同的前提，政治认知就是指政治成员对国家政治制度、社会价值观、方针政策等形成的较为稳定而全面的了解和判断。大学生的政治认知主要来源于参与政治活动的实践经历和积累的理论知识。当前，大部分大学生通过思想政治理论课的学习，网络思想政治教育的开展，各类媒体的宣传，对我国的政治制度、国家政策、政党组织等都有一定的了解，但也存在一定的片面化和表面化等问题。

一方面，从大学生自身角度出发，这一青年群体对各种事物的认知受到其年龄的影响，他们对未知的世界有着强烈的好奇心和求知欲，渴望去探索，但又囿于社会阅历少、政治实践经验缺乏、理论素养不足，尚未形成成熟的“三观”，这就导致他们难以对事物形成一个客观、全面而准确的认识。

另一方面，繁重的学习压力、思政课与专业知识学习时间上的冲突等也会使他们对我国政治状况的认知浮于表面。当前我国仍然处于社会主义初级阶段，仍然存在发展不均衡不充分等问题，这让部分大学生对一些深层问题存在认识偏差，不能用全面发展的眼光看待当前的问题，同时也不能深刻地理解党和国家政策、路线和方针的精髓和内涵。当下网络信息繁杂，西方媒体对我国政治制度以及文化的诋毁和侵蚀也在不断进行，所以在对大学生进行思想政治教育时应加强网络“四史”教育的开展和推广，促进他们全面认识历史和现实，提高大学生的政治认知水平，对历史事件形成正确的理解，进而坚决拥护党的领导，坚决拥护马克思主义的指导思想，严防历史虚无主义。习近平总书记曾严肃指出：“历史虚无主义的要害是从根本上否定马克思主义的指导地位和中国走社会主义的历史必然性，否定中国共产党的领导。”①所以要以“四史”教育为抓手，积极推动大学生树立正确的爱国主义精神、以人民为中心的政治认同感。

（二）促进政治态度积极性发展

政治态度是政治认同在实际生活中的外在表现。政治认同不仅是一种心理归属，更是一种行为选择，是认知与行为的辩证统一。政治态度就是指社会成员对政治活动表现出来的心理反应，或赞同或反对，表现在行为上就是

① 习近平：《在全国党史工作会议上的讲话，《中办通报（21）》2010年8月31日。

或冷漠或积极。

当前大学生的政治态度表现得十分积极，他们会积极表达对国家方针政策的看法，会在新冠肺炎疫情期间争当志愿者，会为国家取得的成就感动得热泪盈眶。开展党史教育和学习，使大学生对党全心全意为人民服务的宗旨有了更加深刻的认识，也坚定了大学生申请加入中国共产党的决心。他们能积极参加政治活动，表现出对政治问题的参与性。他们能够积极主动地表达自己的政治观点和政治意愿，并且有一定的维护自身政治权利的意识，社会责任感较强，具体表现在以下三个方面。一是大学生政治参与意识较强，并且能够将这种意识转化为行为，他们既敢于批判又敢于表达自己的政治立场；在学习和生活中他们乐于学习各种政治知识，这也大大激发了大学生学习理论知识的热情，促进了他们积极拓展就业渠道，激发了当代大学生扎根基层的工作态度，表现出很强的实用意义。二是政治参与更加实用化。选举权和被选举权是我国公民的基本权利，在大学生活中，选举权和被选举权是目前大学生政治参与的主要形式之一。在大学生组织的选举中、学代会的开展中都时刻展现着民主与权利，在选举过程中，营造的公正、公开、公平的竞争环境，激发了大学生勇于挑战自我、实现自我的时代精神。可见，大学生对待政治和政治活动的态度是主动的和积极的。三是大部分学生在重视专业知识学习的同时，能够兼顾政治理论学习。这表现在思想政治课堂中，大学生抬头率有了较大提升，大部分大学生对思想政治课有了更浓厚的兴趣，能够积极参与课堂互动，关心课堂内容，做到了人到心到。

（三）政治立场更加坚定

所谓政治立场就是指在观察和处理问题时，对待社会政治生活、社会政治制度和社会意识形态的根本态度。大学生的政治立场不能一概而论，我们应该唯物辩证地看待。在大是大非或者国家命运面临严峻挑战的时候，我们会发现青年大学生有着格外坚定的政治信仰和正确的价值判断。

随着我国经济水平的不断提高，人们更多关注的不再是生存和温饱问题，而是更加注重精神层面和人的全面发展问题。尤其是在全球化、信息化、多元化的今天，大学生能够保持个性、顾全大局是极其重要的。大部分青年大学生在思想政治教育下形成了共产主义的政治信仰，避免了在求学路上的迷茫和困惑，树立了坚定的政治立场，其政治信仰和立场与社会主义核心价值观高度一致。在这种情况下，他们不会被不良价值观所迷惑，政治认同和政治立场会更加自信和坚定。

信息化时代，信息内容的多样性和传播渠道的多样化为青年大学生获取信息和知识提供了便利，也拓展了他们的视野，信息来源更加丰富更加多元，对开展“四史”教育提供了更有利的便捷条件，也为“四史”教育的开展提供了新途径、新方法、新渠道。但也要避免民粹主义由现实世界向网络空间的转移，网络具有打破时空局限、脱离现实生活等特点，因此对其的监管难度更大、盲区更多，要坚决杜绝青年网络民粹主义的传播等，应在网络中加强“四史”的宣传与学习，采取线上与线下相结合、虚拟与现实相结合、课堂与实践相结合的方式，实现教与学、传播与吸收的完美融合 。

此外，近年来部分西方不良文化思潮出现，面对多元的价值选择，当代大学生应以史为鉴，认清是非，看清部分西方丑恶思想的真实面目，政治立场坚定不动摇。大学生正确意识形态的形成重在引导和教育，应在全社会营造一种学“四史”、知兴替、明得失的爱国主义氛围。

（四）引领积极的政治动机

动机是人们产生行为的直接动力，并决定着行为的发展方向。改革开放以来，人们的物质生活水平有了显著的提高，虽然市场经济的发展为思想政治教育奠定了坚实的物质基础，但是也要注意到，市场经济的求利性所诱发的部分利己主义和拜金主义。因此要加强改革开放史的学习和宣传，使大学生清楚地认识到，在注重生产力发展的同时，也要加强思想政治教育。

当代大学生应把实现共产主义作为自己毕生的信仰，要积极参与政治活动，承担应尽的政治义务和社会责任，不能只贪图享受其中的红利，要注意规避功利主义倾向，不能片面地追求使用价值，避免人与人之间的交往功利化。

三 将“四史”教育融入大学生政治认同教育

钱穆先生在《国史大纲》中曾讲道：“若一民族对其已（以）往历史无所了知，此必为无文化之民族，此民族中之分子，对其民族，必无甚深之爱，必不能为其民族真奋斗而牺牲，此民族终将无争存于并世之力量。”[①]历史是一个民族的根，是最好的教科书。“四史”教育包括中国共产党为人民谋幸福、为民族谋复兴、为世界谋大同的党史；中华人民共和国从站起来到富起来再到强起来的新中国史；中国共产党勇于自我革命，推进社会主义制度自我完善和发展的改革开放史；在社会主义500多年发展历程的基础上继续高举中国特色社会主义伟大旗帜的社会主义发展史。这其中蕴含着丰富的治国理政经验和精神财富，对于青年学生正确认识世情、国情、党情有重要的价值和意义。以“四史”教育增进大学生的政治认同既是培养社会主义建设者和接班人的重要途径，也是时代发展的必然要求。

（一）促进大学生树立正确的历史观

“四史”教育引导学生树立正确的历史观，学会用历史思维分析和解释问题，也就是用联系的、全面的和发展的眼光分析问题，从长时段、整体上和本质上思考历史。学习“四史”不是片面地学习其中的理论知识，更重要的是了解历史事件的完整脉络，只有站在当时的角度去考虑历史事件，结合当时的时代环境才能作出更为准确的判断，才能更清楚地洞察历史发展中的合价值性与合规律性，以及更好地把握历史进步规律与发展趋势。在某种程度上，历史观决定世界观和人生观，“四史”教育与学习使学生深刻认识到当前中国在世界舞台上所处的方位，了解到中国国内改革面临的挑战和机遇，从

① 钱穆：《国史大纲》，商务印书馆，2010，第5页。

历史发展的潮流中理解中国为什么选择马克思主义、因何建立中国共产党，又是如何走出一条具有中国特色的社会主义道路的。习近平总书记说："历史和现实都告诉我们，一场社会革命要取得最终胜利，往往需要一个漫长的历史过程。只有回看走过的路、比较别人的路、远眺前行的路，弄清楚我们从哪儿来、往哪儿去，很多问题才能看得深、把得准。"[①]我们不能脱离历史讲未来，只有站在时代的立场上才能真正理解历史的选择。

中国从一个积贫积弱、人口众多、发展很不平衡的国家逐步走向现代化、走向世界舞台中央，这绝不是简单套用马克思主义基本理论、仿效俄国社会主义革命的结果。五四运动革命领袖从俄国十月革命中得到启发，意识到改良主义是拯救不了中国的，要想中国政府和人民彻底觉醒就需要进行彻底的革命，建立属于中国的政党。新中国成立后，面对西方资本主义的攻击和敌视，经历了苏联解体，我们依旧高举社会主义旗帜。改革开放以来，我们发展社会主义市场经济，打破了意识形态的局限性，将"市场经济"和"计划经济"看作一种手段，我们关注的应该是最后的结果，就是促进生产力的发展。2020年，新冠肺炎疫情的突袭而至，让世界各国人民真正看到了中国制度的优越性，展现了大国风范。历史的每个时间段都有其发展特征，我们要以长远的目光看待问题，充分意识到社会主义的发展必然是一个漫长曲折的过程。

"四史"教育帮助学生坚持以马克思主义唯物史观为指导，分清历史的主流与支流，正确分析、评价历史事件和历史人物。不管是史书还是传记抑或是口述，我们都要分清是"历史事实"，还是"对历史事实的解释和价值判断"。每个人都有自己的认知偏好和主观情绪，但是要想真正了解历史，就要回到当时的那个时空环境里去看，而不是用我们此时此刻的思维方式去批判过去的人和事。习近平总书记曾指出："对历史人物的评价，应该放在其所处

① 《习近平强调 以时不我待只争朝夕的精神投入工作 开创新时代中国特色社会主义事业新局面》，《人民日报》2018年1月6日。

时代和社会的历史条件下去分析。"[①]未知全貌、不予置评，我们不能回到过去、更不能复制历史，历史具有偶然性和突发性，任何一件偶然的事件都有可能转变历史的走向，自然不能站在时代潮流的制高点上肆意评价。同时，每个人所处的社会环境会造成一个人思维的局限性，我们不能以今天的认知水平和时代条件去衡量古人。读"四史"让我们看成败、鉴得失、知兴替、明规律，让我们了解到中国共产党领导人民探索中国特色社会主义事业的道路不是一帆风顺的，而是坦途与挫折并存、成功与失误同在。在这个过程中可能会出现错误的选择和判断，但我们要始终坚信实践出真知，不能因为一时的失误而否定所有人的初心和努力。

"灭人之国，必先去其史。"用国家和民族从积贫积弱走向繁荣昌盛的历史教育大学生，激发他们的民族自信心和历史使命感，科学对待党的历史。党史教育不仅有助于唤起大学生的民族忧患意识，增强大学生主人翁精神和民族自尊心，更能够激励大学生勇担历史使命，自觉抵制不良思潮的渗透和影响。将"四史"教育融入"基础"课教学，有助于增强学生对马克思主义信仰以及对中国共产党的领导、中国特色社会主义事业的政治认同，真正做到知史爱党、知史爱国、知史爱社会主义，明辨是非、恪守正道，自觉成为有理想有本领有担当的时代新人。

（二）促使大学生坚定理想信念

理想信念是精神之钙，理想信念不坚定，精神上就会缺钙，政治立场就会动摇。邓小平曾说："为什么我们过去能在非常困难的情况下奋斗出来，战胜千难万险使革命胜利呢？就是因为我们有理想，有马克思主义信念，有共产主义信念。"[②]"四史"展现了近代以来中华儿女为了实现民族的独立和富强

① 习近平：《在纪念毛泽东同志诞辰120周年座谈会上的讲话》，北京：人民出版社2013年版，第11页。

② 《邓小平论党的建设》，北京：人民出版社1990年版，第229页。

不断探索的艰辛历程，可以激发青年坚定理想信念。我们学习"四史"的过程，实际上就是在一步步回顾中国共产党百年探索发展史，新中国从站起来到富起来再到强起来的崛起史，从改革开放逐步走向世界舞台中央再创民族辉煌的历程，中国逐步探索符合中国国情的社会主义发展史，在这个过程中，我们不断总结民族经验和教训、坚定共产主义信念。

永夜终至，吾辈铭记，巍巍大任，死亦无终。学习"四史"，让青年大学生了解到中国近现代史上有一大批的优秀中华儿女为祖国抛头颅、洒热血，不惜奉献牺牲自己的生命，以赤诚的鲜血书写民族的华章。榜样人物的力量是巨大的，他们引领着我们树立坚定的马克思主义信仰。中国革命、建设和改革过程中的英雄人物将启迪大学生作出正确的人生选择，帮助他们树立正确的历史观、民族观、国家观。在榜样人物的感召下，大学生更容易理解家国情怀，责任担当从来都不是一句空话，而是一代又一代优秀中华儿女青春奋斗的底色，任何时代个人价值的实现必须与时代的进步、国家的发展紧密相连。

不忘初心、牢记使命，回顾党的成长历史，我们才能更深刻地领悟这句话的含义，才能理解中国共产党人的初心何在、使命为何。开展"四史"教育，让青年大学生更加理解认同中国共产党，深刻理解"只有共产主义才能救中国"，只有中国共产党才能领导中国革命、建设事业取得成功，使其更加自觉地将爱党、爱国与爱人民统一起来。在纪念五四运动100周年大会上，习近平提出，新时代中国青年要珍惜这个时代、担负时代使命，在担当中历练，在尽责中成长。五四运动时期，一大批青年大学生挺身而出，发出了"外争国权，内惩国贼"的怒吼，翻开了中国革命历史上崭新的一页。一代人有一代人的使命，一代人担负一代人的责任，这是国家、民族发展的动力所在，也是历史得以延续的基础。时代为青年提供新的机遇，赋予青年新的责任。尽管每代人所处的时代不同，每个人所站的岗位各异，但顾全大局、忠于职守是青年人政治认同的外在表现，付诸实践的行动胜过千言万语。新时代，在国家需要之际，青年学子果断担起了时代之责任，尽管他们稚嫩的肩膀不能完全担负起这样大的责任，但是我们看到了他们的决心和努力，看到了他们为自己的理想信念而奋斗。在新冠肺炎疫情紧要关头，许许多多青年大学生牺牲小我、奉献大我，奔走在疫情最前线。在全面建成小康社会的脱贫攻坚阶段，无数大学生、志愿者赶往扶贫第一线，用智慧与汗水帮扶困难群众。“四史”的教育与学习，以一个个鲜活的事件激励着我们坚定理想信念，坚定政治立场，增强政治认同。

（三）增强大学生“四个自信”

在世界多元文化的背景下，虽然受到西方社会思潮的涌入以及多种价值观的冲击，但大部分青年大学生牢固树立共产主义理想信念，坚定社会主义政治立场，有着强烈的政治认同感和民族自信心。他们懂得鉴别西方文化和价值观带来的影响，积极吸收西方优秀的现代文化，坚决抑制不良影响。

以“四史”教育促进青年大学生对中国历史的了解，增强“四个自信”，这是促进大学生坚定社会主义政治立场的重要途径，也是培育大学生政治认同的指导方针。习近平指出：“当今世界，要说哪个政党、哪个国家、哪个民族能够自信的话，那中国共产党、中华人民共和国、中华民族是最有理由自信的。”①中国特色社会主义道路、理论、制度、文化，是对马克思列宁主义、毛泽东思想的继承和发扬，是对中国革命与建设经验的总结与升华。“四个自信”不只来自党和人民在当下取得的辉煌成就，更是来自“四史”中无数革命先辈洒满鲜血和汗水的奋斗历程。历史充分证明了中国特色社会主义道路的正确性、中国特色社会主义理论的科学性、中国特色社会主义文化的先进性、中国特色社会主义制度的优越性，中国特色社会主义是四者的有机结合。因为自信所以坚定，“四个自信”为实现中华民族伟大复兴的中国梦提供了强大的精神动力。从历史的角度深刻把握“四个自信”的深厚基础，无疑是增强青年大学生政治认同和民族自信心的重要法宝。

---

① 《习近平关于社会主义政治建设论述摘编》，北京：中央文献出版社2017年版，第33页。

以“四个自信”促进大学生政治认同，必须要让他们深刻理解四者的内涵及其联系。道路是一个国家发展的方向和旗帜，从根本上决定了国家的性质和特征。道路自信是对党和人民艰难探索出来的指引中国前进的中国特色社会主义道路的肯定。中国特色社会主义道路绝不是在走改旗易帜的邪路和封闭僵化的老路，这是一条通往全面小康社会、实现中华民族复兴的道路。理论自信是对具有指导性、继承性和发展性的中国特色社会主义理论体系的认可。中国特色社会主义理论是对马克思主义理论的继承和发扬，是中国共产党人一代又一代人智慧的结晶，是我们在总结历史经验的基础上得出的真理。制度自信是对立足中国国情、厚植中国本土文化的中国特色社会主义制度的支持。中国特色社会主义制度真正将马克思关于社会主义国家建设的宏伟蓝图与本国具体国情相结合，此次疫情就是最好的证明，我们伟大的祖国以实际行动向全世界人民展现了中国的制度优势。文化自信是对中华优秀传统文化、中国革命文化、社会主义先进文化有机统一的中国特色社会主义文化的赞同。中华上下5000多年的文化，使我们在历史中沉淀气魄，在实践中鼓舞勇气，最终汇集到社会主义核心价值观，指引着青年大学生成长成才。

在高校思政课堂中，我们以“四史”教育为切入点，坚定“四个自信”，增强大学生的政治认同感需要从理论和实践两个角度出发。首先结合当下文化多元的时代背景，将我国社会转型和变革中出现的问题和解决的措施紧密结合起来，用中国特色社会主义理论、道路和制度切实解决当前时代的种种现实问题，使大学生认识到中国特色社会主义理论、道路和制度是一种指导人们认识问题和解决问题的方法和途径。通过一定的理论学习在一定程度上可以加强大学生对“四个自信”思想的认同和接受。其次通过“三下乡”、志愿者等现实的社会实践活动，促进对“四个自信”思想的理论认同内化于心、外化于行，从实践中探索真理，帮助大学生更加坚定社会主义政治立场和价值取向，从而提升大学生的政治意识。

（四）弘扬伟大的民族精神

历史终将会沉淀为精神，精神蕴藏于鲜活的历史事件中。党的精神融汇于党史、新中国史、改革开放史、中国社会主义发展史之中，贯穿于革命、建设、改革的历史进程中，构筑成伟大的精神谱系，在一个世纪的风雨征程中形成强大的力量，指引着中国人民开拓前进。

毛泽东在阐释物质与精神辩证关系时指出：“物质可以变成精神，精神可以变成物质。”① 精神力量会在无形之中成为人民坚实的后盾，并在人们的实践中转化为推动社会发展的物质力量。如果说历史事件是定格在过去的一段往事，历史经验也有可能是有局限的和片面的，那么历史精神则是“永恒的”，可以传承并发扬光大的。邓小平同志曾说，总结历史是为了开辟未来，以史为鉴，借鉴的不就是经验和精神？历史攫取过往的人与事所体现的精神底蕴为未来的人提供源源不断的精神动力。例如，革命战争年代锻造的开天辟地、敢为人先的红船精神，解放思想、实事求是、全心全意为人民服务的延安精神，敢于斗争、敢于胜利的西柏坡精神，等等；社会主义建设时期涌现的不畏强暴、敢于斗争的抗美援朝精神，亲民爱民、无私奉献的焦裕禄精神，自力更生、艰苦创业的红旗渠精神，等等；改革开放时代孕育的敢于超越、科学求实的载人航天精神，和衷共济、迎难而上的抗击“非典”精神，一方有难、八方支援的抗震救灾精神，等等。每个时代都会形成其独特的精神气概，每一种精神都彰显了先进人物在特定环境和时代考验面前的价值选择和道德实践，最终这些时代精神都会在历史的洗礼中沉淀为民族精神的一部分，并以其穿越时空的感染力和影响力升华为国人的智慧、信念。这些崇高而伟大的精神在今天的继承和发扬，毫无疑问会提高青年大学生的思想道德水平和实践能力，端正其政治动机，形成“向上”“向善”的价值观和推动力。

当前大学生中不乏历史爱好者，但是也会发现有不少青年大学生对中国

---

① 《毛泽东著作选读》，北京：人民出版社1986年版，第840页。

共产党成立和奋斗的百年进程中涌现的一大批革命先烈觉醒、奋斗和牺牲的历史事件并不熟悉，或许他们只知道一些耳熟能详的名言，但是却不知道这背后蕴含的艰辛和付出的鲜血。愿以吾辈之青春，守卫这盛世之中华。中国自古以来就有埋头苦干之人，就有拼命能干之人，就有为民请命之人，亦有舍身求法之人，他们是这盛世中国的脊梁。中国历史上的英雄烈士为大我舍弃小我，他们愿为所追求的太平盛世献出生命，他们所做的一切都不是从自身利益出发的，他们用鲜活的生命为后人谱写了这盛世华章。历史书上的寥寥几字远不能概括他们短暂而伟大的一生，他们炙热的爱国之情将永远为世人所铭记。

新时代环境下，加强大学生民族精神教育的实效性，端正政治动机，促进大学生知识水平与思想素质的全面发展，把他们培养成为社会发展所需要的重要人才，对于我国实现国家富强、民族振兴、人民幸福的中国梦具有重要的意义。历史事件的延续性不仅在于它深刻地提醒着人们中华民族所经历的屈辱和获得的辉煌，还在于其所表达的民族精神将会被永远地流传。真正学好历史精神，用历史精神教育和感化青年学子，激发他们的历史担当、民族责任，知荣辱、辨是非、守初心，这正是“四史”学习教育的精髓所在。

四　读史明智、鉴往知来

当前，我国正经历着社会转型时期多元价值激烈碰撞，社会共识的价值得到全国人民高度认同的阶段。在这种大环境下，青年大学生对自身认知应该更加宽阔，才不容易迷失方向。读史明智、鉴往知来，从中国共产党成立100多年的历史中我们读懂了共产党人的初心和使命，新中国史让我们见证了一个积贫积弱的国家重新屹立于世界舞台中央的艰难光辉岁月，改革开放史让我们明白只有立足实践、解放思想才能实现更大的飞跃，社会主义发展史让我们意识到只有共产主义才能给我们带来幸福富裕的生活，实现自由而全面的发展。以“四史”教育促进青年大学生的政治认同应该成为当前高校思想政治课堂的一个重要部分，因为只有发自内心的认同才能更好实践，才能让青年大学生真正认识到自身承担的使命与担当，才能使更加强大的自己积极投身于社会主义事业。

"四史"学习教育是坚定大学生理想信念的需要。当代大学生都是在改革开放后出生的，没有经历过战争的洗礼，没有遇到过国家从站起来到富起来的艰难险阻，只有通过深入学习"四史"，才能身临其境地了解党走过的峥嵘岁月，真正地体会党在革命和奋斗中的艰难历程，才能感悟到现在幸福生活的来之不易，才能倍加珍惜当今的幸福生活。"四史"教育要紧扣大学生的时代特征，要充分利用各地的红色文化资源，结合思想政治理论课社会实践，实地参观体验学习，加强教育引导，增强大学生的思想定力。实践教学要通过实物、实地、实景观察、走访、感受等形式去开展，使大学生在实践中感知、领悟和验证，更加坚定理想信念。思政课理论教学内容具有一定抽象性，对于大学生来说，比较晦涩，不太容易接受与理解。而把实践教学引入"四史"教育中来，使理论教育和实践教学紧密结合，更有利于大学生充分参与，强化学习效果，引导大学生客观地、辩证地认识国情、认识社会，感悟思想理论的魅力，进而达到真正的政治认同。

参考文献

1. 习近平:《在"不忘初心、牢记使命"主题教育总结大会上的讲话》,《人民日报》2020年1月9日。

2. 李保强:《大学生的政治认同与政治立场》,《人民论坛》2019年第25期。

3. 吴秀霞:《当代大学生政治认同的现状与对策——基于陕西省部分高校的调查》,《陕西理工大学学报》(社会科学版)2021年第2期。

4. 习近平:《中共中央政治局第七次集体学习时的讲话》，人民网，2013年6月25日。

5. 郝景梅:《多元文化背景下大学生政治意识培育研究》，硕士学位论文，河南大学，2016年。

6.习近平:《学习贯彻党的十九大精神研讨班开班式上的讲话》，人民网，2018年1月5日。

7.高云、吴泽群:《邓小平：理想和纪律是"我们的真正优势"》,《党史博览》2020年第2期。

8.《习近平谈治国理政》(第二卷)，北京：外文出版社2017年版。

9.孙琳:《大学生中华民族共同体意识探究——内涵要素、建构过程与培育路径》,《思想政治教育研究》2021年第2期。

10.宋伶俐:《人类命运共同体视域中大学生政治价值观认同研究》,《学校党建与思想教育》2021年第6期。

11.施丽红、陈怡帆:《网络背景下大学生政治认同的内涵逻辑及培育路径》,《学校党建与思想教育》2021年第3期。

12.李远洋、唐述瑞:《新时代高校思政课如何加强马克思主义信仰教育——评〈新时代大学生马克思主义信仰教育研究〉》,《教育发展研究》2021年第2期。

13.王武、卢吉超:《新媒体时代高校大学生党员政治认同研究》,《当代青年研究》2020年第5期。

14.刘春泽:《高校思想政治理论课中政治认同目标的"三重维度"及其实现路径》,《国家教育行政学院学报》2020年第8期。

“四史”教育融入大学生社会主义核心价值观培育的路径创新

赵　伟

摘　要： 如今中国已步入了新时代，大学生社会主义核心价值观培育面临着新挑战和新任务。2021年恰逢中国共产党成立100周年，在这个重要的历史节点，更需要以科学的历史观为指导，回顾历史、检视现在、展望未来，深入挖掘中国共产党百年发展历程中所蕴含的宝贵资源，以助益新时代大学生社会主义核心价值观教育。因此，在新时代际遇下，加强对大学生党史、新中国史、改革开放史和社会主义发展史的教育，将“四史”教育融入大学生社会主义核心价值观培育的全过程，具有重要的价值意蕴。“四史”教育和大学生社会主义核心价值观培育之间不是彼此割裂的，相反它们是一个辩证统一的整体，统一于当前我国高校的思想政治教育实践。应将习近平总书记在“3·18”讲话中提出的“八个统一”的要求作为“四史”教育融入大学生社会主义核心价值观培育所要遵循的基本原则。在教学内容上，要进一步提升供给质量，增加供给含金量；在教学形式上，要不断创新供给模式，提高供给效率；在教学评价上，要进一步优化供给策略，提高供给效果。

关键词：“四史”教育；大学生社会主义核心价值观培育；路径创新

习近平总书记在“不忘初心、牢记使命”主题教育总结大会上的重要讲话中指出：“要把学习贯彻党的创新理论作为思想武装的重中之重，同学习马克思主义基本原理贯通起来，同学习党史、新中国史、改革开放史、社会主义发展史结合起来，同新时代我们进行伟大斗争、建设伟大工程、推进伟大事业、实现伟大梦想的丰富实践联系起来，在学懂弄通做实上下苦功夫，在解放思想中统一思想，在深化认识中提高认识，切实增强贯彻落实的思想自觉和行动自觉。”①这段论述从加强党员理论武装的高度强调了“四史”学习的重要意义，可谓高屋建瓴，切中肯綮。

其实，这并不是习近平总书记第一次谈及“四史”，早在2016年召开的全国高校思想政治工作会议上，习近平总书记就已准确地预见到，“要把社会主义核心价值观贯穿于高校办学育人全过程，弘扬以爱国主义为核心的民族精神和以改革创新为核心的时代精神，坚持用社会主义核心价值观引领知识教育、引领师德建设，加强中华优秀传统文化和革命文化、社会主义先进文化教育，加强党史、国史、改革开放史、社会主义发展史教育，加强国家意识、法治意识、社会责任意识教育和民族团结进步教育、国家安全教育、科学精神教育”。②习近平总书记不仅很早就指出了对大学生开展“四史”教育的重要性，而且开创性地将“四史”教育与高校社会主义核心价值观培育工作紧密联系起来，从而为高校的“四史”教育指明了方向，提供了基本遵循。

---

① 习近平：《在“不忘初心、牢记使命”主题教育总结大会上的讲话》，央广网，2020年6月30日。

② 习近平：《把思想政治工作贯穿教育教学全过程》，新华网，2016年12月8日。

一 "四史"教育融入大学生社会主义核心价值观培育的时代际遇与价值意蕴

培育践行社会主义核心价值观，既是新时代坚持和发展中国特色社会主义的重大任务，又是进行伟大斗争、建设伟大工程、推进伟大事业、实现伟大梦想的铸魂工程，同时还是在世界文化激荡中保持民族精神独立、挺起民族精神脊梁的战略支撑。大学生是社会主义核心价值观培育的重点群体，大学生社会主义核心价值观教育是培育践行社会主义核心价值观的重要组成部分。如今，中国已经进入新时代，新时代对大学生社会主义核心价值观培育提出了新要求，给教育者提出了新任务，教育者面临着新挑战。2021年恰逢中国共产党成立100周年，在这个重要的历史节点上，更需要我们以科学的历史观为指导，回顾历史、检视现在、展望未来，深入挖掘中国共产党百年发展历程中蕴含的宝贵资源，以助益新时代大学生社会主义核心价值观教育。因此，在新时代际遇下，加强对大学生党史、新中国史、改革开放史和社会主义发展史的教育，将"四史"教育融入大学生社会主义核心价值观培育的全过程，具有极为重要的价值意蕴。

（一）"四史"教育融入大学生社会主义核心价值观培育的时代际遇

其一，党的全面领导为"四史"教育融入大学生社会主义核心价值观培育提供了重要的政治保证。中国共产党是中国特色社会主义事业的领导核心，处在总揽全局、协调各方的地位。中国特色社会主义最本质的特征是中国共产党的领导，中国特色社会主义制度的最大优势同样是中国共产党的领导。党政军民学，东西南北中，党是领导一切的。坚持党的全面领导，既是对党的优良传统的继承和发展，又是对党的十八大以来党和国家事业取得历史性成就成功经验的深刻总结。将"四史"教育融入大学生社会主义核心价值观培育，是一项系统工程，需要做好顶层设计和整体擘画。而党的全面领导为此提供了重要的政治保证，党的领导核心地位使高校始终在党委领导下开展

“四史”教育，从而为“四史”教育融入大学生社会主义核心价值观培育举旗定向，领航掌舵。

其二，新媒体的普及和广泛应用为“四史”教育融入大学生社会主义核心价值观培育搭建了高效的技术平台。基于移动互联网技术出现的新媒体极大地改变了人们的生产方式、生活方式和思维方式，它为高校“四史”教育的开展开辟了全新的时空场域。在新媒体的帮助下，大学生“四史”教育可以摆脱传统的时空限制，采取虚拟的形式进行，不仅信息传播更加迅速便捷，而且支持用户间的即时交流互动，这无疑为提高“四史”教育的实效性、亲和力与针对性创造了难得的历史机遇，同时也为“四史”教育融入大学生社会主义核心价值观培育建立了新型的技术平台。

其三，丰硕的大学生思想政治教育研究成果为“四史”教育融入大学生社会主义核心价值观培育提供了坚实的理论基础。社会主义核心价值观教育是当代大学生思想政治教育的重要内容和重点工作。近年来，国内学界在大学生思想政治教育领域取得了很多有分量的研究成果，更加深刻地揭示了大学生思想政治教育的基本规律，主要包括三个方面：宏观层面的科学价值统一律，即从属性上看，思想政治教育以科学性为前提，以价值性为追求，两者相互融合；中观层面的主客体双向互动律，即思想政治教育主客体以“业”为内容，以“惑”为焦点，在交流互动中，实现“道”的追求；微观层面的社会意识内化外化律，即个体要经由将社会意识内化为思想观念，并将思想观念外化为行为习惯的过程，以实现从思想自在状态向思想自为状态的转化。[①]上述规律具有普遍性，当然也适用于我国高校当前开展的“四史”教育。这些理论成果成为“四史”教育融入大学生社会主义核心价值观培育的重要学理依据，极大地推动了“四史”教育科学有序的开展。

---

① 王易、宋健林：《试论思想政治教育的基本规律》，《教学与研究》2019年第12期，第59页。

（二）"四史"教育融入大学生社会主义核心价值观培育的价值意蕴

其一，将"四史"教育融入大学生社会主义核心价值观培育是加强社会主义意识形态建设、培育践行社会主义核心价值观的基本意涵。意识形态建设决定着文化前进的方向和发展道路。意识形态工作的成败，直接关涉到党的前途命运、国家的长治久安以及民族的繁荣振兴。我国的意识形态建设必须始终以马克思主义为指导，必须将唯物史观作为研判各种社会思潮的思想方法和理论武器。而科学的历史观的建立离不开对党史、新中国史、改革开放史和社会主义发展史的深入学习和准确认识，这就需要大力开展"四史"教育，使学生在鲜活的历史事件中掌握科学方法，进而确立起社会主义意识形态的领导权、管理权和话语权。

培育践行社会主义核心价值观，关键在于"内化于心、外化于行"，而"认同"是重中之重。从心理学上讲，所谓认同是指"个体或群体在感情上、心理上趋同的过程"，①而社会主义核心价值观的认同，是指"社会成员通过生产生活、交往互动，逐步调整自身的价值结构以接受、遵循核心价值观，并用以规范自己行为的过程"。②对理论的理解和认知是实现社会主义核心价值观认同的基本途径，社会主义核心价值观具有深刻的历史意涵，只有通过全面系统的"四史"教育，才能够把其中的历史维度完整地显现出来，使学生在鲜活的历史事件中把握社会主义核心价值观的要义与精髓。

其二，将"四史"教育融入大学生社会主义核心价值观培育是培养担当民族复兴大任的时代新人的内在要求。习近平总书记多次强调，我们要着力培养的是能够担负起中华民族伟大复兴重任的时代新人。这样的时代新人要按

① 车文博：《弗洛伊德主义原著选辑》（上），沈阳：辽宁人民出版社1988年版，第375页。

② 冯留建：《社会主义核心价值观培育的路径探析》，《北京师范大学学报》（社会科学版）2013年第2期，第15页。

照有自信、尊道德、讲奉献、重实干、求进取的标准来培养，而要达及这五项标准，就必须引领大学生扎实学好“四史”，做到学史明理、学史增信、学史崇德、学史力行。当大学生在认知、信念、品德、行为等方面都获得质的提升的时候，其作为时代新人的基本特质也就得到了大力彰显，其对肩上所担负的伟大历史使命也有了更加深刻的理解和认识。

其三，将“四史”教育融入大学生社会主义核心价值观培育是大学生坚定文化自信、赓续革命精神的重要内容。习近平总书记曾讲道：“我们说要坚定中国特色社会主义道路自信、理论自信、制度自信，说到底是要坚定文化自信。文化自信是更基本、更深沉、更持久的力量。”①这里所说的文化自信主要包括绵延5000多年之久的中华优秀传统文化、中国共产党在百年来伟大斗争中孕育形成的革命文化和社会主义先进文化三个组成部分。“四史”中包含着丰富的革命文化和社会主义先进文化的内容，因此坚定文化自信，就要求进一步加强对大学生的“四史”教育，将“四史”教育融入大学生社会主义核心价值观培育之中，使学生在历史学习中感悟到当今中国文化与价值观念的强大魅力和吸引力。

人无精神则不立，国无精神则不强。革命精神是党和国家的宝贵财富。习近平总书记在党史学习教育动员大会上强调，在100年的非凡奋斗历程中，一代又一代中国共产党人顽强拼搏、不懈奋斗，涌现了一大批视死如归的革命烈士、一大批顽强奋斗的英雄人物、一大批忘我奉献的先进模范，形成了一系列伟大精神，构筑起了中国共产党人的精神谱系，为我们立党兴党强党提供了丰厚滋养。将“四史”教育与大学生社会主义核心价值观培育有机结合起来，有利于培养学生自觉继承革命传统、传承红色基因，进一步发扬革命精神，不断增强做中国人的志气、骨气、底气，树立为祖国为人民不懈奋斗、赤诚奉献的坚定理想。

---

① 习近平：《在哲学社会科学工作座谈会上的讲话》，新华网，2016年5月18日。

二 “四史”教育与大学生社会主义核心价值观培育的辩证关系

“四史”教育和大学生社会主义核心价值观培育之间不是彼此割裂的，相反，它们是一个辩证统一的整体，统一于当前我国高校的思想政治教育实践。

（一）“四史”教育为大学生社会主义核心价值观培育提供了丰富的历史资源和历史经验

一方面，“四史”教育深入挖掘历史资源，揭示历史史实，还原历史真相，能够帮助大学生系统地认识和理解党史、新中国史、改革开放史和社会主义发展史，使学生对社会主义核心价值观的历史逻辑、实践逻辑和理论逻辑有更加具体全面的把握。对于党史教育来说，通过展现中国共产党百年来价值求索的奋斗历程，揭示了社会主义核心价值观如何在近代中国半殖民地半封建社会中得以问世；对于新中国史和改革开放史而言，通过描绘新中国建设和改革开放的历史长卷，阐释了社会主义核心价值观如何在现实实践中获得提炼和升华；对于社会主义发展史来讲，通过梳理社会主义500多年历史的发展脉络，说明了社会主义核心价值观是如何在扬弃资产阶级价值观的基础上孕育诞生的。

另一方面，“四史”教育通过对历史史实、历史事件进行总结和提炼，能够形成宝贵的历史经验，这可以帮助教育者深入理解和掌握开展社会主义核心价值观教育的基本规律和方式方法，从而提高社会主义核心价值观培育的实效性、亲和力与针对性。对于党史教育来说，要着力于研究中国共产党百年来在思想建设和理论宣传方面的经验性做法；对于新中国史和改革开放史而言，要侧重于阐释新中国成立以来，在主流意识形态、社会主义文化建设方面取得的历史性成就的成功经验；对于社会主义发展史来讲，要自觉拓宽研究视野，积极引介国际社会主义运动中不同国家和政党在弘扬社会主义价值观方面的特色性举措，以期对我国社会主义核心价值观建设产生借鉴性作用。

（二）大学生社会主义核心价值观培育为当前的“四史”教育提供了重要的价值引领

“四史”课程不是历史课，“四史”教育也不仅仅是历史知识教育，“四史”教育具有鲜明的政治属性，它本身就内蕴着科学的价值指向。换言之，“四史”教育的目标不是单一的，而是三位一体的，包括知识与理论、能力与方法、情感与价值观三个层面。从知识与理论上讲，“四史”教育需要帮助学生建立起完整的历史知识体系，对历史史实有准确的把握；从能力与方法上看，“四史”教育需要培养学生形成利用所学知识阐释和分析现实社会热点问题的素养与能力；就情感与价值观而言，“四史”教育需要帮助学生树立起坚定的理想信念和科学的世界观、人生观与价值观。而情感与价值观维度目标的彰显离不开社会主义核心价值观的指导和引领，可以说，“四史”教育本身就是培育践行社会主义核心价值观的重要途径。

具体而言，大学生党史教育要讲清楚，中国共产党的百年历史就是以科学的世界观、人生观和价值观为指引，带领全国人民追求美好生活的历史；大学生新中国史和改革开放史教育要讲清楚，马克思主义在新中国建设、改革开放过程中的指导性地位，讲清楚社会主义意识形态、社会主义核心价值观如何在中国的社会主义建设和改革中发挥理论指导作用；大学生社会主义发展史教育要讲清楚，社会主义500多年的发展历史是对理想社会的倾心向往和不懈求索的艰辛历程，要让学生理解这些社会理想作为思想指针，在何种意义上超越了资产阶级价值观，进而展现出社会主义价值观的时代性和先进性，并指导现实的社会主义运动，使学生明确中国特色社会主义作为科学社会主义在中国的新发展，时刻以社会主义核心价值观为价值引领。

三 “四史”教育融入大学生社会主义核心价值观培育的基本原则

习近平总书记在学校思想政治理论课教师座谈会上的重要讲话中，明确提出了"八个统一"的具体要求，为思政课的进一步改革创新指明了方向。应将这"八个统一"的要求作为"四史"教育融入大学生社会主义核心价值观培育所要遵循的基本原则。

第一，坚持政治性和学理性相统一。马克思主义具有鲜明的阶级立场，它是指引无产阶级开展革命斗争、无产阶级政党进行社会革命和自我革命的行动指南，为社会主义建设和改革事业指明了方向。同时，马克思主义是一个博大精深的理论体系，是由马克思主义哲学、马克思主义政治经济学和科学社会主义三大部分组成的具有严密逻辑性的有机整体，其中的各个原理更是紧密相连、环环相扣。马克思主义的阶级性是以其学理性为基础的，二者高度统一。因此，"四史"教育融入大学生社会主义核心价值观培育，既要凸显"四史"教育的政治属性，培养学生树立牢固的政治意识，与党中央保持高度一致，又要彰显"四史"教育的思想性和学理性，绝不能把激发学生的学习兴趣和积极性建立在肢解"四史"教育的逻辑结构、淡化理论分析的基础上。

第二，坚持价值性和知识性相统一。人民至上是马克思主义的政治立场。马克思主义政党始终把人民放在心中最高位置，时刻关注人民的价值追求，致力于实现最广大人民的根本利益。当然，马克思主义的人民性植根于其阶级性，人民至上是无产阶级先进性的具体体现。马克思主义的人民性离不开其科学性的支撑。马克思主义是对自然界、人类社会和人类思维发展本质与规律的正确反映，是科学的世界观和方法论，马克思主义的发展过程也就是不断认识和把握客观规律的过程。将"四史"教育融入大学生社会主义核心价值观培育，不能仅仅满足于帮助学生掌握理论知识，还要在其中浸润理想信念与价值观教育，培养学生形成对马克思主义的忠诚信仰、对社会主义和共产主义的不懈追寻以及对中国特色社会主义道路、理论、制度和文化的强烈自信与自觉坚守，将社会主义核心价值观作为衡量自身思想和行为的基本准则。"四史"教育要把用真理的力量感召学生与以正确价值观的魅力熏陶学生有机统一起来，达到铸魂育人的目的。

第三，坚持建设性和批判性相统一。一方面，马克思主义内蕴着十分彻底的批判精神，它对资本主义社会进行了深刻揭露和无情批判，得出资本主义必然消亡、社会主义必然胜利的科学结论。另一方面，马克思主义对未来的共产主义社会作出了预见与展望。在当代中国共产党人看来，共产主义社会，将是物质财富极大丰富、人民精神境界极大提高，每个人自由而全面发展的社会。这样的理想社会只有在彻底消灭资本主义剥削制度的基础上才会实现。将“四史”教育融入大学生社会主义核心价值观培育，要继承马克思主义的批判精神，在教育过程中要敢于向错误观点和思潮亮剑，同时着力加强教学课程的整体性建设，使教学模式改革与教材体系改革、评价体系改革、学科支撑体系改革、人才培养体系改革和条件保障体系改革紧密结合起来，全面发挥思政课的主渠道作用，增强社会主义核心价值观的吸引力和凝聚力。

第四，坚持理论性和实践性相统一。马克思在《关于费尔巴哈的提纲》中指出：“哲学家们只是用不同的方式解释世界，而问题在于改变世界。”[①]习近平总书记进一步指出：“马克思主义具有鲜明的实践品格，不仅致力于科学‘解释世界’，而且致力于积极‘改变世界’。”[②]实践观点是马克思主义首要的和基本的观点，它贯穿于马克思主义全部思想内容之中。马克思主义高度重视理论与实践的辩证统一，一以贯之地着力于对社会主义实际运动的理论指导。将“四史”教育融入大学生社会主义核心价值观培育，一方面，要坚持理论性，用马克思主义中国化的最新理论成果武装学生头脑，提升学生的理论素养；另一方面，要高扬实践维度，将思政课的小课堂和社会大课堂连接起来，大力创新实践教学方式，实现学生线上线下的即时交流互动，培养学生的社会实践能力和顽强拼搏的斗争精神。

---

① 《马克思恩格斯文集》(第一卷)，北京：人民出版社2009年版，第506页。

② 习近平：《在哲学社会科学工作座谈会上的讲话》，北京：人民出版社2016年版，第9页。

第五，坚持统一性和多样性相统一。高校思政课在教学目标、课程设置、教材使用、教学管理等方面一直都有统一要求，将“四史”教育融入大学生社会主义核心价值观培育，要发挥好课堂教学的主渠道作用，在切实落实统一要求上下功夫，总结“四史”课程在教学活动中积累的经验，归纳出一种或几种教学模式，以这种具有一定普遍性的形式服务于课程建设，提高“四史”课程的教学实效性。在坚持统一性的同时，还要注重教学模式的多样性。教学模式不是固定不变的教条，并非放之四海而皆准，在统一性的基础上，一定要展现出多样性的特点。将“四史”教育融入大学生社会主义核心价值观培育，要做到因地制宜，融入地域特色，搜集和整理中国共产党建党100多年来，特别是改革开放40多年来所属地区在经济、政治、文化、社会和生态建设方面所取得的成就，深入挖掘本地的实践教学资源；要做到因时制宜，紧扣时代脉搏，弘扬时代精神，主动回应和正确解答学生普遍关注的社会热点问题；要做到因材施教，根据学生的不同专业、兴趣和接受能力及时调整教学环节，精准发力，发挥好教学模式的个性化和定制化功能。

第六，坚持主导性和主体性相统一。在“四史”课程教学活动中，既要充分发挥教师的主导性作用，又要始终坚持学生的主体性地位。教师的主导性作用主要体现在：精练教学内容，巧用教学方法，统筹教学进程，创新教学评价，有计划地引导、组织和监督学生的学习活动，最终完成教学目标。这就要求教师政治要强、情怀要深、思维要新、视野要广、自律要严、人格要正，坚守师德，率先垂范。学生是学习活动的主体，教师要从学生的成长需要、政治素养和日常生活环境出发设置教学供给，以持续调动起学生的学习主动性和创造性。总之，要从实际情况出发，不断创新教学供给，发挥教师和学生两方面的积极性，实现教学效果的最优化。

第七，坚持灌输性和启发性相统一。需要指出的是，强调教学中的灌输性绝不是要倡导填鸭式教学，坚持灌输教育是依据思想政治教育规律得出的科学结论。马克思主义的科学理论不可能在人们的头脑中自发产生，它只能从外面灌输进去。所以，将"四史"教育融入大学生社会主义核心价值观培育，要注重教师对知识点的系统讲授，把监督和帮助学生识记与理解知识要点作为一项基础性工作做好做实。另外，还要突出教学中的启发性，通过设计学生自主阅读、话题讨论等富有启发性的环节，引导学生在相互合作中找寻问题的答案。

第八，坚持显性教育和隐性教育相统一。将"四史"教育融入大学生社会主义核心价值观培育，要依据"四史"课程教学要求和学生特点开展理论教育，为学生解惑明理，培养学生形成科学的思维方式和正确的行为方式。同时，还要高度重视隐性教育的强大作用，广泛运用人文精神熏陶、日常互动交流等隐性化、柔性化的方式，触发学生接受的兴奋点，实现"入芝兰之室，久而自芳"的效果；把"四史"教育融入学生组织管理、志愿服务、社会实践、校园文化建设等过程中，实现全员全程全方位育人[①]。

四 "四史"教育融入大学生社会主义核心价值观培育的创新性路径

将"四史"教育融入大学生社会主义核心价值观培育，应该从供给与需求的关系这一维度出发，加快进行"四史"教育的供给侧改革。"四史"课程教学是"四史"教育最主要的阵地，应以供给侧改革为视角，不断提升"四史"课程教学实效性。具体做法可以归纳为以下三个方面。

（一）在教学内容上，要进一步提升供给质量，增加供给含金量

要从供给侧视角出发，不断完善教材体系向教学体系的转化工作，在遵循"四史"课程教学统一标准和规范的基础上，根据学生的实际需求调整和丰富教学内容，有计划地扩大有效供给，将教学内容与学生多样化的精神需要对应起来。概括来讲，要搭建起"历史—理论—现实"三位一体的教学框

① 安娜：《推动思政课改革创新，牢牢坚持八个"相统一"》，光明网，2019年3月25日。

架，“四史”课程的教学内容应围绕这一基本架构进行设置和布展。通过生动的历史视频再现中国共产党和中国特色社会主义诞生的历史背景和发展历程，通过丰富的历史材料来论证理论观点，通过鲜活的社会热点新闻帮助学生正确认识和理解“四史”中的基本理论与现实问题；通过理论逻辑的构建，培养学生的理论思维和逻辑分析能力，让学生切身感受到“四史”理论的思想穿透力、现实感召力和实践引领力。

构建“历史—理论—现实”三位一体教学框架，必须继续坚持和创新专题式教学，这是提升教学内容供给质量的重要切入点和关键所在。“四史”课程专题群的设计既要充分体现课程教学指导思想，又要充分反映当代大学生对“四史”课程的主要诉求。为此，专题式教学必须体现时代化、整体化、精品化、特色化的要求。要将习近平总书记的最新讲话、党中央的最新理论成果及时融入专题教学内容中，并始终关注学生生活环境的新变化；要突破课程中的知识壁垒，按照一体化教学的逻辑思路，实现对教学内容的专题化整合，强化学生对“四史”课程的性质、目标和内容的整体把握；要以每一专题集中回答某一重大理论或实践问题为主线，以服务于教学总目标为各专题的连接线索，实现教学内容向专题的合理转化，打造精品专题；一定的专业背景构成了大学生接受和吸纳“四史”理论知识的特有“底色”和认知框架，因此要从具体学情出发，把对学生多样化专业背景的考量贯彻到专题式教学的全过程，通过搜集整理最新专业成果和专业模范事迹等材料，丰富教学内容，阐发理论知识点，增强学生对“四史”课程的关注度和认同度。

针对“四史”课程教学内容的供给侧改革，必须充分重视学生在学习中的主体地位和作用，应在教学内容的知识密度、理论广度和思想深度上下功夫，一方面要与不同学生群体的现实需要、知识结构、思维方式、接受能力、情感偏好、价值取向等相符合，表现出强大的现实魅力；另一方面，又要有效优化学生的精神需要，燃起学生在课程中主动完善自身的迫切愿望，从而显著提升“四史”课程的供给含金量。

（二）在教学形式上，要不断创新供给模式，提高供给效率

首先，要进一步改进和完善课堂教学、实践教学和网络教学模式，将三大课堂贯通一致、统一协调起来，形成立体化的教学模式。课堂教学是思想政治教育的主渠道，也是"四史"课程的第一课堂。要处理好普遍性与特殊性、理论性与现实性、抽象性与具体性之间的关系，坚持教师讲授和自主讨论彼此结合，通过专家讲座、专题培训、小组展示、辩论会、演讲比赛等多种形式引导学生学习，激发学生的学习兴趣和积极主动性。实践教学和网络教学绝不单是对已学知识点的复现和应用，它本身就是对教学内容的极大丰富和延展。以党史课程教学为例。在实践教学方面，可以带领学生到延安、井冈山、西柏坡、香山革命纪念地等红色圣地参观访问，亲身体验中国共产党百年来的奋斗历程。在此基础上，组织学生开展多种实践活动继承和弘扬中国共产党的革命精神，使这些宝贵的精神财富在新时代条件下得以焕发出新的生机与活力，充分发挥出实践教学的认知性、理解性、情感性和拓展性功能。而在网络教学方面，则可以慕课、微课、精品课程、精品资源共享课程为依托，搭建起内容新颖、形式活泼、操作便捷、反馈及时的网络教学平台，使学生在开放、共享和协作的环境中深化对知识的理解和内化，为学生提供自由选择学习时间和场所的权利、自主合作研讨的空间以及自觉提升自身素养的机会。

其次，要加快构建与学生的生活和兴趣相契合的话语体系。教材话语与学生每日接触的生活话语毕竟在结构和功能上有很大差别，因而教材话语对学生的影响必须通过教学话语这一中介才能真正产生。教材话语向教学话语的转化过程，同时也就是教学话语和学生的日常生活、兴趣个性相贴近、相契合的过程。因此，要更加突出教学话语的口语化、生活化和时代化特征，彰显该话语的新颖性、灵活性和趣味性。

值得指出的是，坚持话语体系同学生的生活与兴趣相契合，绝不能以衰减信息要点、偏离价值导向为代价，绝不能也不应该在对学生的一味逢迎甚

至是谄媚中歪曲和肢解"四史"课程的知识体系。在话语体系建设中，要始终坚持形式与内容的统一，使两者协调一致，相得益彰，相互促进。作为课程内容外在表现的话语体系，既要从学生的生活环境、兴趣点和关注点出发，满足学生不同层次的精神需要，与他们发展程度各有不同的能力素养相衔接，又要注重加强对学生的兴趣引导，提高其运用所学知识和方法检视、反思日常生活的能力，进而促使学生形成新的更高级的精神需要，最终达到提高"四史"课程教学供给效率的目的。

（三）在教学评价上，要进一步优化供给策略，提高供给效果

从供给侧角度看，教学评价要讲求策略，采用多种评价方式，通过评价方式的革新，激起学生对教学评价的正向反馈，进而达到增强评价效果的目的。

在评价内容上，一方面要根据教学目标来设置评价考核，将学习与评价统一起来，针对学生的知识、能力、情感态度和行为展开全面评价；另一方面，要紧密围绕学生的生活实际安排评价考核，使评价内容既有理论性，又有开放性，且接地气，富有时代气息。

在评价方式上，要将多层次评价与过程性评价紧密结合起来，通过过程性动态评价，对全程进行分阶段多次评价，并根据学生的具体情况来设定不同的构成比例。同时，每次评价又应侧重于某个特定的层次展开。要以学生的课堂表现考核为主实施课堂评价，侧重评估学生的情感态度；以学生的社会实践活动、志愿者活动、社团活动和日常行为表现等为主实施行为评价，侧重评估学生内化理论、践行价值的状况；以知识考核为主实施试卷评价，侧重评估学生对"四史"基本知识的掌握程度和理论运用能力。

在评价主体上，要充分发挥教师和学生两个评价主体的积极性，广泛采用教师评价、学生自评、生生互评等多向互动的评价方法，以达到放大评价影响、增强评价效果的目的。

"四史"课程建设中的教学评价体系改革，要始终以促进学生的成长为指归，协调统一评价内容、评价方式和评价主体，使评价真正成为教学的内在环节，切实提高评价的供给效果和实效性。

参考文献

1.习近平:《在“不忘初心、牢记使命”主题教育总结大会上的讲话》，央广网，2020年6月30日。

2.习近平:《把思想政治工作贯穿教育教学全过程》，新华网，2016年12月8日。

3.习近平:《在哲学社会科学工作座谈会上的讲话》，北京：人民出版社2016年版。

4.《马克思恩格斯文集》(第一卷)，北京：人民出版社2009年版。

5.徐磊祥、李晓娴:《从三个维度推进“四史”学习教育》,《中共石家庄市委党校学报》2021年第6期。

6.张国义、郭斌:《“四史”学习中的历史虚无主义批判》,《思想理论教育》2021年第6期。

7.余华、肖体贵:《党史学习教育融入思想政治理论课教学探析》,《思想理论教育》2021年第6期。

8.梁怡:《百年国外中国共产党党史研究与“四史”教育》,《世界社会主义研究》2021年第5期。

9.李明轩:《高校加强“四史”教育的价值意蕴和优化策略》,《河南理工大学学报》(社会科学版)2021年第5期。

10.鲍莉炜:《切实提高以中共党史为重点的“四史”教育教学的实效性》,《思想理论教育导刊》2021年第5期。

11.丁俊萍、赵翀:《中国共产党百年党史学习教育的历程和经验》,《思想理论教育》2021年第5期。

12.杨延圣、郑斐然:“四史”教育融入高校思政教育的现实需求与路径优化》,《学术探索》2021年第5期。

13. 项久雨、欧丹:《马克思主义视域下“四史”教育的价值逻辑与深刻意蕴》,《马克思主义理论学科研究》2021年第4期。

14. 杨文华、李鹏昊:《习近平“四史”重要论述的历史优先原则》,《江西社会科学》2021年第3期。

15. 安娜:《推动思政课改革创新,牢牢坚持八个“相统一”》,光明网,2019年3月25日。

16. 冯留建:《社会主义核心价值观培育的路径探析》,《北京师范大学学报》(社会科学版)2013年第2期。

17. 王易、宋健林:《试论思想政治教育的基本规律》,《教学与研究》2019年第12期。

18. 车文博:《弗洛伊德主义原著选辑》(上),沈阳:辽宁人民出版社1989年版。

图书在版编目（CIP）数据

“四史”融入新时代大学生思想政治教育研究 / 韩振峰主编. -- 北京：社会科学文献出版社，2023.3（2024.5 重印）

ISBN 978-7-5228-1406-3

Ⅰ. ①四… Ⅱ. ①韩… Ⅲ. ①大学生 - 思想政治教育 - 研究 - 中国 Ⅳ. ①G641

中国国家版本馆 CIP 数据核字（2023）第 031071 号

“四史”融入新时代大学生思想政治教育研究

主　　编 / 韩振峰

出 版 人 / 冀祥德
责任编辑 / 王玉霞
责任印制 / 王京美

出　　版 / 社会科学文献出版社
地址：北京市北三环中路甲29号院华龙大厦　邮编：100029
网址：www.ssap.com.cn
发　　行 / 社会科学文献出版社（010）59367028
印　　装 / 三河市龙林印务有限公司

规　　格 / 开　本：787mm × 1092mm　1/16
印　张：16.25　字　数：230千字
版　　次 / 2023年3月第1版　2024年5月第2次印刷
书　　号 / ISBN 978-7-5228-1406-3
定　　价 / 88.00元

读者服务电话：4008918866